JUNIOR

READING TUTOR

주니어 리딩튜터

3

LEVEL

주니어 리딩튜터 Level 3

지은이	NE능률 영어교육연구소
선임연구원	김지현
연구원	조은영 김하나 강하영
영문교열	Nathaniel Galletta August Niederhaus Patrick Ferraro
디자인	송현아 오솔길
내지 일러스트	김기환 남궁정희 노종남 신현정A 신현정B 이혜현 조예슬 토끼도둑 하선경 하윤희
맥편집	김선희
영업	한기영 이경구 박인규 정철교 김남준 이우현
마케팅	박혜선 남경진 이지원 김여진

Photo Credits   Shutter Stock

Wikimedia Commons

NE능률이
미래를
창조합니다.

건강한 배움의 고객가치를 제공하겠다는 꿈을 실현하기 위해
40년이 넘는 시간 동안 열심히 달려왔습니다.

앞으로도 끊임없는 연구와 노력을 통해
당연한 것을 멈추지 않고

고객, 기업, 직원 모두가 함께 성장하는 NE능률이 되겠습니다.

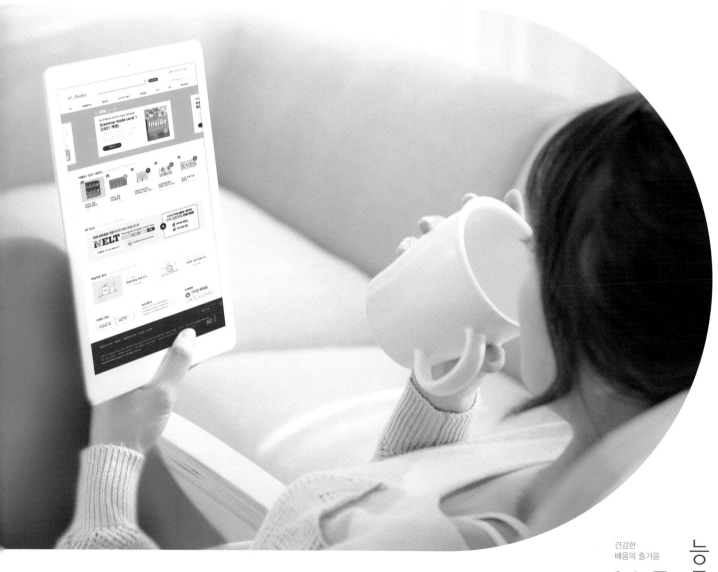

〈주니어 리딩튜터〉 시리즈는 오랜 시간 동안 여러분의 사랑을 받아온 중학 독해 전문서입니다. **독해가 즐거워지는 놀라운 경험**을 선사해 드리고자 거듭 변화해 온, **〈주니어 리딩튜터〉** 시리즈가 더욱 새롭게 탄생했어요. 다채로운 소재로 흥미를 끄는 지문들을 읽다 보면 어느새 즐거운 독해가 만드는 실력의 차이를 실감하게 될 거예요.

새로워진 〈주니어 리딩튜터〉 시리즈, 무엇이 달라졌을까요?

체계적인 학습을 위한 시리즈 구성 및 난이도

| 110-130 words | 120-140 words | 130-150 words | 140-160 words |
| 500L - 700L | 600L - 800L | 700L - 900L | 800L-1000L |

– 대상: 초등 고학년~중3

– 단어 수와 렉사일(Lexile) 지수를 기반으로 개발되어, 더욱 객관적으로 난이도를
  비교·선택하실 수 있습니다.

독해 실력을 향상하는 〈주니어 리딩튜터〉만의 특징

– 학생들이 호기심을 가지고 접근할 수 있는 소재를 선정하였습니다.

– 이해력을 높여 독해가 쉬워지도록 Knowledge Bank 코너를 강화했습니다.

– 실질적인 실력 향상을 뒷받침하는 내신 서술형 문제를 더 많이 수록하였습니다.

독해 실력이 올라가는
효과적인 학습법

① Think

주제와 관련된 짧은 질문에 답하고 삽화, 사진을
보며 읽게 될 지문 내용을 추측해 보세요.

② Reading

재미있고 상식을 쌓을 수 있는 지문을 읽어
보세요. 처음에는 모르는 단어가 있어도 그냥 쭉
읽어 보고, 다음엔 꼼꼼히 해석하며 읽어 보세요.

QR코드

지문을 읽기 전에 녹음
파일을 듣고, 내용을 미리
파악해 보세요. 또, 학습 후
녹음 파일을 들으면서
복습할 수도 있어요.

Knowledge Bank

지문 이해를 돕는 배경지식을
읽어 보세요. 지문이 이해가
안 될 때, 내용을 더 깊이 알고
싶을 때 큰 도움이 될 거예요.

고난도

조금 어렵지만 풀고 나면
독해력이 한층 더 상승하는
것을 느낄 수 있어.
한번에 풀 수 없으면,
지문을 한 번 더 읽어 보세요.

서술형

서술형 문제로 독해력을
높이는 동시에
학교 내신 서술형 문제에도
대비할 수 있어요.

실력 업그레이드
English Only

각 섹션마다 4개의 지문 중 마지막 지문은
문제가 영어로만 제시되어 있어요.
처음에는 어려울 수도 있지만, 영어 실력
향상에 도움이 될 거예요.
차근차근 해석하며 문제를 풀어 보세요.

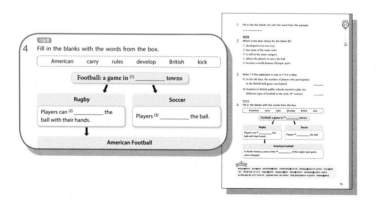

③ Comprehension Check

최신 학습 경향을 반영한 다양한
문제를 풀어 보세요. 대의 파악부터
세부 정보파악, 서술형 문제까지 정답을
보지 않고 스스로 푸는 것이 중요해요.

④ Review Test

단어와 숙어 문제를 풀어 보세요.
다양한 문제로 단어 및 숙어의 뜻과
쓰임새를 더 잘 이해할 수 있어요.

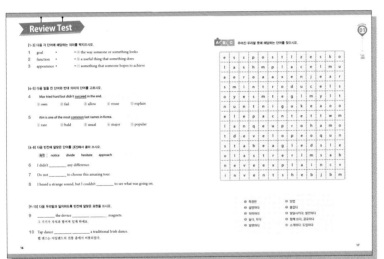

Review Test

영영 뜻풀이, 유의어·반의어·파생어,
영작 등 단어와 숙어를 완벽하게 익힐 수
있는 문제들로 구성했습니다.
또한 퍼즐을 풀면서 재미있고 쉽게
기억할 수 있어요.

재미있는 읽을거리

본문에 미처 담지 못한 재미있는
읽을거리가 있어요.
잠시 쉬어가며 가볍게 읽기만 해도
상식이 풍부해집니다.

저절로 공부가 되는 정답 및 해설

정답의 이유를 알려주는 문제 해설,
빠르게 해석할 수 있는 방법을 보여주는
직독직해, 한눈에 보는 본문 해석,
해석이 안 되는 부분이 없도록 도와주는
구문 해설로 알차게 구성했습니다.

휴대용 어휘 암기장

본문에 나온 단어와 숙어를
한눈에 볼 수 있도록 정리했습니다.
간단한 확인 문제도 있으니,
가지고 다니며 암기하고 확인해 볼
수 있어요.

CONTENTS

SECTION

01

Origins

Vanilla was once one of the rarest and most ____(A)____ spices. This was because vanilla fruit only grew in and around Mexico. Many people brought vanilla plants to their own countries, but no insects *pollinated them. Scientists tried to find a solution to this problem, but they all failed. Finally, in 1841, a 12-year-old boy named Edmond Albius invented a method for pollinating vanilla plants.

The boy was a slave on a farm on an island near Africa. The farmer owned some vanilla plants. However, they never grew any fruit. One day, the farmer noticed a fruit on one of the plants. Albius proudly explained that he had pollinated it using his thumb and a stick. Amazed, the farmer made Albius share the method with others. Eventually, thanks to Albius's method, vanilla became common around the world. Without Albius, delicious chocolate, ice cream, and cola would be too ____(B)____ to buy.

*pollinate 수분하다[시키다]

Knowledge Bank

바닐라의 수분(pollination)

식물의 수정은 수술에서 만들어진 꽃가루가 암술의 머리에 붙어서 이루어지는데, 이 과정을 꽃가루받이, 수분(受粉)이라고 한다. 바닐라 꽃은 수술과 암술 사이에 수정을 방해하는 막이 있어 멕시코 지역의 특정 벌만 수분시킬 수 있었다. Edmond Albius가 방법을 개발한 후로는, 이 막을 얇은 막대로 젖히고 손가락으로 수술과 암술이 맞닿도록 살짝 쥐는 방식으로 바닐라 꽃을 인공 수분시킨다. 이 방법은 Edmond's gesture라고도 불린다.

1 글의 제목으로 가장 알맞은 것은?

① The Many Different Uses of Vanilla

② Mexican Plants with African Origins

③ A Spice That Was Invented by a Scientist

④ How a Boy Brought Vanilla to the World

⑤ Farmers Who Use Vanilla to Pollinate Plants

고난도

2 글의 빈칸 (A), (B)에 공통으로 들어갈 말로 가장 알맞은 것은?

① popular   ② common   ③ difficult

④ delicious   ⑤ expensive

3 글의 내용과 일치하지 <u>않는</u> 것은?

① 과거에 바닐라는 매우 희귀했다.

② 바닐라 식물은 멕시코 밖으로 반출될 수 없었다.

③ 과학자들은 바닐라를 수분시키는 방법을 알아내지 못했다.

④ Albius는 바닐라를 수분시키기 위해 막대기를 사용했다.

⑤ 농장주는 Albius가 발명한 방법을 알고 놀라워했다.

서술형

4 글의 밑줄 친 this problem이 가리키는 내용을 우리말로 쓰시오.

_____

_____

Words

once ⑨ 한 번; *한때   rare ⑩ 희귀한   spice ⑨ 양념; *향신료   insect ⑨ 곤충   solution ⑨ 해법, 해결책   fail ⑧ 실패하다   invent ⑧ 발명하다   method ⑨ 방법   slave ⑨ 노예   own ⑧ 소유하다   notice ⑧ (보거나 듣고) 알다, 알아채다   explain ⑧ 설명하다   use ⑧ 사용하다 ⑨ 사용; *용도   thumb ⑨ 엄지손가락   stick ⑨ 막대기   amazed ⑩ 놀란   share ⑧ 함께 쓰다, 공유하다   eventually ⑨ 결국   thanks to ~ 덕분에   common ⑩ 흔한   [문제] origin ⑨ 기원, 근원, 원산지

Think!
Where do you put your fingers when you start typing?

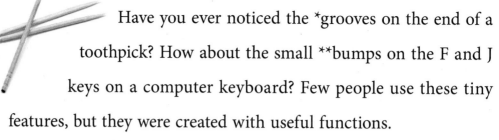

Have you ever noticed the *grooves on the end of a toothpick? How about the small **bumps on the F and J keys on a computer keyboard? Few people use these tiny features, but they were created with useful functions.

The grooves on a toothpick make the end easier to break off. If you break this piece off, people will know the toothpick was used and won't reuse it. ___(A)___, the broken end can be used as a stand for your toothpick. This keeps your toothpick away from dirty tabletops, so it lets you keep using ⓐ it while you eat.

The bumps on the F and J keys help people type more quickly. These keys are on the "home row" of the keyboard. ⓑ This is where your fingers should be placed when you start

typing. ___(B)___, when you feel the bumps with your index fingers, you can begin typing without having to look down.

*groove 홈   **bump 돌기

1 글의 제목으로 가장 알맞은 것은?

① How to Type Quickly
② Small Features, Big Functions
③ Tiny Changes for Better Living
④ Surprising Uses for Toothpicks
⑤ Uncommon Uses for Common Objects

2 글의 빈칸 (A), (B)에 들어갈 말로 바르게 짝지어진 것은?

	(A)		(B)
①	In other words	......	However
②	In other words	......	Therefore
③	Furthermore	......	Therefore
④	Furthermore	......	Nevertheless
⑤	Otherwise	......	Nevertheless

3 글의 내용과 일치하지 <u>않는</u> 것은?

① 이쑤시개의 끝에는 홈이 있다.
② 키보드의 F 키에는 작은 돌기가 있다.
③ 사람들이 잘 사용하지 않는 이쑤시개의 기능이 있다.
④ 이쑤시개의 끝을 잘라 새것처럼 사용할 수 있다.
⑤ 키보드의 돌기로 손을 놓을 위치를 찾을 수 있다.

[서술형]

4 글의 밑줄 친 ⓐ와 ⓑ가 각각 가리키는 것을 글에서 찾아 쓰시오.

ⓐ: ______________________ ⓑ: ______________________

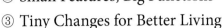

Words

toothpick [명] 이쑤시개 feature [명] 특징 function [명] 기능 break off 분리되다[시키다] reuse [동] 재사용하다 stand [명] 받침대
keep A away from B A가 B와 떨어져 있게 하다 tabletop [명] 탁자 윗면 place [동] 놓다, 두다 index finger 집게손가락
[문제] object [명] 물건, 물체

Think!
Have you done
anything that
you regret?

Look at the picture below. You can see a man with an unusual hairstyle. That is Kairos, the god of opportunity in Greek myths. (①) He has long hair on the front of his head, yet the back of his head is completely bald. (②) So, when he approaches, you can easily catch him by grabbing his long hair. (③) However, once he passes, there is nothing to hold on to. (④) You may also notice that he has wings on his feet. (⑤)

teaches you what to do when an opportunity is in front of you. You need to grab it right away. This may seem difficult or dangerous. However, if you are afraid and hesitate even for a moment, it will pass you by and fly away.

Knowledge Bank 카이로스(Kairos)

그리스어로 '기회' 혹은 '특별한 시간'을 뜻하는 'Kairos'는 그리스·로마 신화에 나오는 기회의 신의 이름이다. 카이로스는 왼손에 저울, 오른손에 칼을 들고 있는데, 이 둘은 기회가 다가왔을 때 취해야 하는 행동을 나타낸다. 저울처럼 정확한 판단을 내리고, 칼처럼 날카롭게 행동으로 옮겨야 한다는 의미이다.

1 다음 문장이 들어갈 위치로 가장 알맞은 곳은?

> This means he comes and goes very quickly.

①   ②   ③   ④   ⑤

2 글의 빈칸에 들어갈 말로 가장 알맞은 것은?

① His name   ② His gesture

③ His personality   ④ His appearance

⑤ His facial expression

고난도

3 글의 내용과 가장 잘 어울리는 속담은?

① Every dog has his day.

② Strike while the iron is hot.

③ When one door shuts, another opens.

④ If opportunity does not knock, build a door.

⑤ Success occurs when opportunity meets preparation.

서술형

4 다음 빈칸에 알맞은 단어나 표현을 글에서 찾아 쓰시오.

Kairos's Features	a(n) (1) _____ hairstyle: long hair in the front but (2) _____ in the back	(3) _____ on feet
Meaning	You should take an opportunity when it is (4) _____ _____ _____ you.	Opportunities disappear quickly.

unusual ⓗ특이한   opportunity ⓝ기회   myth ⓝ신화   completely ⓟ완전히   bald ⓗ대머리의   approach ⓥ다가가다[오다]

grab ⓥ붙잡다   pass ⓥ지나가다   hold on to ~를 꼭 잡다   wing ⓝ날개   right away 즉시   hesitate ⓥ망설이다, 주저하다

[문제] personality ⓝ성격   appearance ⓝ외모   facial expression 표정   occur ⓥ일어나다, 발생하다   preparation ⓝ준비

disappear ⓥ사라지다

Think!
Do you know
how rugby,
soccer, and
American
football are
different?

Long ago, people in many British towns played a game with a ball. The goal was to kick or carry the ball to a particular place. The teams could use as many players as they wanted in a game. This game eventually became a sport called "football." Each community developed their own form of the sport.

In the early 19th century, football was divided into two major categories in British *public schools. One type allowed the players to carry the ball with their hands. This sport later _____(A)_____ rugby. In the other type, which _____(A)_____ soccer, players kicked the ball. Both were introduced to North America, but North Americans enjoyed the rugby-type game more. As time went by, they changed some of the rules, and the game _____(A)_____ what is called "American football" today.

The three sports originated from the same game, but each one _____(B)_____.

*public school (영국의) 사립 학교

럭비 선수 ▶

◀ 미식축구 선수

Knowledge Bank 럭비와 미식축구의 차이

· 유니폼: 럭비 선수들은 보호 장비를 착용하지 않지만, 미식축구 선수들은 헬멧, 어깨 패드 등 여러 보호 장비를 착용한다.
· 공: 럭비공은 미식축구공에 비해 끝이 뭉툭하고 더 크며, 다양한 색이 있다. 미식축구공은 잡기 쉽도록 끈이 박음질돼 있는 것이 특징이며, 전통적으로 가죽색 공을 사용한다.
· 경기 방식: 럭비는 15명, 미식축구는 11명의 선수가 경기하는데 럭비는 공을 가지는 팀이 공격하지만 미식축구는 공격권이 각 팀에 4번씩 주어진다. 또한 둘 다 공을 차거나, 들고 뛰거나, 패스하는 것이 가능하지만, 럭비는 옆이나 뒤로만 패스할 수 있고 미식축구는 전진 패스도 가능하다.

1 Fill in the blanks (A) with the word from the passage.

_____

고난도

2 Which is the best choice for the blank (B)?

① developed in its own way

② has some of the same rules

③ is still in the same category

④ allows the players to carry the ball

⑤ became a world-famous Olympic sport

3 Write T if the statement is true or F if it is false.

(1) In the old days, the number of players who participated in the British ball game was limited. _____

(2) Students in British public schools started to play two different types of football in the early 19th century. _____

서술형

4 Fill in the blanks with the words from the box.

American	carry	rules	develop	British	kick

Football: a game in (1) _____ towns

↓ ↘

Rugby

Players can (2) _____ the ball with their hands.

Soccer

Players (3) _____ the ball.

↓

American Football

In North America, some of the (4) _____ of the rugby-type game were changed.

British ⑧영국의 goal ⑨목표 particular ⑧특정한 community ⑨지역 사회 develop ⑧발달시키다; 발전하다 form ⑨종류;
*방식 divide into ~로 나누다 major ⑧주요한 category ⑨범주 allow ⑧허락하다 introduce ⑧소개하다; *도입하다
as time goes by 시간이 지남에 따라 originate from ~에서 비롯되다 [문제] participate in ~에 참가하다 limited ⑧제한된

Review Test

[1-3] 다음 각 단어에 해당하는 의미를 짝지으시오.

1 goal •   • ⓐ the way someone or something looks

2 function •   • ⓑ a useful thing that something does

3 appearance •   • ⓒ something that someone hopes to achieve

[4-5] 다음 밑줄 친 단어와 반대 의미의 단어를 고르시오.

4   Max tried hard but didn't <u>succeed</u> in the end.

① own   ② fail   ③ allow   ④ reuse   ⑤ explain

5   *Kim* is one of the most <u>common</u> last names in Korea.

① rare   ② bald   ③ usual   ④ major   ⑤ popular

[6-8] 다음 빈칸에 알맞은 단어를 보기에서 골라 쓰시오.

보기 | notice   divide   hesitate   approach

6   I didn't _____ any difference.

7   Do not _____ to choose this amazing tour.

8   I heard a strange sound, but I couldn't _____ to see what was going on.

[9-10] 다음 우리말과 일치하도록 빈칸에 알맞은 표현을 쓰시오.

9   _____ the device _____ _____ magnets.
그 기기가 자석과 떨어져 있게 하세요.

10 Tap dance _____ _____ a traditional Irish dance.
탭 댄스는 아일랜드의 전통 춤에서 비롯되었다.

A B C 주어진 우리말 뜻에 해당하는 단어를 찾으시오.

e	s	s	p	o	s	t	l	z	e	s	k	o
l	a	s	h	m	p	l	a	c	e	l	m	u
a	e	r	o	a	a	x	e	n	j	e	a	r
s	m	i	n	t	r	o	d	u	c	e	l	s
o	y	e	s	m	t	e	g	l	m	y	l	t
n	u	n	t	n	i	g	u	k	e	a	o	o
e	l	e	p	a	c	n	t	e	t	t	w	m
l	a	n	q	e	u	p	r	o	h	a	m	o
t	d	e	v	e	l	o	p	e	o	q	u	n
s	t	a	b	e	a	g	l	e	d	s	l	e
o	l	a	s	t	r	e	r	l	m	s	a	b
n	e	v	e	e	x	p	l	a	i	n	c	v
i	n	v	e	n	t	s	h	e	b	j	b	m

❶ 특정한　　　　　　❻ 방법

❷ 설명하다　　　　　❼ 붙잡다

❸ 허락하다　　　　　❽ 발달시키다; 발전하다

❹ 놓다, 두다　　　　❾ 함께 쓰다, 공유하다

❺ 발명하다　　　　　❿ 소개하다; 도입하다

볼펜 뚜껑에 숨구멍이!?

볼펜은 대개 뚜껑 끝에 구멍이 있는데 이 구멍은 안전을 위해 만들어진 것이다. 어린 아이가 실수로 볼펜 뚜껑을 삼켰을 때 이 구멍을 통해 숨을 쉴 수 있어 질식사를 방지한다. 이 디자인은 문구용품 제조사인 BIC이 1991년에 처음으로 선보였는데 그 유용성이 주목 받으면서 타 사에서도 도입해 활용하고 있다.

피자 세이버, 피자를 구해줘!

배달된 피자의 가운데 꽂혀 있는 하얀색 플라스틱 조각. 흔히 이 조각의 용도는 피자가 움직이지 않게 고정하는 것이라고 생각하지만 사실이 아니다. 이 조각은 피자 세이버(pizza saver)라고 불리는데, 미국인 Carmela Vitale가 1983년에 고안한 것이다. 피자 상자의 뚜껑은 배달 중에 피자에서 나오는 열과 습기 때문에 밑으로 처지기 쉬운데, 이 피자 세이버가 상자 뚜껑을 지탱해서 피자의 치즈가 상자에 들러붙는 것을 막아 준다.

이 작은 구멍이 이렇게 큰 일을!?

비행기를 타고 높이 올라가면 비행기 안팎의 기압 및 온도 차가 커져 창문에 성에가 끼거나 자칫하면 창문이 깨질 수도 있다. 그래서 비행기 창문은 세 겹의 아크릴판으로 만들어지는데, 각 판은 살짝 떨어져 있고 중간 판에 구멍(bleed hole)이 있다. 이 구멍을 통해 공기가 통하므로 각 판에 작용하는 압력이 분산되고 습도가 조절된다. 결국 이 구멍 덕분에 바깥 온도가 영하 50도일 때도 깨끗한 창문으로 밖을 볼 수 있고, 창문이 깨질만한 위급 상황 시에도 바깥쪽 판만 손상되어 객실 창문이 완전히 깨지는 불상사를 막을 수 있다.

1

Think!

What does it mean if your friend looks up at the ceiling while talking?

In sports like basketball, one of the most exciting plays is the no-look pass. A player makes a no-look pass when he looks in one direction but passes the ball in another. The defenders think the player is going to pass the ball in the direction he is looking. So they are easily fooled.

However, if chimpanzees played basketball, we would rarely see successful no-look passes. (①) This is because the white parts of other *primates' eyes are so small that we can't easily see their eye movements. (②) This allows us to see where a person's eyes are pointed. (③) When we see what a person is looking at, we can guess what they are thinking and what they plan to do next. (④) This helps us work together more easily. (⑤) That's probably why human eyes evolved to have large white parts.

*primate 영장류

▼ 침팬지의 눈동자

1 글의 제목으로 가장 알맞은 것은?

① How Primates Communicate with Each Other
② Why Do Human Eyes Have Large White Parts?
③ The No-Look Pass: An Interesting Way to Pass a Ball
④ How to Read Chimpanzees' Minds Through Their Eyes
⑤ Can Chimpanzees Cooperate Enough to Play Team Sports?

[고난도]

2 다음 문장이 들어갈 위치로 가장 알맞은 곳은?

On the other hand, the white parts of humans' eyes are large.

① ② ③ ④ ⑤

3 글의 내용과 일치하면 T, 그렇지 않으면 F를 쓰시오.

(1) A no-look pass is made to fool defenders. ______

(2) Chimpanzees' no-look passes can easily fool others. ______

[서술형]

4 다음 빈칸에 알맞은 단어를 글에서 찾아 쓰시오.

Humans' eye __________ are easy to see because the white parts of their eyes are __________. This lets humans __________ each other's thoughts, which helps them cooperate more easily.

Words

direction [명] 방향 defender [명] 수비수 fool [동] 속이다 rarely [부] 드물게, 좀처럼 ~하지 않는 successful [형] 성공적인 movement [명] 움직임 point [동] 향하다 guess [동] 추측하다 human [형] 사람의 [명] 사람 evolve [동] 진화하다 [문제] communicate [동] 의사소통하다 cooperate [동] 협력하다

Do you know how many bones are in your body? If you are teenage or older, you probably have 206. However, when you were born, you had a lot more bones!

A newborn baby has about 300 bones. Surprisingly, the more you grow, _____(A)_____. As a baby grows, some bones join together and become one bone. _____(B)_____, a baby's *skull has many bones. This protects the baby's head when it gets pressed and squeezed during childbirth. However, over time, the skull slowly grows together. This also happens in other places, such as the **spine. Because of <u>these changes</u>, the number of bones continues decreasing until you have about 206.

Don't be too sad. Even though the number has decreased, your bones have surely gotten stronger!

*skull 두개골   **spine 척추

Knowledge Bank 뼈

뼈는 몸속 중요한 기관을 보호하고 몸을 지탱한다. 손가락 마디처럼 뼈와 뼈가 만나는 곳을 관절이라고 하는데, 이 관절 부위에는 물렁물렁한 연골이 있어서 충격을 흡수하고 관절이 부드럽게 움직이게 한다. 그리고 뼈는 자라면서 단단해지는데, 단단해지면 뼈가 더 성장하기 어려워진다. 그래서 어른이 되면 더 이상 키가 크지 않는 것이다.

[고난도]

1 글의 주제로 가장 알맞은 것은?

① the roles of human bones
② characteristics of babies' bones
③ the reason human bones join together
④ why the number of bones in your body changes
⑤ differences between babies' skulls and teenagers' skulls

2 글의 빈칸 (A)에 들어갈 말로 가장 알맞은 것은?

① the more bones you have
② the fewer bones you have
③ the weaker your bones become
④ the shorter your bones become
⑤ the thicker your bones become

3 글의 빈칸 (B)에 들어갈 말로 가장 알맞은 것은?

① In short	② As a result	③ In addition
④ For example	⑤ On the other hand	

[서술형]

4 글의 밑줄 친 these changes가 의미하는 내용을 우리말로 쓰시오.

____

____

Words

bone [명] 뼈 teenage [형] 십 대의 ([명] teenager) be born 태어나다 newborn [형] 갓 태어난 join together 합치다, 결합되다 press [동] 누르다, 밀어 넣다 squeeze [동] 짜다; *(좁은 곳에) 밀어 넣다 childbirth [명] 출산 over time 시간이 흐르면서 grow together 자라서 하나로 되다 continue [동] 계속하다 decrease [동] 줄다, 감소하다 [문제] role [명] 역할 characteristic [명] 특징 thick [형] 두꺼운

3

Think!
Do you know any baby animals that don't look like their parents?

Because of their beautiful feathers, flamingos are one of the most recognizable birds on Earth. However, they are born with gray feathers. What changes their color?

Adult flamingos are pink, orange, or white depending on _____. Some of their favorite foods are small sea creatures and plants such as shrimp and seaweed. (a) These foods contain a special *pigment that gives plants and animals their color. (b) After flamingos eat these foods, this pigment becomes a pink or orange color and then gets stored in the flamingos' legs, bills, and feathers. (c) Flamingos can stand on one leg for far longer than humans can. (d) The more flamingos eat these sea creatures and plants, the pinker or more orange they become. (e) So you can see more colorful flamingos near the sea than near lakes.

Many other foods that people eat, like carrots and watermelons, also contain this pigment. However, people do not eat enough of them to change their skin color. What a relief!

*pigment (동식물에 천연적으로 존재하는) 색소

1 글의 빈칸에 들어갈 말로 가장 알맞은 것은?

① the current weather
② the size of their body
③ the type of food that they eat
④ the place where they were born
⑤ the color of their parents' feathers

2 글의 (a)~(e) 중, 전체 흐름과 관계없는 것은?

① (a)　② (b)　③ (c)　④ (d)　⑤ (e)

3 글의 내용과 일치하지 않는 것은?

① 홍학은 새끼일 때 회색이다.
② 홍학은 새우나 해초를 먹는다.
③ 해초에 든 색소는 몸속에서 흰색으로 바뀐다.
④ 먹이에 든 색소는 홍학의 다리와 부리에 영향을 끼친다.
⑤ 당근은 동식물의 색을 바꿀 수 있는 색소를 함유한다.

[고난도] [서술형]

4 다음 빈칸에 알맞은 단어를 글에서 찾아 쓰시오.

> The flamingos living near the ________ are deeply colored because they can ________ more shrimp and seaweed, which gives them more of a special ________ that makes them pink or orange.

Knowledge Bank 홍학과 아스타신

목뼈가 19개라서 360도 회전이 가능한 홍학은 키가 1m 이상인 대형 조류로 무리 지어 생활하는 철새이다. 홍학의 먹이 중 새우 같은 갑각류에는 '아스타신'이라는 붉은 색소가 있는데, 새우 몸속에서는 단백질과 결합되어 청색을 띠다가 가열되면 분리되면서 비로소 붉은색을 드러낸다. 아스타신은 동물이나 사람 몸속의 '리포이드'라는 물질을 만나면 녹아서 축적되는 특성이 있다.

Words

feather [명] 털, 깃털　**flamingo** [명] 홍학, 플라밍고　**recognizable** [형] 쉽게 알아볼 수 있는　**adult** [형] 다 자란, 성인의　**depending on** ~에 따라　**creature** [명] 생물　**seaweed** [명] 해초　**contain** [동] 함유[포함]하다　**store** [동] 저장하다　**bill** [명] 청구서; *(새의) 부리　**relief** [명] 안심　[문제] **current** [형] 현재의　**deeply** [부] 깊게; *(색이) 짙게　**color** [동] ~에 염색하다

4

Human tears are made up mostly of water. However, if you have ever tasted your own tears, you know that they taste salty. This is because tears contain *sodium chloride, which is the chemical name for salt.

Of course, tears mainly have a salty taste. (A) When we are angry, for example, we open our eyes wide and blink less. (B) Interestingly, however, the taste of our tears changes a little depending on why we cry. (C) This makes the water in our eyes dry up faster, so the tears become saltier. Tears of sadness, on the other hand, taste slightly sour. Lastly, when you are happy, your tears become a little sweeter than other types of tears. Unfortunately, you should not expect your happy tears to be as sweet as candy. Only very sensitive tongues can tell they are a little sweeter!

*sodium chloride 염화 소듐

Knowledge Bank　눈물 이모저모

- 슬프거나 기쁠 때 눈물을 흘리는 것은 인간만이 아니다. 미국 하버드 대학 동물학자들에 따르면, 바다수달 등 일부 동물도 감정에 따라 눈물을 흘린다고 한다.
- 눈물이 나는 주된 이유는 눈을 보호하기 위해서이다. 눈물은 우리가 눈을 깜박일 때마다 배출되는데, 이는 안구가 촉촉하도록 해준다. 또한 먼지나 양파를 썰 때 나오는 효소가 눈에 닿아도 눈물이 나와서 눈을 보호한다.
- 나이가 들면 젊을 때보다 눈물이 적게 난다. 생성되는 눈물의 양 자체는 줄어들지만 눈물관이 좁아져서 눈물이 넘쳐 흐르는 경우가 잦기 때문에 눈물이 많아졌다고 착각하게 된다.

1 Which is the best order of the sentences (A)~(C)?

① (A) – (B) – (C) ② (A) – (C) – (B) ③ (B) – (A) – (C)
④ (B) – (C) – (A) ⑤ (C) – (B) – (A)

2 Which CANNOT be answered based on the passage?

① What is the main ingredient of tears?
② Why do tears taste salty?
③ What is the chemical name for salt?
④ What happens to our eyes when we are angry?
⑤ What makes tears of sadness sour?

3 Write T if the statement is true or F if it is false.

(1) Tears become saltier when we are angry because more sodium chloride comes out. ______

(2) When you taste your happy tears, you can taste the strong sweetness. ______

서술형

4 Fill in the blanks with the words from the passage.

Normally, they are salty.		When we are angry, they are (2) ______.
	The (1) ______ of Tears	
When we are sad, they are a little (3) ______.		When we are happy, they are a bit (4) ______.

Words

be made up of ~로 구성되다 **mostly** ㉾ 주로, 대개 **taste** ㉿ 맛보다; 맛이 나다; 맛을 느끼다 ㉹ 맛 **salty** ㉺ (맛이) 짠 **chemical name** 화학명 **mainly** ㉾ 주로 (㉺ main) **wide** ㉾ 넓게, 활짝 **blink** ㉿ 눈을 깜박이다 **dry up** 바싹 마르다 **sadness** ㉹ 슬픔 **slightly** ㉾ 약간, 조금 **sour** ㉺ (맛이) 신 **unfortunately** ㉾ 유감스럽게도, 안타깝게도 **expect** ㉿ 기대하다 **sensitive** ㉺ 세심한; *민감한 **tell** ㉿ 말하다; *알다, 판단하다 [문제] **ingredient** ㉹ 재료; *구성 요소 **normally** ㉾ 보통, 정상적으로 **sweetness** ㉹ 단맛

Review Test

[1-3] 다음 각 단어에 해당하는 의미를 짝지으시오.

1 defender • • ⓐ a living thing

2 creature • • ⓑ the line along which something is pointing or moving

3 direction • • ⓒ a player who tries to stop the other side from scoring

4 다음 밑줄 친 단어와 비슷한 의미의 단어를 고르시오.

> I had to squeeze all the stuff into my luggage.

① add ② dry ③ buy ④ pass ⑤ press

5 다음 밑줄 친 단어와 반대 의미의 단어를 고르시오.

> You'd better stop staying up all night.

① finish ② join ③ point ④ grow ⑤ continue

[6-8] 다음 빈칸에 알맞은 단어를 보기에서 골라 쓰시오.

> 보기 | store   evolve   blink   decrease

6 The bright light made me _____.

7 The box is used to _____ my old stuff.

8 The number of babies born each year will _____.

[9-10] 다음 우리말과 일치하도록 빈칸에 알맞은 표현을 쓰시오.

9 Each class is _____ _____ _____ twenty-five students.
각 학급은 25명의 학생들로 구성된다.

10 Steak tastes different _____ _____ cooking time and temperature.
스테이크는 조리 시간과 온도에 따라 다른 맛이 난다.

 주어진 우리말 뜻에 해당하는 단어로 퍼즐을 완성하시오.

Across

⑥ 속이다
⑦ 출산
⑧ 움직임
⑩ 주로

Down

① 함유[포함]하다
② 기대하다
③ 진화하다
④ 성공적인
⑤ 다 자란, 성인의
⑨ (새의) 부리

햄버거를 '잘 잡는 법'은 따로 있다

아직은 어색한 남자친구 혹은 여자친구와 커다란 수제 버거를 먹으러 가는 상상을 해봅시다. 양상추가 삐죽 빠져나오고, 심지어 소스가 뚝뚝 떨어져 얼굴과 손에 뒤범벅이 되어 허둥지둥하는 모습이 그려질 겁니다. 햄버거를 흘리지 않고 깔끔하게 먹을 수 있는 방법은 없을까요?

일본의 한 TV 프로그램에서 과학자들을 동원하여 햄버거를 흘리지 않고 먹을 수 있는 방법을 알아냈다고 합니다. 거짓말처럼 들리겠지만, 햄버거를 잡는 방식만 바꾸어도 내용물이 새는 것을 방지할 수 있습니다. 사람들은 보통 햄버거를 잡을 때 엄지로 바닥을 받치고 나머지 네 손가락을 햄버거 위에 올려놓습니다. 그런데 이렇게 잡으면 햄버거에 힘이 균일하지 않게 작용하고, 결과적으로 내용물을 흘리게 되는 것이죠. 일본에서 과학자들이 컴퓨터를 활용한 3D 스캔과 모의 실험을 통해 찾아낸 '햄버거를 잡는 가장 과학적인 방법'은, 새끼손가락과 엄지로 바닥을 받치고 나머지 세 손가락으로 윗부분을 잡는 것입니다. 이렇게 하면 손의 힘이 햄버거에 균일하게 작용하게 되어 내용물이 빠져 나올 확률이 적어진다고 합니다.

최근 미국의 한 잡지사의 보도에 따르면, 위에서 말한 방법에 덧붙여 햄버거를 더 깔끔하게 먹을 수 있는 방법이 있다고 합니다. 바로 햄버거를 거꾸로 잡는 것입니다. 볼록한 윗부분 빵을 아래로 가게 해서 잡으면, 패티의 육즙이 빵이 아닌 다른 재료들에 스며들게 됩니다. 그래서 모양이 덜 흐트러지고 내용물도 덜 빠져 나오게 되는 것이지요. 소스가 다른 재료에 고루 묻게 되어서 더 맛있어 지는 건 보너스!

믿기 힘들 정도로 엉뚱하고 단순한 방법이지만, 진짜인지 오늘 한번 실험해 보는 건 어떨까요?

SECTION

03

Society

Some people wait in long lines just to ride a roller coaster one time. Professional amusement park ride testers, _____(A)_____, get paid to go on as many as 100 rides per day. But there's more to the job than that.

Testers must check that all the rides in the amusement park are clean, safe, and working properly. It's their job to make sure that visitors have the most fun and exciting experience possible. What they test includes every single ride, from child-friendly ones to the most terrifying roller coasters. On the days that they test the roller coasters, it's probably not a good idea for them to eat a big breakfast!

Of course, most testers love their job. Many children wish they could spend all their time in amusement parks. For amusement park ride testers, that dream is _____(B)_____.

1 글의 주제로 가장 알맞은 것은?

① how to design amusement parks
② people who are afraid of roller coasters
③ the most exciting amusement park jobs
④ why kids want to work at amusement parks
⑤ what kind of jobs amusement park ride testers do

2 글의 빈칸 (A)에 들어갈 말로 가장 알맞은 것은?

① therefore ② moreover ③ unfortunately
④ in other words ⑤ on the other hand

3 글의 빈칸 (B)에 들어갈 말로 가장 알맞은 것은?

① a goal ② a reality ③ a fantasy
④ a nightmare ⑤ an obstacle

[고난도] [서술형]

4 놀이기구 테스터가 놀이기구를 일일이 확인하는 이유를 우리말로 쓰시오.

____

____

Words

ride [동] 타다 [명] (차 등을) 타고 달리기[가기]; 놀이기구 professional [형] 전문적인 amusement park 놀이공원 properly [부] 제대로 job [명] 직업, 일; 책임 make sure 확실히 하다 include [동] 포함하다 every single 단 하나의 ~도 빠짐없이, 모조리 child-friendly [형] 아이들에 친화적인[적합한] terrifying [형] 무서운 [문제] reality [명] 현실 fantasy [명] 공상 nightmare [명] 악몽 obstacle [명] 장애(물)

Think!

Can you name any brands that are rivals, like Pepsi and Coca-Cola?

Pepsi and Coca-Cola have been rivals for a long time. Some people even refer to their marketing and advertising competition as the "Cola Wars." At the center of the competition, there are brand logos and slogans. These are used to represent the identity of each brand.

With that in mind, look at the posters below. At first ⓐ they seem normal, but look closer. ⓑ They combine the logos and slogans of two different brands! The big logos are even composed of small copies of each other's logos! The artist, Stefan Asafti, calls ⓒ them "brandversations," a mixture of the words "brand" and "conversations." He was inspired by the way rival brands interact. Even though ⓓ they are competing, rival brands help each other to create a unique identity. So he tried to show this in his posters. Take a look at ⓔ them again. What do you think?

▲ Pepsi vs. Coca-Cola by Stefan Asafti

Knowledge Bank　로고(logo)와 슬로건(slogan)

- **로고:** 어떤 회사나 조직, 제품, 브랜드 등의 특성을 나타내도록 디자인한 상징이나 글자체를 총칭한다. 대표하고자 하는 대상의 이미지를 효과적으로 전달해 쉽게 기억되고 호감을 주며, 모든 매체에 이용할 수 있도록 디자인되어야 한다.
- **슬로건:** 말하고자 하는 바를 담은 짧은 어구로, 포스터나 광고 등에서 흔히 쓰인다. 마케팅에서는 소비자의 구매 행동을 촉구하기 위해 광고에 반복해서 사용하므로 표현이 인상적이고 그 의미가 쉽게 와 닿는 동시에, 리듬감이 있어 읽고 말하기 쉬워야 한다.

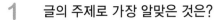

1 글의 주제로 가장 알맞은 것은?

① the roles of logos and slogans
② famous works of Stefan Asafti
③ how companies use artwork for advertising
④ artwork showing the relationship of rival brands
⑤ the advertising competition between Pepsi and Coca-Cola

2 글의 밑줄 친 ⓐ~ⓔ 중, 가리키는 대상이 나머지 넷과 다른 것은?

① ⓐ ② ⓑ ③ ⓒ ④ ⓓ ⑤ ⓔ

3 글의 내용과 일치하면 T, 그렇지 않으면 F를 쓰시오.

(1) "Brandversations" are made by mixing logos and slogans of two rival brands. ______

(2) Stefan Asafti thinks Pepsi and Coca-Cola have an influence on each other. ______

[서술형]

4 글의 밑줄 친 this가 가리키는 내용을 우리말로 쓰시오.

____

____

Adidas vs. Nike by Stefan Asafti ▶

Words

rival [명] 경쟁자, 경쟁 상대 refer to A as B A를 B라고 부르다 advertising [명] 광고(하기) competition [명] 경쟁 ([동] compete) represent [동] 대표하다; *나타내다 identity [명] 정체성 with A in mind A를 염두에 두고 normal [형] 평범한 combine [동] 결합하다 be composed of ~로 구성되다 mixture [명] 혼합 ([동] mix) conversation [명] 대화 inspire [동] 격려하다; *영감을 주다 interact [동] 소통하다; *상호 작용을 하다 unique [형] 유일무이한; *고유한 take a look at ~를 (한번) 보다

SECTION 03

3

Think!
Have you ever donated anything?

A woman walks into a café and orders two cups of coffee. "One for me," she says, "and the other *suspended." This idea of suspending coffee started more than a century ago in Naples, Italy. It is a simple concept. A person with enough money pays for an extra coffee. (①) This coffee is later given to someone who cannot afford one. (②) These two people never actually meet. (③) No one can be sure whether the café will give away all the suspended coffees. (④) It also shows that people take care of their neighbors. (⑤) By simply spending a little money, people can help form a stronger community.

Now this great tradition has spread and is practiced in many countries, including Korea. Other kinds of food, like pizza and sandwiches, are also being _____.

*suspend 보류하다, 연기하다

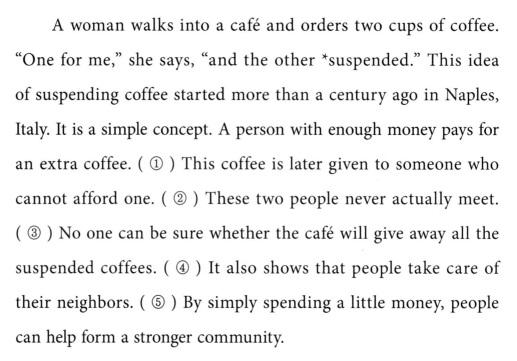

1 글의 제목으로 가장 알맞은 것은?

① Naples: the Home of Coffee

② Various Ways to Donate Food

③ A Café Where You Should Pay Twice

④ Suspended Coffee: Not Just a Cup of Coffee

⑤ How Did Suspending Coffee Become a Tradition?

고난도

2 다음 문장이 들어갈 위치로 가장 알맞은 곳은?

> Therefore, the concept is based on trust in others.

①　　　　　②　　　　　③　　　　　④　　　　　⑤

3 글의 빈칸에 알맞은 말을 글에서 찾아 쓰시오.

_____

4 suspending coffee에 관한 글의 내용과 일치하지 <u>않는</u> 것은?

① It is an old tradition from Naples, Italy.

② It helps the giver and the receiver become friends.

③ It shows that neighbors care about one another.

④ It can help people in a town grow closer.

⑤ It has become a global practice.

order ⑧ 명령하다; *주문하다　century ⑨ 100년, 세기　concept ⑨ 개념　pay for ~의 값을 지불하다　extra ⑩ 추가의　afford ⑧ ~를 살[감당할] 여유가 있다　give away 기부하다, 내주다　take care of ~를 보살피다　neighbor ⑨ 이웃　form ⑧ 형성하다　tradition ⑨ 전통　spread ⑧ 퍼지다　practice ⑧ 행하다, 실천하다 ⑨ 실행; *관습　including ⑳ ~를 포함하여　[문제] various ⑩ 다양한　donate ⑧ 기부하다　be based on ~에 근거하다　trust ⑨ 신뢰　care about ~에 마음을 쓰다

Happiness is a common goal around the world. _____(A)_____, some national governments are working to make their citizens happier. The United Arab Emirates, Bhutan, and India, _____(B)_____, have official ministries of happiness. In

▲ 부탄 국민총행복위원회

the UK, on the other hand, the government is taking a slightly different approach. Rather than promoting happiness, it is fighting unhappiness. The prime minister noted that loneliness affects millions of British people. (①) So she recently *appointed the first Minister for Loneliness. (②)

The job of Minister for Loneliness will be to find ways to reach out to lonely people. (③) According to a study, about 200,000 elderly people in the UK haven't spoken to any friends or relatives in more than a month. (④) Because our high-tech society leads to less face-to-face contact, it threatens everyone. (⑤) The British government hopes this will be the first step toward reducing loneliness.

*appoint 임명하다

1 What is the passage mainly about?

① a British effort to fight loneliness

② how happiness can lead to loneliness

③ lonely people getting involved in politics

④ why the UK is the world's loneliest country

⑤ the definition of happiness in different cultures

2 Which is the best choice for the blanks (A) and (B)?

	(A)		(B)
①	Therefore	⋯⋯	however
②	In fact	⋯⋯	however
③	In fact	⋯⋯	for example
④	In contrast	⋯⋯	for example
⑤	In contrast	⋯⋯	therefore

3 Where would the following sentence best fit in?

> Of course, loneliness doesn't only affect older people.

①   ②   ③   ④   ⑤

서술형

4 Fill in the blanks with the words from the passage.

Loneliness _____ not only the elderly but also the young. To fight this, the UK is trying to deal with _____ by appointing a _____ _____ _____.

Words

common ⑧ 흔한; *공통의   government ⑨ 정부   work ⑧ 일하다; *애쓰다[노력하다]   citizen ⑨ 시민   official ⑧ 공식적인
ministry ⑨ (정부의) 부처 (prime minister 수상) (minister ⑨ 장관)   approach ⑨ 접근법   rather than ~보다는[대신에]   promote
⑧ 촉진[고취]하다   note ⑧ 주목하다   affect ⑧ ~에 영향을 미치다   reach out 접근하다   according to ~에 따르면   elderly ⑧ 나이가
지긋한   high-tech ⑧ 최첨단의   lead to ~로 이어지다; *~에 이르다   face-to-face ⑧ 대면하는   contact ⑨ 연락, 접촉   threaten ⑧
위협하다   [문제] get involved in ~에 관여하다   politics ⑨ 정치   definition ⑨ 정의   in contrast 그에 반해   deal with 대처하다,
처리하다

Review Test

[1-3] 다음 영영 뜻풀이에 해당하는 단어를 보기에서 골라 쓰시오.

> 보기 | note   affect   combine   compete

1   to cause something to change in some way   _____

2   to join two or more things together to make a single thing   _____

3   to try to get something and stop the other person from getting it   _____

[4-5] 다음 괄호 안에서 알맞은 단어를 고르시오.

4   Stress can (promote / threaten) your health.

5   We are very busy, so we need (extra / official) staff.

[6-8] 다음 빈칸에 알맞은 단어를 보기에서 골라 쓰시오.

> 보기 | spread   include   interact   order

6   Does the price of the room _____ breakfast?

7   Fire can _____ quickly in high winds and dry weather.

8   Teachers should actively _____ with learners.

[9-10] 다음 우리말과 일치하도록 빈칸에 알맞은 표현을 쓰시오.

9   Sue plans to _____ _____ all her money to charity.
    Sue는 그녀의 모든 돈을 자선 단체에 기부할 계획이다.

10 They can't afford to _____ _____ the medical treatment.
    그들은 의료비를 지불할 여유가 없다.

 주어진 알파벳의 순서를 바로 맞춰 단어를 완성한 후, 번호에 해당하는 알파벳을 조합하여 문장을 완성하시오.

1 hoaparcp

☐☐☐☐☐☐☐☐
            13 14

2 ailrv

☐☐☐☐☐
    15

3 umxeitr

☐☐☐☐☐☐☐
 6   5

4 zteinic

☐☐☐☐☐☐☐
17

5 rcapciet

☐☐☐☐☐☐☐☐
   15   7

6 dtniyiet

☐☐☐☐☐☐☐☐
    18 3

7 sniriep

☐☐☐☐☐☐☐
   8

8 geobirnh

☐☐☐☐☐☐☐☐
   12   11   4

9 ridnitoat

☐☐☐☐☐☐☐☐☐
 10   1   2

10 rteeerpsn

☐☐☐☐☐☐☐☐☐
         9   16

☐☐ ☐☐☐ ☐☐☐☐ ☐☐☐ ☐☐☐☐☐☐.
1 2 3 4 5 6 7 8 9 10 11 12 13 14 15 16 17 18

이런 직업도 있다니!

직업이란 계속 변하고 없어지고 새로 생기며 우리들의 예측을 벗어나는 것이 많다. 기다리는 것을 싫어하는 사람을 위해 대신 줄을 서 주는 사람도 있고, 수면 장애 연구를 위한 전문 잠꾼도 있다. 또한, 방울뱀이나 코브라에게서 실험이나 해독제 제조에 쓰이는 독을 추출하는 사람도 있다! 이 외에도 어떤 재미있는 직업들이 있는지 알아보자.

사람에게 희망을 주는 글쓰기, 포춘쿠키 작가

누군가에게 희망이 되는 글귀를 쓰고 싶은가? 그러면 포춘쿠키 작가가 돼라! 미국과 유럽의 중국 음식점에서 후식으로 나누어 주는 포춘쿠키에는 그날의 운세나 명언과 같은 짧은 문구가 적힌 쪽지가 들어있다. 이 쪽지에 들어가는 문구를 작성하는 사람들이 포춘쿠키 작가이다. 간결한 문장 속에 마음에 확 와닿는 메시지를 전달할 수 있어야 하기 때문에 이에 걸맞은 문장력은 필수이다.

도시락 시키신 분! 인도의 다바왈라(Dabbawala)

집에서 만든 도시락을 매일 배달해 주는 사람이 있다면 어떨까? 인도 뭄바이의 다바왈라는 학생들과 직장인들에게 집에서 만든 도시락을 배달해 주는 도시락 배달부로, 무려 100여년의 전통을 갖고 있다. 점심시간이 되면, 뭄바이는 20만명분의 점심 식사를 나르는 5천여 다바왈라로 붐비고, 덕분에 시민들은 식지 않은 점심 도시락을 먹을 수 있다.

월척이오! 네덜란드 자전거 낚시꾼

네덜란드의 수도 암스테르담에는 자전거 낚시 전문가가 있다. 이들은 중장비를 이용해 낚시를 한다. 암스테르담을 통과하는 100km 길이 운하에는 주인을 잃은 자전거가 연간 만 톤에 이르는데, 이것들은 수질 오염을 일으키기 때문에 그동안 여간 골칫거리가 아니었다. 도시의 수질 오염도 막고 돈도 버는 자전거 낚시꾼! 이 얼마나 멋진 직업인가!

SECTION

04

Art & Fashion

It was World War II, and many European cities were being destroyed. (A) They were museum directors, historians, artists, and architects. (B) So, the Monuments Men, a group of more than 300 people, was formed to protect these items. (C) Many buildings and artwork that had great artistic and historic value were being destroyed, too. Although they had never received basic military training, they entered dangerous war zones and performed their duties. Many group members were hurt and others were even killed. However, their belief was strong. "*Cultural assets are the evidence that we have existed and developed," a group member said. He continued, "If these things are destroyed, it will be like we never existed." Even after returning from the war, many of the members continued to preserve important works. Thanks to the Monuments Men, many items of great cultural value were saved.

*cultural asset 문화재

실제 모뉴먼츠 맨이 구해낸 명화들

▲ 레오나르도 다빈치
〈흰 족제비를 안은 여인〉

▲ 르누아르
〈이레느 깡 단베르 양의 초상〉

▲ 요하네스 베르메르
〈회화의 기술〉

1 문장 (A)~(C)를 글의 흐름에 알맞게 배열한 것은?

① (A) – (B) – (C) ② (B) – (A) – (C) ③ (B) – (C) – (A)
④ (C) – (A) – (B) ⑤ (C) – (B) – (A)

2 글을 통해 알 수 있는 것을 모두 고르시오.

① 모뉴먼츠 맨의 작품 세계
② 모뉴먼츠 맨의 결성 목적
③ 모뉴먼츠 맨의 업적
④ 모뉴먼츠 맨에 대한 상반된 평가
⑤ 모뉴먼츠 맨이 전쟁에 미친 영향

3 모뉴먼츠 맨에 관한 글의 내용과 일치하면 T, 그렇지 않으면 F를 쓰시오.

(1) A lot of the members worked in war zones after military training. ________

(2) A few members died or got hurt in the war. ________

[서술형]

4 글의 밑줄 친 their duties가 의미하는 내용을 우리말로 쓰시오.

____

____

Knowledge Bank 전쟁 후 모뉴먼츠 맨의 활동

모뉴먼츠 맨의 구성원들은 전쟁 후에도 예술 분야에서 계속 활동하며, 메트로폴리탄 미술관, 뉴욕 현대미술관, 워싱턴 국립 미술관 등 잘 알려진 박물관의 관장이나 큐레이터로 활동하는 등 큰 업적을 남겼다. 또한 뉴욕 시립발레단을 창단하는 등 미술 분야뿐 아니라 예술과 인문학 전반에서 활동했다. 이들의 이야기는 영화 〈모뉴먼츠 맨: 세기의 작전〉에서 다루어지기도 했다.

Words

destroy [동] 파괴하다 director [명] 임원; *책임자 historian [명] 역사가 (historic [형] 역사적으로 중요한) architect [명] 건축가 form [동] 형성하[되]다; *결성하다 artistic [형] 예술적인 value [명] 가치 basic [형] 기본적인 military [형] 군사의 training [명] 훈련 perform [동] 수행하다 duty [명] 의무; *임무 belief [명] 신념 strong [형] 강한; *확고한 evidence [명] 증거 exist [동] 존재하다 preserve [동] 지키다, 보호하다 work [명] 일; *작품 cultural [형] 문화적인

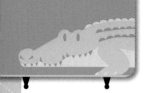

Anyone can easily tell a good singer from a bad singer. What exactly makes bad singers sound bad?

Sometimes it is bad rhythm or the inability to remember *notes. However, most bad singers sound bad because they have trouble with **pitch accuracy. Researchers tried to find out why this occurs. First, ⓐ they examined bad singers to check the physical condition of their throats and found that they were physically capable of singing well. Next, they checked the bad singers' hearing. The researchers originally suspected ⓑ they might not be able to hear notes correctly. However, ⓒ their hearing was fine.

Finally, the researchers found the answer. Although bad singers could hear notes correctly, ⓓ they couldn't reproduce them. Normally, when people sing a note incorrectly, their brain recognizes the mistake and automatically corrects it. This error correction didn't happen with bad singers. ⓔ They made the same mistake over and over!

*note 음, 음표   **pitch 소리의 높이, 음정

Knowledge Bank

BRAMS

위 연구는 BRAMS (International Laboratory for Brain, Music, and Sound Research)에 의해 실행되었는데, 2004년 6월 설립된 BRAMS는 신경 과학에 초점을 두고 음악 인지(cognition)를 연구하는 단체이다. 다양한 분야의 저명한 학자들이 모여 사람의 뇌가 음악에 어떻게 반응하는지, 즉, 사람의 신경 체계가 음악을 듣고, 기억하고, 연주하고, 반응하는 과정에 어떻게 관여하는지에 대해 연구한다.

1 글의 제목으로 가장 알맞은 것은?

① The Real Reason People Enjoy Music

② Everyone Has Different Musical Taste

③ Searching for the Cause of Bad Singing

④ There Is No Such Thing as a Bad Singer

⑤ Can Bad Singers Become Good Singers?

2 글의 밑줄 친 ⓐ~ⓔ 중, 가리키는 대상이 나머지 넷과 <u>다른</u> 것은?

① ⓐ   ② ⓑ   ③ ⓒ   ④ ⓓ   ⑤ ⓔ

3 글의 내용과 일치하면 T, 그렇지 않으면 F를 쓰시오.

(1) 노래를 못하는 사람은 음을 정확히 소리 내기 어려운 목 상태를 지닌다.   _____

(2) 보통 노래를 부르다 음이 틀리면 뇌가 인식해서 정확한 음으로 고친다.   _____

`고난도` `서술형`

4 다음 빈칸에 알맞은 단어나 표현을 글에서 찾아 쓰시오.

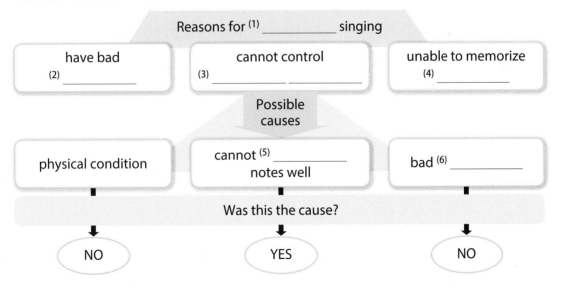

Reasons for (1) _____ singing

| have bad (2) _____ | cannot control (3) _____ _____ | unable to memorize (4) _____ |

Possible causes

| physical condition | cannot (5) _____ notes well | bad (6) _____ |

Was this the cause?

NO   YES   NO

Words

tell ⓥ 말하다; *구별하다 rhythm ⓝ 리듬(감) inability ⓝ 할 수 없음, 무능 have trouble with ~에 어려움을 겪다 accuracy ⓝ 정확(도) researcher ⓝ 연구원 examine ⓥ 조사하다; *검사하다 physical ⓐ 신체의, 물리적인 be capable of ~를 할 수 있다 originally ⓐ 원래, 본래 suspect ⓥ 의심하다 correctly ⓐ 정확하게 (↔ incorrectly) (correct ⓥ 바로잡다 ⓝ correction)) reproduce ⓥ 복사하다; *재현[재생]하다 recognize ⓥ 인식하다 automatically ⓐ 자동적으로 [문제] taste ⓝ 맛; *기호, 취향 memorize ⓥ 외우다

The Guernsey sweater, also known as a fisherman's sweater, is a good fashion choice for winter. ⓐ <u>It</u> is made of coated wool, has a tight fit, and is covered in knitted patterns.

This trendy sweater has a long history. ⓑ <u>It</u> got its name from the British island of Guernsey. Local fishermen wore these sweaters, which were hand-knitted.

_____ the fishermen worked on boats year round, they needed clothes that were both warm and comfortable. They also had to be protected from the cold water splashing across their boats. The Guernsey sweater was perfect for them because it was waterproof thanks to ⓒ <u>its</u> coated wool.

ⓓ <u>The sweater</u> played another role, too. Traditionally, each family had ⓔ <u>its</u> own unique pattern. This was not merely for fashion. Fishing was more dangerous in the past. If a fisherman's dead body washed onto the shore, <u>his sweater would help people identify him.</u>

1 글에서 Guernsey 스웨터에 관해 언급되지 <u>않은</u> 것은?

① 소재   ② 이름의 유래

③ 색상   ④ 제작 방식

⑤ 방수 여부

2 글의 밑줄 친 ⓐ~ⓔ 중, 가리키는 대상이 나머지 넷과 <u>다른</u> 것은?

① ⓐ   ② ⓑ   ③ ⓒ   ④ ⓓ   ⑤ ⓔ

3 글의 빈칸에 들어갈 말로 가장 알맞은 것은?

① Until   ② Since

③ Unless   ④ Although

⑤ Whether

서술형

4 글의 밑줄 친 부분이 가능한 이유를 우리말로 쓰시오.

_____

_____

fisherman 몡 어부   wool 몡 털, 양털   tight 톙 단단히 고정된; *(옷이 몸에) 딱 붙는   fit 몡 (옷 등의) 맞음새   knit 동 (실로 옷 등을) 뜨다, 짜다 (hand-knitted 톙 사람 손으로 뜬)   trendy 톙 최신 유행의   comfortable 톙 편안한   splash 동 후두둑 떨어지다, (액체가) 튀다   waterproof 톙 방수의   merely 뜀 단지   wash 동 씻다; *밀려오다   shore 몡 해변   identify 동 (신원 등을) 확인하다

SECTION 04

Think!
What music has impressed you the most in your life?

In August of 1952, a pianist sat down to give a performance. He checked his watch and waited for four minutes and thirty-three seconds. Afterward, he bowed to the audience and walked away!

The pianist did not seem to be doing anything, but he was actually performing a piece of music called *4′33″*, composed by John Cage. For four minutes and thirty-three seconds, the performer plays nothing at all!

The audience was surprised. To some people, it seemed something had gone wrong. However, others were impressed because they understood what Cage wanted to tell them.

(A) He wanted the audience to hear these sounds. (B) Cage believed that music could be made with any sounds, including the whispers of the audience or the sound of hearts beating. (C) By having the musician play nothing, he let them do so.

Nowadays *4′33″* is famous for challenging the way people think about music.

Knowledge Bank 빈 캔버스를 전시한 화가

미국의 화가 Robert Rauschenberg는 1951년에 〈백색 회화〉라는 작품을 전시했다. 이 작품은 아무것도 그려져 있지 않은 빈 캔버스였는데, 주변의 조명으로 인해 오가는 사람들의 그림자가 비쳐 캔버스에 보이는 모습이 시시각각 바뀌었다. Rauschenberg는 작곡가 John Cage의 친구로, Cage는 〈백색 회화〉에서 영감을 받아 〈4분 33초〉를 작곡했다고 밝혔다.

1 Which is NOT true about *4′33″* according to the passage?

① It was performed by a pianist in 1952.
② It was written by John Cage.
③ It lasts for 4 minutes and 33 seconds.
④ It impressed the entire audience.
⑤ It challenged how people think about music.

[고난도]

2 Which is the best order of the sentences (A)~(C)?

① (A) – (C) – (B) ② (B) – (A) – (C) ③ (B) – (C) – (A)
④ (C) – (A) – (B) ⑤ (C) – (B) – (A)

3 What did John Cage think about music according to the passage?

① If we try to listen, music is everywhere.
② Real musicians do not need to play an instrument.
③ Music can only be made with musical instruments.
④ The audience does not have any role in a performance.
⑤ Music sounds best when it is performed in a concert hall.

[서술형]

4 Fill in the blanks with the words from the passage.

> The audience was __________ because the performer played __________ for four minutes and thirty-three seconds.

Words

performance [명] 공연, 연주 ([동] **perform**) **afterward** [부] 후에, 나중에 **bow** [동] (허리를 굽혀) 절하다 **audience** [명] 청중, 관객 **piece** [명] 조각; *작품 **compose** [동] 구성하다; *작곡하다 **go wrong** (일이) 잘못되다 **impress** [동] 감명을 주다 **whisper** [명] 속삭임 **beat** [동] 이기다; *(심장이) 뛰다 **be famous for** ~로 유명하다 **challenge** [동] 도전하다, 이의를 제기하다 [문제] **last** [동] 계속되다 **entire** [형] 전체의 **instrument** [명] 기구; *악기

Review Test

[1-3] 다음 영영 뜻풀이에 해당하는 단어를 보기에서 골라 쓰시오.

> 보기 | form   recognize   destroy   preserve

1 to start a group, organization, or company _____

2 to make sure that something remains as it is _____

3 to cause so much damage to something that it no longer exists _____

[4-5] 다음 중, 두 단어의 관계가 나머지 넷과 다른 것을 고르시오.

4 ① art – artistic   ② trend – trendy   ③ culture – cultural
   ④ history – historic   ⑤ correctly – incorrectly

5 ① train – training   ② correct – correction   ③ believe – belief
   ④ originate – originally   ⑤ perform – performance

[6-8] 다음 빈칸에 알맞은 단어를 보기에서 골라 쓰시오.

> 보기 | duty   value   accuracy   audience

6 The dog's _____ is to guide a blind person.

7 The song impressed a large _____.

8 Some people use calculators to improve their _____.

[9-10] 다음 우리말과 일치하도록 빈칸에 알맞은 표현을 쓰시오.

9 Martin _____ _____ _____ passing the exam.
   Martin은 그 시험에 합격할 수 있다.

10 I _____ _____ _____ my Chinese pronunciation.
   나는 나의 중국어 발음에 어려움을 겪는다.

A B C 주어진 퍼즐 조각을 연결하여 단어를 완성한 후, 그 단어의 의미에 해당하는 영영 뜻풀이를 찾아 번호를 쓰시오.

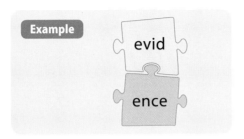

Example evid / ence

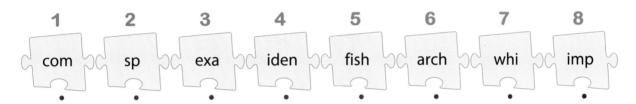

1	2	3	4	5	6	7	8
com	sp	exa	iden	fish	arch	whi	imp

erman / tify / sper / lash / pose / ress / mine / itect

a to write a piece of music _____

b a person who designs buildings _____

c someone who catches fish as a job _____

d to hit someone or something with liquid _____

e to cause someone to feel admiration or respect _____

f a way of speaking very quietly, using the breath _____

g to recognize someone and say who that person is _____

h to check something carefully to discover something about it _____

뱃사람들이야말로 진정한 패션 피플!?

우리가 흔히 입는 셔츠, 방울 달린 모자, 더플 코트, 심지어 청바지까지도 원조는 뱃사람들이었다는 사실을 아시나요?
그냥 장식인 줄 알았던 깨알 같은 디자인도 사실은 모두 알찬 용도가 있었대요.

방울 달린 털모자

이제는 여자들이나 어린 아이들이 주로 쓰는 이 귀여운 모자도 사실은 뱃사람들이 쓰던 것이다. 뱃사람들은 방한용으로 털모자를 즐겨 썼는데 배를 타고 선실에 있다 보면 거친 파도 때문에 머리를 천장에 부딪힐 때가 많았다. 그 충격을 덜기 위해 모자 위에 털실로 방울을 만들어 달았다.

더플 코드 (Duffle Coat)

우리가 흔히 '떡볶이 코트'라고 부르는 이 코트는 벨기에에서 유래했다. 더플(Duffle)은 벨기에의 한 도시이자 그곳에서 생산되는 두터운 양털 직물을 부르는 말이기도 하다. 벨기에의 뱃사람들은 강한 바닷바람을 막기 위해 이 직물로 만든 코트를 입었다. 막대 모양 단추와 끈 여밈은 두꺼운 장갑을 낀 손으로도 쉽게 풀고 잠글 수 있게 만든 것이며, 추위를 막기 위해 큰 모자를 달고 목 앞에는 직물을 덧대었다. 소매 끝에 있는 조임 장식도 보온 효과를 높이기 위한 것이다.

등 부분에 고리가 달린 셔츠

셔츠 뒷부분을 살펴보면 고리가 달린 경우가 있다. 이 고리는 배 안에서 옷장이나 다리미를 사용하기 어려웠던 1900년대 초반에 미국 해병이 처음으로 도입한 것이다. 이 고리를 이용해서 셔츠를 걸면 모양이 잘 잡혀 주름을 방지할 수 있다고 한다.

청바지

청바지를 만드는 천은 원래 이탈리아의 도시인 제노바(Genova)에서 생산되는 것이었다. 이 천으로 만든 바지는 튼튼하고 말아 올리기 쉬우며, 젖은 상태로 입었을 때 크게 불편하지 않아서 이 지역 해병들이 즐겨 입었다. 후에 이 바지가 미국에 전해져 광부들을 위한 옷으로 제작되었다가 전 세계로 퍼졌다. 이 과정에서 제노바의 영어 이름인 Genoa가 변형되어 청바지를 jeans라고 부르게 되었다.

SECTION

—

05

—

Science & Technology

—

—

SECTION 05

1

Think!
How do
we make
electricity?
What does it
come from?

Smartphones and wearable devices are very convenient. However, as they get smaller and thinner, they are able to hold less electricity. Constantly recharging them takes away a lot of the convenience. Some scientists think they have found a solution to this problem—the human body.

Our bodies naturally ____(A)____ energy. If this energy can be harvested and *converted into electricity, it can be used to recharge our devices. In the future, our clothes might be able to collect energy from the warmth of our skin. Masks are another possibility. They can use our breath as a form of wind power to ____(B)____ electricity. There is even a tiny device that gathers energy from the movements we make as we walk. These devices are not ready for consumers yet. However, it is likely that our breath, warmth, and motion will be soon recharging our phones.

*convert 전환하다

Knowledge Bank 에너지 수확(energy harvesting)

생활 속 버려지는 에너지를 모아 전기 에너지로 변환해 사용하는 기술이다. 기차가 움직일 때 발생하는 진동 및 열 에너지부터 건물 안 조명의 빛 에너지, 심지어 사람의 심장이 뛸 때 발생하는 운동 에너지까지도 이용할 수 있다. 에너지 수확처와 활용법이 무궁무진하고 친환경적이라는 점 덕분에 관련 연구 및 상용화가 활발하게 진행 중이다. 일본에는 사람이 밟고 지나갈 때 발생되는 압력을 모아 전기를 만드는 계단이 있고, 최근 미국에서는 빗방울과 바람이 창에 부딪힐 때 발생하는 마찰 에너지로 전기를 발생시키는 기술도 개발되었다.

1 글의 제목으로 가장 알맞은 것은?

① Our Bodies Are an Energy Source

② Harvesting Energy from the Wind

③ Saving Energy with Smart Devices

④ Smaller Devices Mean More Convenience

⑤ Wearable Devices: Better than Smartphones?

2 글의 빈칸 (A), (B)에 공통으로 들어갈 말로 가장 알맞은 것은?

① waste　　　　② create　　　　③ save

④ harvest　　　　⑤ recharge

3 글의 내용과 일치하지 <u>않는</u> 것은?

① 착용형 기기들이 점점 작고 얇아지고 있다.

② 수확된 에너지는 전기로 전환되어야 기기 충전에 쓸 수 있다.

③ 호흡을 이용하기 위해 마스크가 쓰일 수 있다.

④ 우리의 움직임에서 에너지를 모으는 장치가 연구되고 있다.

⑤ 전화기를 충전하는 데 우리의 온기가 사용될 수도 있다.

4 글의 밑줄 친 this problem이 의미하는 내용을 우리말로 쓰시오.

wearable ⑧착용하기에 적합한　device ⑨장치, 기기　convenient ⑧편리한 (⑨convenience)　hold ⑧잡다; *수용하다
electricity ⑨전기　constantly ⑨끊임없이, 거듭　recharge ⑧충전하다　take away 제거하다, 치우다　solution ⑨해법, 해결책
harvest ⑧수확하다　warmth ⑨온기　possibility ⑨가능성　breath ⑨숨, 호흡　form ⑨종류; *형태　gather ⑧모으다, 수집하다
consumer ⑨소비자　likely ⑧~할 것 같은　motion ⑨운동, 움직임　[문제] source ⑨원천

2

Think!
Where do you
see potatoes
most often?

Potatoes are used to make ink, medicine, and beauty products, as well as food. But did you know that potatoes have also helped improve Wi-Fi signals on airplanes?

Many airlines allow passengers to connect to the Internet through Wi-Fi. However, this signal was not always very strong. To improve this technology, engineers decided to run some tests. (a) They needed a plane full of passengers for several weeks because the human body absorbs and reflects Wi-Fi signals. (b) Of course, people can't sit on a plane that long. (c) A large airplane can seat over 500 passengers. (d) But potatoes can! (e) Potatoes contain water and *minerals in amounts that are similar to the human body. Therefore, they affect Wi-Fi signals in the same way as a human passenger. So, the engineers decided to fill the seats of their plane with bags of potatoes. Thanks to those patient potatoes, the engineers discovered ways to provide stronger Wi-Fi signals.

*mineral 무기질, 미네랄

1 글의 제목으로 가장 알맞은 것은?

① How to Use Wi-Fi on a Plane
② Does Wi-Fi Harm Your Body?
③ The Best Way to Cook Potatoes
④ How Did Wi-Fi Change Flying?
⑤ How Potatoes Improved Your Flight

[고난도]

2 글의 (a)~(e) 중, 전체 흐름과 관계없는 것은?

① (a) ② (b) ③ (c) ④ (d) ⑤ (e)

3 감자에 관한 글의 내용과 일치하지 않는 것은?

① 미용 제품에 쓰이기도 한다.
② 와이파이 기내 도입을 가능케 했다.
③ 사람 대신 실험에 쓰였다.
④ 몇 주간 실험에 사용되었다.
⑤ 와이파이 신호에 영향을 준다.

[서술형]

4 글의 밑줄 친 부분의 이유를 우리말로 쓰시오.

____

Knowledge Bank 삶은 감자 건전지

이스라엘 히브리대 소속 연구 개발 회사 이시움(Yissum)이 감자 조각과 구리, 아연을 사용하여 에너지 효율이 높은 건전지를 개발하던 중, 삶은 감자를 이용하면 생감자에 비해 10배 이상의 전력을 생산할 수 있다는 것을 밝혀냈다. 이 건전지가 상용화되면 건전지의 가격을 최대 50분의 1로 낮출 수 있어 전기 생산 시설이 부족한 곳에 큰 도움이 될 것으로 예상된다.

Words

beauty product 미용 제품 improve [동] 개선하다, 향상시키다 signal [명] 신호 airline [명] 항공사 passenger [명] 승객 connect [동] 연결되다[하다] engineer [명] 기술자 run [동] 달리다; *(검사 등을) 하다 absorb [동] 흡수하다 reflect [동] 반사하다 seat [동] 앉히다; *~개의 좌석이 있다 [명] 좌석 amount [명] 양 similar to ~와 비슷한 fill A with B A를 B로 채우다 patient [형] 참을성 있는 discover [동] 발견하다 provide [동] 제공하다, 주다 [문제] harm [동] 해를 끼치다 flying [명] 비행기 여행 (= flight)

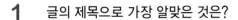

Think!
Can you make a certain motion that your friends cannot copy?

Here is an interesting <u>experiment</u>. First, kneel down on the floor and place an empty plastic cup about 20 centimeters in front of your knees. Then put your hands behind your back. Now lean forward and try to knock the cup over with your nose. Most girls can do this, but <u>boys usually lose their balance</u> and fall over. Why is this?

Your balance can be kept when your *center of gravity (COG) is over your **base of support (BOS). In this experiment, the BOS of both girls and boys is the same — from their knees to the tips of their toes. However, they have different COGs. In general, most girls have a low COG, near their hips. Boys, on the other hand, have a high COG, up around their shoulders. _____, when a girl leans forward on her knees, her COG stays over her BOS, while a boy's does not.

*center of gravity (COG) 무게중심   **base of support (BOS) 기저면

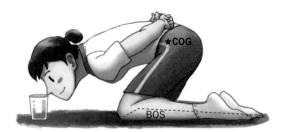

Knowledge Bank

무게중심(center of gravity)

무게중심은 인체나 물체의 무게 분포의 평균점이다. 예를 들어, 검지 손가락 끝에 연필을 둘 경우 쓰러지지 않고 균형을 유지하는 지점이 연필의 무게중심이다. 망치와 같이 모양이 균일하지 않은 물체의 경우 무게중심은 무게가 더 많이 나가는 쪽(망치의 쇠 부분)에 더 가깝게 위치한다. 사람의 무게중심은 키와 몸무게, 체형, 나이, 성별, 인종 등에 의해 영향을 받아 사람마다 약간씩 다르며 자세나 움직임에 따라서도 변한다.

기저면(base of support)

기저면은 인체나 물체가 지면에 접촉하고 있을 때, 지면에 접촉된 면적이나 그 접촉점들을 서로 연결시킨 범위를 가리키는 말로, 인체의 경우 자세에 따라 달라진다.

[고난도]

1 밑줄 친 experiment가 증명하려는 것을 글을 통해 가장 알맞게 유추한 것은?

① 여성이 균형을 더 잘 잡는다는 것
② 무게중심이 사람마다 다를 수 있다는 것
③ 무게중심이 더 위쪽인 남성이 기저면이 더 넓다는 것
④ 균형을 잡을 때, 무게중심이 아래쪽일수록 유리하다는 것
⑤ 균형을 잘 잡기 위해서 무게중심을 기저면 위에 두는 연습을 해야 한다는 것

2 글의 빈칸에 들어갈 말로 가장 알맞은 것은?

① Besides ② Therefore ③ For instance
④ In other words ⑤ Otherwise

[서술형]

3 글의 밑줄 친 boys usually lose their balance의 이유를 우리말로 쓰시오.

____

____

4 다음 빈칸에 알맞은 단어를 [보기]에서 골라 쓰시오.

[보기] | same lose different lean keep

Scientific Fact	To (1) __________ your balance, your COG should be over your BOS.
What Is Found in the Experiment	When boys lean forward on their knees, their BOSs and girls' are the (2) __________, but their COGs are (3) __________.
Result	Most girls can lean forward, but most boys (4) __________ their balance and fall over.

Words

experiment [명] 실험 kneel down 무릎을 꿇다 place [동] 놓다, 두다 empty [형] 비어 있는 lean [동] 기울다; *(몸을) 숙이다 forward [부] 앞으로 knock over 쓰러뜨리다 balance [명] 균형 fall over (~에 걸려) 엎어지다, 넘어지다 tip [명] (뾰족한) 끝 in general 일반적으로, 대개 on one's knees 무릎을 꿇고 [문제] scientific [형] 과학의

A: Is there any milk in the refrigerator?

B: Yes, there is half a bottle. Do you want me to order more?

Although this may sound like a typical conversation between two people, speaker B is actually a smart device. These days, many common household devices can understand spoken commands and respond to them. Moreover, these smart devices are all linked to a bigger system known as the Internet of Things (IoT). The IoT is a network that allows devices to connect to the Internet and share data with one another. This network can even include artificial intelligence (AI), which has the ability to learn from past experiences and make decisions based on logic. As more and more devices become part of this network, it will gradually change the way we live. Someday, homes, offices and even people all across the world may be part of a single giant network.

Knowledge Bank 사물 인터넷(IoT)과 인공지능(AI)이 적용된 사례

• 영국은 교통량에 따른 교통 신호 제어 시스템을 도입해 일부 고속도로의 통행 소요 시간을 25%, 교통사고 발생률을 50%, 대기 오염 발생을 10% 감소시켰다.

• 미국 기업 아마존은 무인 상점 '아마존고(Amazon Go)'를 공개했다. 매장에 들어선 고객이 아마존고 앱을 켜고 물건을 장바구니에 담으면 물건값이 자동으로 계산된다.

• 미국에서 개발된 고령자용 스마트 슬리퍼는 바닥의 센서를 통해 발의 압력, 보폭, 자세 등의 정보를 수집·분석하여 보호자에게 그들의 건강 상태를 실시간으로 알려 준다.

1 Which is the best title for the passage?

① Improving the Internet of Things
② The Origins of Artificial Intelligence
③ Connecting Technology, Changing the World
④ Do Smart Devices Make Life Easier or Harder?
⑤ The Internet: No Longer a Big Part of Our Lives

2 Which CANNOT be answered based on the passage?

① What is connected to the Internet of Things?
② What is the Internet of Things?
③ How does artificial intelligence work?
④ Who invented artificial intelligence?
⑤ How will the Internet of Things affect our lives?

[서술형]
3 What does the underlined this network refer to in the passage? Write it in English.

____

[서술형]
4 Fill in the blanks with the words from the passage.

> The IoT and AI will change our lives because more and more devices will be ________ to the IoT and ________ information with each other, and because AI can ________ and make decisions by itself.

Words

refrigerator [명] 냉장고 **typical** [형] 전형적인; *일반적인 **speaker** [명] 화자, 말하는 사람 **actually** [부] 실제로, 정말로; *사실 **common** [형] 흔한; *일반적인, 보통의 **household** [명] 가정 **command** [명] 명령 **respond** [동] 대답하다 **link A to B** A를 B에 연결하다 **thing** [명] 것; *사물 **data** [명] 정보, 자료 **artificial intelligence** 인공지능 **make a decision** 결정[판단]하다 **logic** [명] 논리 **gradually** [부] 서서히 [문제] **origin** [명] 기원, 근원, 원산지

Review Test

[1-3] 다음 각 단어에 해당하는 의미를 짝지으시오.

1 harm   •   • ⓐ to give something to someone

2 discover •   • ⓑ to damage something or stop it from working properly

3 provide •   • ⓒ to learn of something that one did not know about before

[4-5] 보기와 같은 관계가 되도록 빈칸에 알맞은 단어를 쓰시오.

> 보기 │ warm : warmth

4 possible : _____

5 _____ : convenience

[6-8] 다음 빈칸에 알맞은 단어를 보기에서 골라 쓰시오.

> 보기 │ lean   reflect   respond   improve

6 Light colors _____ more light than dark colors.

7 I saw a woman _____ out of the window.

8 Kate didn't _____ to any of my questions.

[9-10] 다음 우리말과 일치하도록 빈칸에 알맞은 표현을 쓰시오.

9 He _____ _____ when the bus turned suddenly.
버스가 갑자기 방향을 돌렸을 때 그는 넘어졌다.

10 Justin asked the server to _____ _____ the dishes.
Justin은 식당 종업원에게 그릇들을 치워 달라고 부탁했다.

A B C 주어진 알파벳을 사용하여 문장을 완성하시오.

1 (s)(e)(i)(o)(n)(d)(i)(c)

Think twice before making your _____.

2 (t)(a)(r)(g)(h)(e)

We have to _____ dry sticks for the fire.

3 (n)(l)(k)(i)

The bridge will _____ the island to the city.

4 (k)(k)(c)(n)(o)

Be careful not to _____ over the vase.

5 (m)(e)(t)(p)(y)

The _____ room feels bigger.

6 (c)(a)(l)(a)(b)(e)(n)

I can't keep my _____ when I ride a bike.

7 (t)(a)(n)(i)(t)(e)(p)

I was nervous, but I tried to stay calm and be _____.

8 (n)(x)(e)(m)(i)(e)(t)(e)(p)(r)

The scientists did an important _____ to test the machine.

9 (v)(a)(r)(h)(e)(t)(s)

The farmer will _____ the crops next week.

10 (m)(i)(i)(l)(a)(r)(s)

I'm looking for a skirt _____ to this one but cheaper.

도로 한 가운데의 오아시스

광고판이 오아시스가 된다? 이 기발한 상상이 페루의 수도 리마(Lima)에서 실현되었다고 해. 그 시작은 페루의 식수난 때문인데, 리마는 연간 강수량이 거의 0%인 지역이라 마실 물이 부족했대. 그런데 특이한 건, 비는 안 오는데 습도는 90%에 달한다는 거야! 전형적인 해안 사막 지역이기 때문이지. 이 점에 착안해 페루의 UTEC(the University of Engineering and Technology)에서 리마 사람들을 위해 공기 중의 수분을 식수로 바꿔 주는 옥외 광고판을 발명해 냈대!

식수를 만드는 옥외 광고판의 원리는 아주 간단해.

광고판 내부에 설치된 공기 필터가 공기 중의 수분을 흡수하면 탄소 필터가 이를 정수하고, 이 정수된 물은 냉장 탱크에 저장되어, 광고판 하단 수도꼭지를 틀면 물이 나오게 설계되어 있지. 하루에 96ℓ씩 저장되는 이 식수는 지역 주민들이 무료로 마실 수 있게 제공된다고 해! 이 정도면 옥외 광고판이 리마 사람들에게 최고의 오아시스가 될 만하지?

SECTION

06

Nature

Think!
When and where have you seen a rainbow?

A rainbow in a bright blue sky is a beautiful sight. But did you know there are also ⓐ rainbows at night? Just as sunlight produces rainbows, moonlight produces rainbows, too. These ⓑ lunar rainbows are known as "moonbows." The basic principle of a moonbow is just like that of a ⓒ rainbow. However, because moonlight is weaker than sunlight, moonbows look white instead of colored to human eyes.

So when can we see a ⓓ moonbow? First, the air needs to have enough moisture in it, like when or right after it rains, or when you are near a waterfall or a sea. Second, there must be a bright moon which is low and almost full. Also, a dark sky is necessary. Finally, the moon must be behind the viewer. Because of all these requirements, moonbows are much less common than rainbows. That is why we do not see ⓔ them often.

Knowledge Bank 무지개가 생기는 원리

무지개는 공기 중 물방울에 비친 햇빛이 굴절·분광 및 반사되어 나타나는 현상이다. 그래서 무지개는 비가 온 후 태양이 떠 있는 반대쪽 하늘에서 주로 나타난다.

▲ 장시간 카메라 노출로 촬영한 달무지개 by Jacqui Barker

1 글의 밑줄 친 ⓐ~ⓔ 중, 가리키는 대상이 나머지 넷과 다른 것은?

① ⓐ ② ⓑ ③ ⓒ ④ ⓓ ⑤ ⓔ

2 글의 내용과 일치하지 않는 것은?

① A rainbow which is made by the moon is called a "moonbow."
② Rainbows and moonbows are created in a similar way.
③ Moonbows look different from rainbows to human eyes.
④ It must be raining in order for you to see a moonbow.
⑤ Chances to see a moonbow are rare.

3 글의 밑줄 친 all these requirements에 포함되지 않는 것은?

① 습도 ② 달의 모양 ③ 하늘의 밝기
④ 기온 ⑤ 보는 사람의 위치

[서술형]

4 다음 빈칸에 알맞은 단어를 글에서 찾아 쓰시오.

> Moonbows are rainbows produced by moonlight. Their ________ ________ is the same as normal rainbows, but when we look at them, they look ________. Unfortunately, we cannot see them ________ because they require specific conditions to appear.

Words

sight [명] 시력, 시야; *광경 lunar [형] 달의 be known as ~로 알려지다 principle [명] 원칙; *(물리·자연의) 법칙 instead of ~ 대신에 colored [형] 색깔이 있는, 유색의 moisture [명] 수분, 습기 waterfall [명] 폭포 necessary [형] 필요한 behind [전] 뒤에 viewer [명] 시청자; *보는 사람 requirement [명] 필요(한 것); *필요조건, 요건 (require [동] 요구하다, 필요로 하다) [문제] appear [동] 나타나다 unfortunately [부] 유감스럽게도, 안타깝게도 specific [형] 구체적인 condition [명] 상태; *조건

Think!
What comes
to mind when
you hear the
word *hell*?

Imagine a burning hole that is about 70 meters wide and 30 meters deep! Is it the door to hell? Actually, it is called the "door to hell," but it's just a famous tourist attraction in Darvaza, a village in Turkmenistan's Karakum Desert.

In 1971, scientists started digging for natural gas in this area. However, the ground around the site soon collapsed, creating a huge hole. Then poisonous gas began escaping through the hole. In order to protect people in the area, the scientists decided to burn off the gas. They thought that it would take only a few days. Even more than 40 years later, however, the hole is still burning. No one knows when this huge fire will stop. Maybe you can visit the door to hell before it stops burning.

Knowledge Bank

탐험가 George Kourounis는 18개월 동안 호흡과 피부 보호 등에 필요한 장비, 다시 지상으로 올려질 수 있는 밧줄 등 각종 장비를 준비하고 계획을 세운 뒤, 지옥의 문의 바닥으로 내려가 흙을 채취했다. 1000℃나 되는 고온 속에도 생명체가 있는지 조사하기 위해서였는데, 실제로 일부 박테리아가 발견되었다고 한다.

1   글의 제목으로 가장 알맞은 것은?

① An Effort to Get Natural Gas

② Damage Caused by a Big Fire

③ A Desert Full of Poisonous Gas

④ Darvaza: An Endless Dark Cave

⑤ A Large Hole Burning for Decades

2   밑줄 친 the door to hell에 관한 글의 내용과 일치하지 <u>않는</u> 것은?

① 약 30m 깊이의 구덩이다.

② 사막의 한 마을에 위치해 있다.

③ 천연가스를 채굴하던 곳이다.

④ 채굴 장소 주변이 무너져서 생겼다.

⑤ 앞으로 40년 동안 더 타오를 것이다.

3   글의 내용과 일치하면 T, 그렇지 않으면 F를 쓰시오.

(1) The scientists failed to predict how long the hole would burn.   _____

(2) Visiting the door to hell will not be allowed soon.   _____

서술형

4   다음 빈칸에 알맞은 단어를 글에서 찾아 쓰시오.

> Because poisonous gas started _____ from a huge hole, scientists decided to _____ the area by burning off the gas. Actually, the gas didn't burn off, but it was the start of a famous _____ _____.

Words

imagine ⑧ 상상하다   hell ⑨ 지옥   tourist attraction 관광 명소   dig for ~를 찾아 땅을 파다   natural gas 천연가스   site ⑨ 위치, 장소   collapse ⑧ 붕괴되다, 무너지다   huge ⑩ 거대한   poisonous ⑩ 유독성의, 독이 있는   escape ⑧ 달아나다; *새어 나가다   burn off (가스)를 태워서 없애다; 다 타(버리)다   [문제] damage ⑨ 손상, 피해   endless ⑩ 무한한, 끝없는   decade ⑨ 10년   predict ⑧ 예측하다

SECTION 06

Think!
What do you
need to travel
to Mars?

For eight months, six people lived by themselves on a Hawaiian volcano. When they communicated with others, there was a 20-minute delay in sending and receiving messages. They stayed indoors most of the time; if they went out, they had to wear a spacesuit.

Their behavior may sound strange, but they were actually a part of a NASA study. Its goal was to learn about the _____ effects of living on Mars. Everything they did was closely observed. They wore special sensors that detected their moods, and their voice levels were recorded. They could even use *virtual reality devices to pretend to be alone on a beach because being with each other all the time wasn't easy.

NASA hopes that the information gathered from this project will be useful. It could help NASA choose people with the right personality to survive a trip to Mars!

*virtual reality 가상 현실

1 글의 제목으로 가장 알맞은 것은?

① A Practice Trip to Mars
② NASA's Office in Hawaii
③ A New Space Theme Park
④ Astronauts Get a Vacation
⑤ Technology for a Space Flight

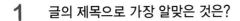

고난도

2 글의 빈칸에 들어갈 말로 가장 알맞은 것은?

① mental   ② long-term   ③ financial
④ physical   ⑤ environmental

3 글의 내용과 일치하면 T, 그렇지 않으면 F를 쓰시오.

(1) 연구 참가자는 참가 기간 동안 계속 우주복을 입어야 했다. _____

(2) 연구 참가자는 같이 있는 것이 힘들 때 해변으로 외출할 수 있었다. _____

서술형

4 밑줄 친 a NASA study에 관한 아래 표를 우리말로 완성하시오.

실험 개요	시행 기간	시행 지역	참여 인원
수집 정보의 용도			

Knowledge Bank   하이시스(HI-SEAS) 프로젝트

하이시스(HI-SEAS)는 미항공우주국(NASA)의 자금 지원 아래 하와이대학교가 수행하는 화성 탐사 모의실험으로, 2030년으로 예정된 화성 탐사를 대비하기 위한 훈련이다. 4~6명의 대원들이 화성과 비슷한 환경을 갖춘 화산 지대에 지어진 기지에 거주하면서 심리와 상호 작용 분석을 위한 다양한 임무를 수행한다. 이 프로젝트는 2013년에 시작되어 여러 번의 실험이 짧게는 4개월, 길게는 1년에 걸쳐 진행되었다. 여섯 번째 실험에서는 한국인 교수가 아시아 최초 탐사대장이 되었으나, 팀원의 사정으로 중단되었다.

Words

volcano 몡화산   delay 몡지연, 지체   indoors 분실내에서   spacesuit 몡우주복   behavior 몡행동   learn 동배우다; *알(아내)다
Mars 몡화성   closely 분면밀히   observe 동관찰하다   sensor 몡센서, 감지기   detect 동감지하다   mood 몡기분   record 동
기록하다   pretend 동~인 척하다[것처럼 굴다]   personality 몡성격   survive 동생존하다; *견뎌 내다   [문제] astronaut 몡우주 비행사
mental 혱정신적인   long-term 혱장기적인   financial 혱금전적인   environmental 혱환경의

Did you know Earth is still developing? Every day, earthquakes and volcanoes are creating new land or changing the existing landscape. One example is Surtsey, a volcanic island near Iceland.

▲ 16 days after the eruption

▲ Surtsey in 1999

(A) This formed a small island in the sea. (B) He saw hot lava coming up to the surface of the water. (C) A fisherman first saw volcanic activity there on November 14, 1963. The *eruption lasted for more than three years, and the island grew to a size of 2.7 km². It was named after the god of fire in Nordic myths, Surtr.

From the start, Surtsey has been a place of study for scientists. It has provided information on how islands form and develop. Also, it has been protected since its birth because it allows scientists to observe how plants and animals from other places settle on new land. Because of the island's great scientific value, UNESCO named it a **World Heritage Site in 2008.

*eruption (화산의) 폭발, 분출
**World Heritage Site 세계 문화유산

▼ Surtsey in 2007

Knowledge Bank

Hunga Tonga-Hunga Ha'apai, 화산이 만든 섬

2014년, 남태평양의 섬나라 통가에서 해저 화산이 폭발해 길이가 1.8km인 작은 섬이 생겼다. 이 섬은 NASA에 의해 연구되고 있는데, 아직 생명체가 유입되지 않아 화성과 환경이 비슷하기 때문이다. 바닷물의 침식으로 짧게는 6년, 길게는 30년 후에 사라질 것으로 예상된다.

[고난도]

1 What is the passage mainly about?

① how new land is formed
② what causes volcanic activity
③ what makes Surtsey a place for scientific study
④ how Surtsey was made and why it is important
⑤ why Surtsey is the most famous island in the world

2 Which is the best order of the sentences (A)~(C)?

① (A) – (B) – (C)   ② (A) – (C) – (B)   ③ (B) – (A) – (C)
④ (C) – (A) – (B)   ⑤ (C) – (B) – (A)

3 Which is NOT mentioned about Surtsey?

① its location   ② the process of its formation
③ its size   ④ the origin of its name
⑤ the animals and plants living on it

[서술형]

4 Fill in the blanks with the words from the passage.

By examining Surtsey, scientists have learned about the way islands __________ and develop. In addition, they have been able to get __________ on how creatures from other places __________ in a new place.

Words

earthquake [명] 지진 **existing** [형] 기존의 **landscape** [명] 풍경 **volcanic** [형] 화산의, 화산 작용에 의한 **lava** [명] 용암 **surface** [명] 표면 **activity** [명] 활동 **be named after** ~의 이름을 따서 (이름) 지어지다 **Nordic** [형] 북유럽 (국가)의 **birth** [명] 출생; *출현, 발생 **settle** [동] 해결하다; *정착하다 **name** [동] 이름을 지어주다; *지정하다 [문제] **location** [명] 위치 **formation** [명] 형성 **process** [명] 과정

Review Test

[1-3] 다음 각 단어에 해당하는 의미를 짝지으시오.

1 detect •

• ⓐ to fall down suddenly

2 record •

• ⓑ to notice or sense something

3 collapse •

• ⓒ to store information in writing or on a computer

[4-5] 다음 밑줄 친 단어와 비슷한 의미의 단어를 고르시오.

4 The project was a huge success.

① big   ② tiny   ③ easy   ④ basic   ⑤ enough

5 We were attracted by the beautiful landscape.

① land   ② voice   ③ sight   ④ photo   ⑤ viewer

[6-8] 다음 빈칸에 알맞은 단어를 (보기)에서 골라 쓰시오.

(보기) | mental   lunar   necessary   poisonous

6 You should buy _____ things only.

7 Imagination can be helpful to children's _____ development.

8 In the mountains, you need to be careful of _____ snakes.

[9-10] 다음 우리말과 일치하도록 빈칸에 알맞은 표현을 쓰시오.

9 I was _____ _____ my grandmother.
나는 내 할머니의 이름을 따서 이름 지어졌다.

10 Marc _____ _____ _____ an honest and humorous person.
Marc는 정직하고 재미있는 사람으로 알려져 있다.

A B C 주어진 우리말 뜻에 해당하는 단어로 문장을 완성하시오.

1 Some of the Hawaiian Islands' ☐☐☐☐☐☐☐(e)s are still active.

2 Sarah was angry with Paul's rude ☐☐☐☐☐☐☐.

3 The ☐☐☐☐☐☐☐☐☐ shook the buildings.

4 Physical strength is one of the ☐☐☐☐☐☐☐☐☐☐(e)s for the job.

5 Scientists ☐☐☐☐☐☐☐ stars with their special camera.

6 My sister has a kind and friendly ☐☐☐☐☐☐☐☐☐☐☐☐.

7 The cause of the flight ☐☐☐☐☐ was the bad weather.

8 Don't ☐☐☐☐☐☐ to be happy when you're not.

9 In summer, there is a lot of ☐☐☐☐☐☐☐ in the air.

10 They decided to ☐☐☐☐☐☐ in a new town far away.

Hint

❶ 화산   ❷ 행동   ❸ 지진   ❹ 필요조건, 요건   ❺ 관찰하다

❻ 성격   ❼ 지연, 지체   ❽ ~인 척하다   ❾ 수분, 습기   ❿ 정착하다

믿기지 않는 자연 속 빛깔

분홍빛 호수, 형광색 바다, 별이 반짝이는 듯한 동굴! 합성처럼 보일지 몰라도 이 모두는 100% 자연 풍경! 무엇 때문에 이런 독특한 빛이 나는 걸까?

소금

에메랄드 빛 호수는 잠시 잊어버리셔도 좋습니다 딸기 우유색 호수들

호수는 푸른빛이라고만 생각하는가? 이런 고정관념을 비웃기라도 하듯, 분홍색 호수들이 세계 곳곳에 존재한다. 바로 호주의 힐리어 호수(Lake Hillier), 세네갈의 레트바 호수(Lake Retba), 멕시코의 핑크 라군(Pink Lagoon) 등이다. 이 분홍빛 호수들은 눈부시게 아름답지만, 염도가 90% 이상이라 생명체가 살기 어려워 '죽음의 호수'이기도 하다. 이 호수가 분홍색인 이유는 염도가 높은 물에서도 잘 살아남는 '두날리엘라 살리나(Dunaliella Salina)'라는 플랑크톤이 장악하고 있기 때문인데, 이 플랑크톤은 자외선을 받으면 붉은 색소를 활성화시켜 호수를 분홍빛으로 물들인다.

자체 발광하는 바다

생물 발광(bioluminescence) 현상

최근 중국과 호주에서 바닷물이 푸른 형광색으로 반짝이는 현상이 일어나 화제가 되었다. 이 현상은 생물체가 빛을 내는 현상인 생물 발광의 일종인데, '야광충'이라는 작은 생물이 바닷물 속에서 빛을 내면서 일어난다. 플랑크톤의 한 종류인 야광충은 세포 속에 빛을 내는 알갱이가 있어 자극을 받으면 자신을 방어하기 위해 푸른빛을 낸다. 따라서 주로 파도 부근이나 배가 지나간 자리 등에서 볼 수 있다. 야광충은 전 세계에 널리 분포하고 있어 우리나라에서도 이 현상을 목격할 수 있다.

동굴에 별이?

뉴질랜드 와이토모 글로우웜 동굴
(Waitomo Glowworm Caves)

뉴질랜드 북섬에는 별이 쏟아질 듯 천장이 반짝이는 와이토모 글로우웜 동굴이 있다. 이 빛은 천장에 서식하는 수많은 개똥벌레의 유충이 내는 것이다. 이 유충들은 불빛으로 먹이를 유인한 다음 점액이 붙어 있는 끈끈한 줄을 늘어뜨려 먹이를 포획한다. 이 늘어진 줄에 빛이 번져 더 기묘하고 환상적인 빛을 자아낸다.

Think!
Have you seen
a bird's nest?
What does it
look like?

Most birds attract mates with their beautiful feathers or songs. However, the bowerbird does something very different.

It builds and decorates a special structure called a bower. At the start of mating season, the male bowerbird begins to gather small sticks. It then arranges ⓐ <u>them</u> into a bower and sometimes even makes a path leading up to ⓑ <u>it</u>. Next, it chews berries or charcoal, mixing them with *saliva. Then, this mixture is used as paint for the bower's walls. Finally, ⓒ <u>it</u> begins to decorate its bower with brightly colored objects. The male bowerbird spends

hours collecting things like seashells, flowers, stones, and berries. Some will even gather small pieces of colorful plastic or glass. Female bowerbirds then wander around from bower to bower. They look at the decorations and taste the paint. When they find a bower that they like, _____!

*saliva 침, 타액

Knowledge Bank   다른 동물의 특이한 구애 행동

닷거미(nursery web spider) 수컷은 마음에 드는 암컷에게 맛있는 먹이를 거미줄로 싸서 선물한다. 암컷은 그것이 마음에 들면 안에 있는 먹이를 먹고, 그 수컷을 짝으로 선택한다. 북대서양에 사는 두건물범(hooded seal) 수컷은 콧속에 분홍색 세포막이 있는데, 짝이 되고 싶은 암컷이 나타나면 이 막에 바람을 넣어 풍선처럼 부풀려 보여 준다.

1 글의 제목으로 가장 알맞은 것은?

① Birds' Mating Seasons
② The Life of Bowerbirds
③ The Process of Building a Bower
④ Bowers: Beautiful and Strong Nests
⑤ The Bowerbird's Way of Finding a Mate

[서술형]

2 글의 밑줄 친 ⓐ, ⓑ, ⓒ가 각각 가리키는 것을 쓰시오.

ⓐ: ________ ⓑ: ________ ⓒ: ________

[고난도]

3 글의 빈칸에 들어갈 말로 가장 알맞은 것은?

① they steal it from the male
② they go and find a proper mate
③ they decorate it more beautifully
④ they choose that male to be their mate
⑤ they start to build a similar bower next to it

[서술형]

4 다음 빈칸에 알맞은 단어를 글에서 찾아 쓰시오.

A male bowerbird builds a colorful bower to ________ a female bowerbird.

바우어와 그 주변 ▶

Words

attract [동] 마음을 끌다, 유혹하다 mate [명] (새·동물의) 짝 [동] 짝짓기를 하다 feather [명] 털, 깃털 decorate [동] 장식하다, 꾸미다 ([명] decoration) structure [명] 구조(물) arrange [동] (일을) 처리하다; *배열하다 path [명] 길 lead (up) to ~로 이어지다 chew [동] (음식을) 씹다 charcoal [명] 숯 mixture [명] 혼합물 object [명] 물건, 물체 wander around 이리저리 돌아다니다 [문제] steal [동] 훔치다

Can honeybees _____? (①) It is possible because they have an excellent sense of smell that can be used for discovering bombs! (②) During the Iraq War, U.S. scientists did an experiment using honeybees. (③) They hid bombs in different places and sent trained honeybees to find them. (④) The honeybees successfully found all of the bombs! (⑤)

There are other reasons using honeybees to find bombs is practical. They are inexpensive to take care of and convenient to carry. Most of all, they are easy to train. All the scientists have to do is give them delicious *nectar as a reward whenever they find a hidden bomb. For <u>all these reasons</u>, the scientists think honeybees could use their sense of smell to find bombs and save lives all around the world.

*nectar (꽃의) 꿀

1 글의 빈칸에 들어갈 말로 가장 알맞은 것은?

① sting ② kill you ③ be raised

④ save lives ⑤ be future food

2 다음 문장이 들어갈 위치로 가장 알맞은 곳은?

> They did not even miss bombs that had a weak scent.

①　　②　　③　　④　　⑤

3 글의 내용과 일치하면 T, 그렇지 않으면 F를 쓰시오.

(1) Honeybees' ability to find bombs is not natural. _____

(2) It is difficult to move honeybees from place to place. _____

고난도 서술형

4 글의 밑줄 친 all these reasons에 해당하는 4가지 내용을 찾아 쓰시오.

_____

_____

Words

excellent (형) 뛰어난 sense of smell 후각 bomb (명) 폭탄 hide (동) 숨기다 (hide-hid-hidden) train (동) 훈련하다 successfully (부) 성공적으로 practical (형) 현실적인; *실용적인, 유용한 inexpensive (형) 비싸지 않은 reward (명) 보상 [문제] sting (동) 쏘다, 찌르다 miss (동) 그리워하다; *놓치다 scent (명) 냄새 natural (형) 자연의; *타고난

Britain's Natural History Museum hired some new workers. What is ⓐ <u>their</u> job? It is eating animals' dead bodies! It sounds scary, but ⓑ <u>the workers</u> never complain. That is because they are *beetles.

Beetles are natural cleaners that have been around for over 200 million years. They eat animal waste. _____(A)_____, they eat the dead bodies of animals, except for the bones. The beetles used by the museum are only about 10 mm long, but surprisingly ⓒ <u>they</u> can eat about 4 kg a week!

In addition to working at museums, <u>these beetles also work for scientists</u>. In the past, scientists used strong chemicals to remove the skin and muscle from the bones of animals ⓓ <u>they</u> wanted to study. _____(B)_____, those chemicals could damage the bones. However, ⓔ <u>the beetles</u> eat all the other body parts and leave the bones untouched. Thanks to these new workers, scientists can get clean and undamaged bones.

*beetle 딱정벌레

1 글의 빈칸 (A), (B)에 들어갈 말로 바르게 짝지어진 것은?

	(A)		(B)
①	Otherwise	......	Strangely
②	Otherwise	......	Unfortunately
③	Moreover	......	Unfortunately
④	Moreover	......	Fortunately
⑤	However	......	Fortunately

2 딱정벌레에 관한 글의 내용과 일치하지 <u>않는</u> 것은?

① 영국 자연사 박물관에서 이용한다.
② 2억 년 전에도 지구상에 존재했다.
③ 동물의 사체는 먹지만 뼈는 남긴다.
④ 작은 몸집에 비하여 매우 많이 먹는다.
⑤ 과학 연구를 돕는 화학 물질을 배출한다.

3 글의 밑줄 친 ⓐ~ⓔ 중, 가리키는 대상이 나머지 넷과 <u>다른</u> 것은?

① ⓐ   ② ⓑ   ③ ⓒ   ④ ⓓ   ⑤ ⓔ

[고난도] [서술형]

4 글의 밑줄 친 these beetles also work for scientists의 내용을 우리말로 쓰시오.

_____

_____

hire ⑧고용하다   body ⑨몸, 신체; *사체   complain ⑧불평하다   waste ⑨낭비; *배설물, 쓰레기   except for ~를 제외하고
chemical ⑨화학 물질   remove A from B B에서 A를 제거하다   muscle ⑨근육   damage ⑧손상시키다   untouched ⑱훼손되지
않은

Many animals change color to hide from predators. However, there is one animal that changes more dramatically. This animal is the *mimic octopus, and it lives in the sea near Indonesia.

The mimic octopus does not have shells or bones. This is one reason why it has developed a unique way of protecting itself; it tries to look like other sea animals. It mimics different creatures in different situations, by changing not only its color but also its shape. _____(A)_____, when it wants to move around quickly, it takes the shape of a poisonous **flatfish to avoid any sudden attacks. Also, when a ***damselfish comes near, it will change its shape into that of a sea snake. The damselfish swims away because they are often eaten by sea snakes. In this way, the mimic octopus can stay safe from predators. Surely "_____(B)_____" is a great nickname for it.

*mimic octopus 흉내 문어   **flatfish 넙치류 물고기   ***damselfish 자리돔

Knowledge Bank   동물의 위장술

동물은 다양한 방법으로 스스로를 보호하는데, 그중에서도 자신의 형태나 색을 바꾸고 연기를 해서 적을 속이는 기술을 위장이라고 한다. 천적의 눈에 띄지 않게 보호색을 이용하는 것이 가장 흔하지만, 죽은 척하거나 고약한 냄새를 풍겨 신선한 먹이가 아닌 것처럼 위장하기도 한다. 화려한 색으로 꾸며 독이 있는 것처럼 위장하거나 자신을 잡아먹으려는 동물의 천적을 흉내 내 겁을 주는 동물도 있다.

1 Which CANNOT be answered based on the passage?

① Where can the mimic octopus be found?
② Why does the mimic octopus need a way of protecting itself?
③ What does the mimic octopus mimic?
④ How does the damselfish attack the mimic octopus?
⑤ What is a predator of the damselfish?

2 Which is the best choice for the blank (A)?

① Instead ② Moreover ③ Therefore
④ For example ⑤ On the other hand

3 Which is the best choice for the blank (B)?

① best friend of fish
② treasure of the sea
③ king of sea creatures
④ great color magician
⑤ master of transformation

[서술형]

4 Fill in the blanks with the words from the passage.

The mimic octopus changes its ________ and ________ when predators come near.

Words

hide [동] 숨기다; *숨다 predator [명] 포식자 dramatically [부] 극적으로 mimic [명] 흉내쟁이 [동] 흉내를 내다 shell [명] 껍데기 unique [형] 독특한 situation [명] 상황 sudden [형] 갑작스러운 attack [명] 공격 [동] 공격하다 stay [동] 머무르다; *계속 ~하게 있다 nickname [명] 별명 [문제] treasure [명] 보물 magician [명] 마술사 master [명] 주인; *달인, 대가 transformation [명] 변화, 변신

1 다음 중 단어의 영영 뜻풀이가 알맞지 <u>않은</u> 것을 고르시오.

① unique: unusual and special

② mimic: to try to be like someone or something

③ hire: to stop paying someone to do a job for you

④ practical: effective or successful in a real situation

⑤ damage: to harm something or cause it to become worse than it was

[2-4] 다음 괄호 안에서 알맞은 단어를 고르시오.

2 It's my pleasure. I don't expect any (value / reward).

3 I won't (complain / complete), but look for solutions.

4 Sam was shocked by the artist's (sudden / untouched) death.

[5-7] 다음 빈칸에 알맞은 단어를 (보기)에서 골라 쓰시오.

> (보기) | attack   attract   arrange   decorate

5 The lion is watching for an opportunity to _____ the sheep.

6 You need to _____ the chairs in a line in the middle of the hall.

7 The company hopes their new advertisement will _____ customers.

[8-10] 다음 우리말과 일치하도록 빈칸에 알맞은 표현을 쓰시오.

8 These stairs _____ _____ _____ the parking lot.
이 계단은 주차장으로 이어진다.

9 You can buy everything at half price _____ _____ new arrivals.
신상품을 제외하고 모든 것을 반값에 구매하실 수 있습니다.

10 Joe got very nervous and began to _____ _____ his room.
Joe는 매우 초조해져서 그의 방을 이리저리 돌아다니기 시작했다.

A B C 주어진 알파벳을 사용하여 문장을 완성하시오.

1 ⓛ ⓤ ⓢ ⓔ ⓜ ⓒ

We may lose _____ as we get older.

2 ⓗ ⓦ ⓔ ⓒ

Don't _____ with your mouth open.

3 ⓗ ⓟ ⓣ ⓐ

Anna and I walked along the _____.

4 ⓡ ⓣ ⓤ ⓤ ⓣ ⓡ ⓒ ⓢ ⓔ

The city hall is an old wooden _____.

5 ⓔ ⓡ ⓞ ⓥ ⓔ ⓜ

Open the windows to _____ the smell from the house.

6 ⓣ ⓘ ⓤ ⓐ ⓘ ⓝ ⓢ ⓣ ⓞ

The workers did their best to deal with the difficult _____.

7 ⓡ ⓔ ⓞ ⓐ ⓒ ⓣ ⓔ ⓓ

I will _____ my room with pumpkin lanterns for Halloween.

8 ⓛ ⓒ ⓔ ⓗ ⓐ ⓘ ⓒ ⓜ

Many people died because of the harmful _____(e)s.

9 ⓓ ⓞ ⓡ ⓟ ⓐ ⓣ ⓡ ⓔ

Animals use different ways to escape from their _____(e)s.

10 ⓣ ⓐ ⓤ ⓝ ⓐ ⓛ ⓡ

Jackson is a _____ dancer with an excellent sense of rhythm.

도마뱀은 땅 위를 걷는다, 모든 동물은 늙는다, 알은 암컷이 품는다?!
여기 우리가 알고 있는 상식을 깨는 동물들이 있습니다. 어떤 동물인지 한번 만나볼까요?

물 위의 육상 선수, 바실리스크 도마뱀

바실리스크 도마뱀(basilisk)은 물 위를 걷거나 뛰어다닐 수 있는 도마뱀으로 유명합니다. 중남미의 우림이나 강, 하천 등에 서식하며, 수영과 다이빙에도 능하고, 최대 30분까지 잠수도 할 수 있습니다. 바실리스크 도마뱀은 다리를 넓게 벌리고 양 옆으로 다리를 뻗으며 물 위를 걷거나 뛰어다니는데, 그 속도가 초당 스무 걸음을 걸을 수 있는 정도라고 합니다. 이런 능력 덕분에 바실리스크 도마뱀은 포식자를 만났을 때도 쉽게 도망갈 수 있어요.

불로장생의 꿈, 벌거숭이 두더지쥐

벌거숭이 두더지쥐(naked mole-rat)는 죽을 때까지 늙지 않는 동물로, 노화를 연구하는 과학자들 사이에서 가장 인기가 많습니다. 온몸에 털이 거의 없고, 크기도 8cm에 불과하지만, 수명이 30년 정도로 일반 설치류의 10배에 달합니다. 이는 사람으로 치면 800살 정도의 수명을 가진 것이라고 합니다. 벌거숭이 두더지쥐는 노화의 징후가 거의 없거나 아예 나타나지 않고, DNA나 단백질 손상을 바로잡는 능력이 탁월합니다. 아울러 통증을 느끼지 못하고, 암에 대한 내성도 있으며, 산소 없이도 18분을 버틸 수 있는 것으로 알려져 있습니다.

부성애는 모성애만큼 강하다, 다윈코 개구리

다윈코 개구리(Darwin's frog)는 수컷이 알을 품는 습성이 있습니다. 암컷 개구리가 40개 가량의 알을 낳으면, 수컷들은 이 알을 3~4주 동안 보호하다가 부화하기 직전에 그 알을 자신의 울음주머니에 넣습니다. 약 3일 후 알이 부화하는데, 수컷 개구리는 부화한 올챙이가 완전히 독립생활을 할 수 있을 때까지 울음주머니 안에서 올챙이를 키운다고 해요.

SECTION

08

Culture

Think!
What does your family do to remember your dead relatives?

The Day of the Dead sounds scary. However, it is actually a joyful Mexican holiday for remembering dead relatives. Like other holidays, it is full of food.

Families celebrate this holiday by setting up small tables for their dead relatives. They place food and drink on these tables for

the spirits of their loved ones to eat and drink. They also decorate these tables with candles, and skulls made of sugar. These sugar skulls are not always meant to be eaten. (a) However, children are often allowed to enjoy this sweet candy. (b) Sweet candy that contains a lot of sugar is bad for children's teeth. (c) The food most commonly found on these tables is Day of the Dead bread. (d) These round, sweet loaves are baked with the shapes of bones on top. (e) Nearly everyone eats this bread during the holiday to remember their dead relatives.

▲ 멕시코 화가 Frida Kahlo를 위한 제단

Knowledge Bank 망자의 날(The Day of the Dead, Día de Muertos)

망자의 날은 죽은 이들을 기리는 멕시코 명절로, 보통 10월 31일부터 준비를 시작해 11월 2일까지 이어진다. 고대 아즈텍 사람들은 영혼이 1년에 한 번 세상에 내려온다고 믿었는데, 이런 전통이 기독교 풍습과 결합되어 오늘날의 망자의 날이 되었다. 망자의 날은 죽은 이에 대한 애도의 날인 동시에, 이들과 만날 수 있는 날이므로 사람들은 해골처럼 분장한 채 노래하고 춤을 추며 축제 분위기를 즐기기도 한다. 2008년에 유네스코 인류무형문화유산으로 등재되었다.

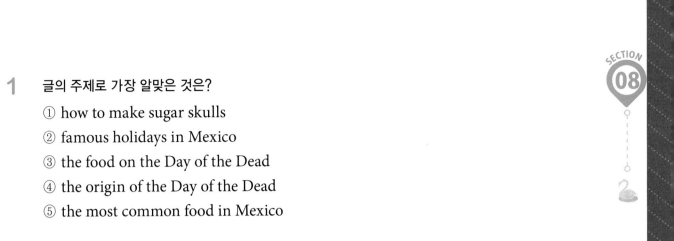

1 글의 주제로 가장 알맞은 것은?

① how to make sugar skulls
② famous holidays in Mexico
③ the food on the Day of the Dead
④ the origin of the Day of the Dead
⑤ the most common food in Mexico

[고난도]

2 글의 (a)~(e) 중, 전체 흐름과 관계없는 것은?

① (a) ② (b) ③ (c) ④ (d) ⑤ (e)

3 The Day of the Dead에 관한 글의 내용과 일치하지 않는 것은?

① 무섭기보다는 즐거운 명절이다.
② 탁자에 음식과 음료, 초 등을 올린다.
③ 해골 모양 사탕은 설탕으로 만든다.
④ 빵 위에는 뼈 모양이 있다.
⑤ 탁자에 올렸던 음식은 먹지 않는다.

[서술형]

4 다음 빈칸에 알맞은 단어를 글에서 찾아 쓰시오.

On the Day of the Dead, a holiday to _________ _________ _________, people usually decorate tables with candles, drinks, and food such as sugar _________ and round, sweet _________.

Words

joyful [형] 기쁜 holiday [명] 휴일, 명절 remember [동] 기억하다; *추모하다 relative [명] 친척 celebrate [동] 기념하다 set up ~를 놓다, 마련하다 spirit [명] 영혼, 정신 loved one (종종 *pl.*) 사랑하는 사람, (특히) 가족, 친척 skull [명] 두개골, 해골 commonly [부] 흔히 loaf [명] 빵 한 덩이 (*pl.* loaves)

2

Would you buy a bag without knowing what was inside? Many Japanese people do this! On New Year's Day, they buy *fukubukuro*, bags that have various mystery items inside.

Fukubukuro came from a Japanese superstition. According to this superstition, people must not start the New Year with anything that has been left over from the previous year. So stores put their leftover items into the bags. Then they sell the bags much cheaper than they normally would. Of course, the customers who buy *fukubukuro* do not know _____. If they are lucky, they might get expensive items, such as jewelry, for a low price!

In Japanese, the word *fuku* means "good luck" and the word *bukuro* means "bags"—*fukubukuro* are truly "lucky bags."

1 글을 읽고 답할 수 없는 질문은?

① When do people in Japan buy *fukubukuro*?
② What is inside *fukubukuro*?
③ How was making and selling *fukubukuro* started?
④ How many people get expensive things in *fukubukuro*?
⑤ What does the word *fukubukuro* mean?

2 글에 따르면, 일본의 상점들이 새해에 *fukubukuro*를 파는 이유는?

① 단골 손님을 유치할 수 있기 때문에
② 새해 첫 신상품을 홍보할 수 있기 때문에
③ 이전 해의 상품들은 새해에 가치가 떨어지기 때문에
④ 이전 해에 남은 것들로 새해를 시작하면 안 된다는 미신 때문에
⑤ 새해 첫날 손님이 많으면 일 년 내내 장사가 잘 된다는 미신 때문에

3 글의 빈칸에 들어갈 말로 가장 알맞은 것은?

① who made the bags
② how much the bags are
③ where they can buy the bags
④ what items will be in the bags
⑤ when the bags will be sold out

[서술형]

4 다음 빈칸에 알맞은 단어를 글에서 찾아 쓰시오.

When the new year starts, Japanese stores sell __________ that contain random items from the __________ year. Someone __________ might find expensive items at a lower price.

Words

mystery [명] 수수께끼, 미스터리 **come from** ~로부터 생겨나다 **superstition** [명] 미신 **leave over** ~를 남겨두다 (**leftover** [형] 나머지의, 남은) **previous** [형] 이전의, 바로 앞의 **normally** [부] 보통, 정상적으로 **customer** [명] 손님 **lucky** [형] 운이 좋은 ([명] **luck**) **jewelry** [명] 보석류 [문제] **random** [형] 무작위의

To most people, keys are common tools that are used to unlock doors or start cars. However, you may be surprised by the _____(A)_____ in other cultures.

In ancient Greece and Rome, people thought that keys allowed their prayers to reach the gods. They believed that keys unlocked the door between heaven and earth. They also saw them as symbols for remembering the past and looking forward to the future.

In Japan, people believed that tying three keys together created a lucky charm. They symbolized keys that _____(B)_____ to love, money, and well-being.

Some *Romany people in Eastern Europe hang a door key with a metal ring over their bed. They think that it helps them sleep well. They also think that <u>this</u> keeps people from having nightmares.

*Romany 로마니, 집시

1 글의 빈칸 (A)에 들어갈 말로 가장 알맞은 것은?

① long history of keys

② various uses of keys

③ unique shapes of keys

④ special meanings of keys

⑤ unique ways of making keys

고난도 서술형

2 글의 빈칸 (B)에 알맞은 <u>3단어</u>를 글에서 찾아 쓰시오.

_____ _____ _____

3 글의 내용과 일치하지 <u>않는</u> 것은?

① 고대 로마인들은 열쇠가 기도를 신께 닿게 한다고 생각했다.

② 고대 그리스인들은 열쇠가 과거와 미래를 잇는다고 생각했다.

③ 일본에서는 세 개의 열쇠를 함께 묶었다.

④ 열쇠는 행운의 부적으로 쓰이기도 했다.

⑤ 몇몇 집시들은 열쇠가 숙면에 도움이 된다고 생각한다.

서술형

4 글의 밑줄 친 this가 가리키는 내용을 우리말로 쓰시오.

_____

Words

unlock ⑧(잠긴 것을) 열다   ancient ⑧고대의   prayer ⑨기도   look forward to ~를 고대하다   tie ⑧묶다   charm ⑨매력; *부적
symbolize ⑧상징하다   well-being ⑨행복, 웰빙   hang ⑧걸다   metal ⑨금속   nightmare ⑨악몽

You are walking down a street in Bangkok. Suddenly, people throw buckets of water on you and shoot water into the crowd! It is Songkran, Thailand's traditional New Year's celebration.

This exciting festival takes place in April, when the new year starts based on the Thai calendar. The festival is about cleaning and making a new start. People clean their homes and wash statues of the Buddha. They also pour water on the hands of the elderly as a sign of respect. Over time, this has evolved into a giant water fight where people splash strangers with water. People from all around the world head to Thailand to watch and participate in the action.

Throwing and splashing water during Songkran is a kind of *blessing. It is supposed to chase away bad things. It also allows good things to come during the new year!

*blessing 축복

Knowledge Bank 송끄란

송끄란은 태국을 대표하는 축제로 '물의 축제'라고도 한다. 매년 4월 13일부터 15일까지 주요 도시에서 열리는데, 치앙마이 지역의 축제가 가장 유명하다. 현지인과 방문객들이 함께 어우러져 축제를 즐기고, 소원 빌기, 미인 선발대회 등 다채로운 이벤트도 마련된다. 한편, 축제 시작 전부터 교통사고가 발생하기 시작하여 매년 약 400명이 사망하고 4,000명 안팎의 부상자가 발생하여 '위험한 7일'로 불리기도 한다.

1 Which can you NOT see during Songkran according to the passage?

① people throwing water on each other

② people cleaning houses

③ people washing statues of the Buddha

④ people pouring water on older people's hands

⑤ people participating in water shooting contests

2 Write T if the statement is true or F if it is false.

(1) According to the Thai calendar, the new year begins in April. _____

(2) Many people from a variety of different countries come to _____
Thailand for Songkran.

서술형

3 What does the underlined the action refer to in the passage? Write it in Korean.

_____

서술형

4 Fill in the blanks with the words from the passage.

During Songkran, people splash water to get rid of _____ _____
and get _____ _____ in the new year.

Words

shoot⑧쏘다　crowd⑨사람들, 군중　traditional⑧전통의　celebration⑨기념[축하] 행사　take place 개최되다　calendar⑨
달력　statue⑨조각상　(the) Buddha 부처님　pour⑧(물을) 붓다　elderly⑧나이가 지긋한　respect⑨존경　evolve⑧
발전하다, 발달하다　splash⑧(물을) 끼얹다　head⑧향하다　participate in ~에 참여하다　be supposed to-v ~해야 한다; *~인
것으로 여겨지다　chase away ~를 쫓아내다　[문제] a variety of 다양한　get rid of 없애다, 제거하다

Review Test

[1-3] 다음 영영 뜻풀이에 해당하는 단어를 (보기)에서 골라 쓰시오.

> (보기) | crowd   spirit   respect   superstition

1   a large group of people   _____

2   a good opinion of someone   _____

3   belief in something that is not proven, such as luck   _____

[4-5] 주어진 두 단어와 같은 관계가 되도록 빈칸에 알맞은 단어를 쓰시오.

4   luck : lucky = tradition : _____

5   symbol : symbolize = _____ : celebrate

[6-7] 다음 빈칸에 알맞은 단어를 (보기)에서 골라 쓰시오.

> (보기) | hang   splash   unlock

6   I will _____ these photos on the wall.

7   Enter password to _____ the system.

[8-10] 다음 우리말과 일치하도록 빈칸에 알맞은 표현을 쓰시오.

8   Where does the competition _____ _____?
대회가 어디에서 개최되나요?

9   I will _____ _____ _____ working with you.
당신과 함께 일하기를 고대하겠습니다.

10   Why don't you _____ _____ volunteer work?
자원봉사 활동에 참여하는 게 어때?

주어진 영영 뜻풀이에 해당하는 단어로 퍼즐을 완성하시오.

Across

❷ happening or existing before

❺ a time when people do not go to work or school for a religious or national festival

❼ to develop gradually

❽ an object made of stone or metal that usually looks like a human

Down

❶ a very upsetting or terrifying dream

❷ to make liquid flow quickly

❸ very happy

❹ very old or having existed for a long time

❻ to go toward a place

❽ the bone that forms the head

집 안에 편자를 두고 우산을 펴면?

우리나라에서 다리를 떨면 복이 나간다고 생각하는 것처럼, 서양에도 행운과 불행에 관련된 많은 미신이 있다.

실내에서 우산을 펴면 불행이?

젖은 우산을 말리기 위해 실내에서 우산을 펴는 일이 종종 있다. 하지만 서양에는 실내에서 우산을 펴면 불행이 온다는 미신이 있다. 어떤 사람들은 이 미신이 고대 이집트에서 시작했다고 생각한다. 고대 이집트인들은 비가 아니라 뜨거운 태양을 피하기 위해 우산을 사용했다. 그들은 태양이 내리쬐는 야외가 아닌 실내에서 우산을 펴는 것은 태양신에 대한 모독 행위라고 간주했고 태양신의 저주가 현장에 있던 모든 사람에게 내릴 것이라고 생각했다고 한다. 하지만, 우산 미신의 기원을 좀 더 현대적인 것에서 찾는 사람들도 있다. 초기의 우산은 지금의 우산처럼 안전하지 않았다. 뾰족한 끝과 날카롭고 단단한 우산살로 만들어진 우산을 좁은 실내에서 펴면 다른 사람들이 다칠 수도 있었기에, 이를 방지하기 위해 이러한 미신이 생겨났을 거라는 주장도 있다. 어떤 유래가 더 그럴 듯하게 들리는가?

행운을 불러 오는 부적, 말굽의 편자!

10세기 영국에 캔터베리 대주교를 지냈던 성인 던스턴이 있었다. 그는 신부가 되기 전 대장장이로 일했는데, 어느 날 악마가 정체를 숨기고 그를 찾아왔다. 악마는 어떤 이유에선지 던스턴에게 자신의 발에 편자를 박아 달라 요청했고, 그 손님이 악마임을 눈치챈 던스턴은 악마에게 기둥에 몸을 묶어야 편자를 박을 수 있다고 말했다. 던스턴은 자신의 말에 응한 악마를 기둥에 묶고 그의 발에 편자를 박기 시작했다. 편자를 박는 것이 생각보다 아팠던 악마가 멈춰 달라 애원하자, 던스턴은 편자가 걸린 곳에는 절대 들어가지 않겠다는 약속을 받은 후 악마를 풀어 주었다고 한다.

이 일화로부터 시작된 행운의 상징이 말굽에 붙이는 U자 모양의 쇠붙이인 편자이다. 서양 사람들은 집 안이나 현관에 편자를 걸어 두면 행운이 오고 불행을 막아 준다고 믿는다. 그래서인지 편자 모양으로 된 액세서리를 착용한 사람도 심심치 않게 볼 수 있다.

Environment

Think!
Do you think
it is okay
for humans
to change
nature?

In the 1960s, the *Soviet government made a terrible decision. They changed the direction of two rivers flowing into the Aral Sea, a salt lake. They did this in order to make water flow into nearby cotton fields.

The results were _____! The Aral Sea began to dry up. The sea has shrunk to 10% of its original size in the past 60 years, and the region has been destroyed. As the sea dried up, it left behind salty sand. ⓐ It was picked up by the wind and carried across the land. This ruined farmers' fields and made people sick.

Today, the destruction of the Aral Sea is considered one of the most tragic environmental disasters in human history. ⓑ It reminds us that we should never destroy nature for human gain.

*Soviet (구)소련의

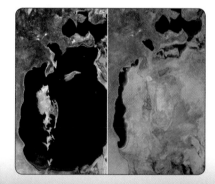

아랄 해 위성 사진(왼쪽 1989년, 오른쪽 2014년) ▶

1 글의 주제로 가장 알맞은 것은?

① farmers who harm nature
② a community ruined because of salt
③ the current condition of the Aral Sea
④ a tragic event that happened to the Aral Sea
⑤ the Soviet government's efforts to prevent disaster

2 글의 빈칸에 들어갈 말로 가장 알맞은 것은?

① indirect ② positive ③ shocking
④ impressive ⑤ meaningless

[서술형]
3 글의 밑줄 친 ⓐ와 ⓑ가 각각 가리키는 것을 글에서 찾아 쓰시오.

ⓐ: ______________________ ⓑ: ______________________

[서술형]
4 다음 빈칸에 알맞은 단어를 글에서 찾아 쓰시오.

What Happened to the Aral Sea?

The __________ of two rivers flowing into the Aral Sea was changed.
⬇
The sea has dried up and __________ to 10% of its original size.
⬇
__________ __________ was left behind, and it was carried across the land by the wind.
⬇
Farmers' fields were __________ and people got sick.

Words

government [명] 정부 make a decision 결정[판단]하다 direction [명] 방향 flow [동] 흐르다 nearby [형] 가까이에 있는 cotton [명] 목화 shrink [동] 줄어들다 (shrink-shrank-shrunk) original [형] 원[본]래의 region [명] 지역 destroy [동] 파괴하다 ([명] destruction) leave behind 남기다 pick up ~를 집어 올리다[주워 모으다] ruin [동] 망치다 consider [동] 숙고하다; *여기다 tragic [형] 비극적인 disaster [명] 참사, 재해 remind [동] 상기시키다 gain [명] 이득 [문제] prevent [동] 막다, 예방하다 indirect [형] 간접적인 positive [형] 긍정적인 impressive [형] 인상적인 meaningless [형] 의미 없는

Think!
What do you think worms eat?

Millions of tons of plastic is produced and thrown away each year. Moreover, this plastic waste stays in *landfills for too long before breaking down. A solution to these problems, however, may have been discovered by accident.

One day, a beekeeper who is also a scientist removed some **waxworms from her beehives. Waxworms usually eat the wax in beehives. After putting them in a plastic bag, she found that they had eaten holes in the bag!

To find out more, scientists conducted an experiment. They put 100 waxworms in a plastic bag. The waxworms ate 92 milligrams of plastic in 12 hours, which is more than 1,000 times faster than any other creature. The waxworms' secret is their saliva—it causes plastic to quickly break down. Scientists hope to create sprays that work like waxworm saliva. If they are successful, it will help us get rid of our plastic waste!

*landfill 쓰레기 매립지　**waxworm 벌집 나방 애벌레

Knowledge Bank
플라스틱과 환경오염

플라스틱병 하나가 분해되려면 평균 400년 이상이 걸리지만 저렴하고 쉽게 변형할 수 있는 플라스틱은 매년 사용량이 늘어, 1950년부터 오늘날까지 약 83억 톤이 생산된 것으로 추산된다. 이는 무려 10억 마리 코끼리와 맞먹는 무게이다! 하지만 버려지는 플라스틱의 재활용률은 9%에 불과하며, 나머지는 소각되거나 그대로 버려져 대기와 땅, 바다를 오염시킨다. 현재 태평양에는 한반도 면적의 7배에 달하는 거대 쓰레기 섬(The Great Pacific Garbage Patch, GPGP)이 떠다니고 있는데, 그중 90% 이상이 플라스틱이라고 한다.

1 글의 제목으로 가장 알맞은 것은?

① How to Reduce Plastic Waste
② The Danger of Waxworm Saliva
③ A Natural Solution for Plastic Waste
④ The Process of Breaking Down Plastic
⑤ The Effects of the Chemicals Released from Plastic

2 글의 밑줄 친 these problems에 해당하는 것으로 짝지은 것은?

(A) 많은 양의 플라스틱이 버려지는 것
(B) 벌집에 벌레가 생기는 것
(C) 플라스틱 분해에 오랜 시간이 걸리는 것
(D) 플라스틱에 인체에 유해한 성분이 있는 것

① (A), (B) ② (A), (C) ③ (B), (C) ④ (B), (D) ⑤ (C), (D)

3 글을 읽고 답할 수 없는 질문은?

① Who discovered waxworms?
② What do waxworms usually eat?
③ How fast can waxworms eat plastic?
④ What can we use waxworms for?
⑤ How does waxworm saliva work on plastic?

[고난도] [서술형]

4 글의 밑줄 친 it이 가리키는 내용을 우리말로 쓰시오.

____

Words

waste [명] 낭비; *쓰레기, 폐기물 break down 분해되다[하다] solution [명] 해결책 discover [동] 발견하다 by accident 우연히 beekeeper [명] 양봉가 beehive [명] 벌집 wax [명] 밀랍, 왁스 plastic bag 비닐봉지 conduct [동] (특정한 활동을) 하다 experiment [명] 실험 work [동] 일하다; *(특정한) 작용을 하다[영향을 미치다] [문제] release [동] 방출하다

Think!
Can you think of any problems in developing countries?

*Sanitation is a big problem in developing countries. Human waste has to be dealt with properly because it is toxic. If it is not, it can pollute drinking water, and this causes serious diseases. A Swedish company has found a solution—the Peepoo.

The Peepoo looks like nothing more than two plastic bags, but it is a disposable toilet. It is made of special plastic that is not bad for the environment at all. _____, the bag acts as a sanitation plant thanks to the **urea inside it. When the urea mixes with the human waste, it breaks down into materials that kill dangerous bacteria. Then, since sanitized human waste is rich in nutrients, it can be used as safe and cheap ***fertilizer. Plus, this disposable toilet does not require water. This is a big advantage in countries where there is not much water.

*sanitation 공중위생 (sanitize 위생 처리하다) **urea 요소 ***fertilizer 비료

▲ All images of Peepoo provided by Peepoople

Knowledge Bank 바이오플라스틱(bioplastic)

Peepoo는 바이오플라스틱으로 만들어졌는데, 이는 특정 미생물의 체내에 있는 폴리에스터를 이용해 만든 플라스틱을 말한다. 석유로 만든 플라스틱과는 달리 흙 속 미생물에 의해 쉽게 분해된다.

1 글의 제목으로 가장 알맞은 것은?

① How to Use Disposable Items Wisely
② The Reason Why We Need to Sell Peepoo
③ A Water Problem for Developing Countries
④ An Innovative Toilet for Developing Countries
⑤ Human Waste: The Biggest Problem in the World

2 Peepoo에 관한 글의 내용과 일치하지 <u>않는</u> 것은?

① 스웨덴 회사에 의해 발명되었다.
② 비닐봉지 두 장으로 만들 수 있다.
③ 만드는 데 사용된 재료는 친환경적이다.
④ 인간의 배설물을 위생 처리할 수 있는 물질이 들어 있다.
⑤ 사용할 때 물이 필요 없다.

3 글의 빈칸에 들어갈 말로 가장 알맞은 것은?

① However   ② Therefore   ③ In addition
④ For example   ⑤ In other words

서술형

4 다음 빈칸에 알맞은 단어를 글에서 찾아 쓰시오.

The Peepoo: Solving a Sanitation Problem in Developing Countries

Purpose	to deal with (1) _____ _____ properly
Advantages	– is not harmful to the (2) _____ – sanitizes human waste and turns it into (3) _____ using urea – does not need (4) _____

Think!
What is your
most valuable
possession?
Where do you
keep it?

Seeds are one of our earth's most valuable resources. Using ⓐ <u>them</u>, scientists can create new crops that may solve problems of the future, like unknown plant diseases or a lack of food. Sadly, this resource is disappearing. How can we protect ⓑ <u>them</u>?

When we have valuable things, we put ⓒ <u>them</u> into a *safety deposit box at a bank. Scientists do the same thing with seeds— they put ⓓ <u>them</u> in the **Svalbard Global Seed Vault.

The vault used to be an old mine in an icy mountain in Norway. The mine was renovated to become the vault, which can bear extreme climate

▲ 스발바르 국제 종자 저장고

changes and nuclear explosions. Deep inside the vault, seeds from around the world are kept. ⓔ <u>They</u> are put into special bags that are free of moisture and air. Therefore, _____

▲ 스발바르 국제 종자 저장고에 보낼 씨앗들
@ CIAT 유전자 은행, 콜롬비아

no matter what happens. For this reason, the vault was nicknamed the "***doomsday vault."

*safety deposit box 안전 금고
**Svalbard Global Seed Vault 스발바르 국제 종자 저장고
***doomsday 최후의 날

Knowledge Bank 종자 저장고

전 세계에는 단 두 개의 종자 저장고가 있는데, 나머지 하나는 바로 우리나라에 있다. 경북 봉화군 국립백두대간수목원 내에 있는 Seed Vault는 2016년 산림청이 만들었는데, 주로 식량 작물을 보관하는 스발바르 국제 종자 저장고와는 달리, 주로 야생식물의 종자를 보관한다. 현재 약 3,200종의 종자가 보관되고 있으며, 최대 200만 점까지 보관할 수 있다.

1 Which CANNOT be answered based on the passage?

① What did the vault used to be?
② Where is the vault located?
③ How many seeds are kept inside the vault?
④ How are the seeds kept in the vault?
⑤ What is the nickname of the vault?

2 Choose the one that indicates something different.

① ⓐ ② ⓑ ③ ⓒ ④ ⓓ ⑤ ⓔ

3 Which is the best choice for the blank?

① all of the seeds will be safe
② the seeds can avoid the sun
③ the seeds can be sold at high prices
④ various kinds of seeds will be collected
⑤ seeds from around the world will be studied

[고난도] [서술형]

4 Fill in the blanks with the words from the passage.

> Seeds are valuable and should be prevented from __________ . This is because seeds are a(n) __________ needed to make new crops that may be the answer to future problems.

Words

seed [명] 씨앗, 종자 **valuable** [형] 귀중한 **resource** [명] 자원 **crop** [명] 작물 **unknown** [형] 알려지지 않은; *발생한 적이 없는 **lack** [명] 부족 **disappear** [동] 사라지다 **mine** [명] 광산 **icy** [형] 얼음같이 찬; *얼음에 뒤덮인 **renovate** [동] 개조하다 **bear** [동] 참다, 견디다 **extreme** [형] 극도의, 극심한 **climate** [명] 기후 **nuclear** [형] 핵의 **explosion** [명] 폭발 **be free of** ~가 없다 **nickname** [동] 별명을 붙이다 [명] 별명 [문제] **be located** 위치하다

Review Test

[1-3] 다음 영영 뜻풀이에 해당하는 단어를 보기에서 골라 쓰시오.

| 보기 | shrink | prevent | destroy | disappear |

1 to become smaller   _____

2 to go away or be taken away   _____

3 to make something never happen   _____

[4-5] 다음 괄호 안에서 알맞은 단어를 고르시오.

4 The movie is about the (tragic / nearby) car accident.

5 This website has helpful and (valuable / extreme) information about health.

[6-8] 다음 빈칸에 알맞은 단어를 보기에서 골라 쓰시오.

| 보기 | waste | resource | nutrient | explosion |

6 Amy always chooses food that is rich in _____(e)s.

7 It's time to look for _____(e)s on other planets.

8 The building was destroyed by the _____.

[9-10] 다음 우리말과 일치하도록 빈칸에 알맞은 표현을 쓰시오.

9 This milk _____ _____ _____ bacteria.
이 우유에는 박테리아가 없다.

10 I met my old friend at the airport _____ _____.
나는 공항에서 우연히 옛 친구를 만났다.

ABC 주어진 영영 뜻풀이에 해당하는 단어를 찾으시오.

p	l	e	a	d	a	n	g	l	q	u	e	o
a	s	c	o	n	d	u	c	t	i	g	e	o
s	r	e	n	o	v	a	t	e	t	u	e	r
s	d	i	s	e	a	s	e	d	a	c	e	i
a	t	t	h	e	n	e	s	l	e	p	o	m
p	o	l	l	u	t	e	o	r	n	c	z	e
x	e	a	n	e	a	o	p	e	u	l	m	t
r	e	c	m	i	g	n	x	g	s	i	n	l
j	e	k	m	o	e	e	r	i	c	m	n	e
f	a	x	i	m	e	t	e	o	c	a	x	t
o	v	e	v	e	r	y	l	n	y	t	p	k
c	l	a	m	c	t	i	y	e	a	e	o	w

❶ poisonous

❷ to make water, air, or land dirty

❸ to do an activity or task

❹ to repair and improve something

❺ to damage something so badly

❻ a large area of land

❼ not enough of something

❽ the general weather patterns of a large area

❾ a way in which one thing is better than another

❿ an illness which affects people, animals, or plants

생태학적 난민을 아시나요?

생태학적 난민(Ecological Refugee)이란?

유엔환경계획(UNEP)에서 전쟁 난민, 경제 난민 등과 구분하기 위해 사용하기 시작한 말로, 기후 변화나 환경 파괴로 발생한 난민을 가리킵니다. 산업화를 위한 과도한 개발과 성장 추구는 무분별한 삼림 파괴와 사막화, 가뭄, 홍수, 해일 등의 자연재해와 같은 환경 문제를 일으키게 되었고, 생태학적 난민이 발생하는 가장 큰 요인이 되고 있습니다. 생태학적 난민은 기후 난민(Climate Refugee)과 환경 난민(Environmental Refugee)을 포함하는 말입니다.

생태학적 난민의 사례

현재 생태학적 난민의 규모는 기후 변화가 빠르게 진행되면서 점점 늘어나고 있습니다. 방글라데시는 해수면 상승에 따라 국토 면적이 소실되고 있고, 해수의 온도가 상승함에 따라 태풍의 일종인 사이클론이 자주 발생하여 농경지와 삼림을 파괴하였고 거주지를 잃은 난민들이 발생하였습니다. 또한, 1,300여 개의 섬으로 이루어진 몰디브는 해수면 상승으로 주민 모두가 국토를 잃고 난민이 될 위기에 처해 있습니다. 남태평양 중앙에 위치한 도시 국가 투발루는 해수면이 2m나 상승하여 국토의 대부분이 물에 잠기기 시작해 1만 2천여 명의 국민 모두를 인접 국가로 이주시키는 사업을 추진하고 있다고 합니다.

생태학적 난민의 현실

생태학적 난민들은 자연재해로 삶의 터전을 잃었음에도 불구하고, 국제법상 '박해'를 받는 사람들이 아니라는 이유로 적절한 지원을 받지 못하고 있다고 합니다. 이들을 위해 유엔 난민기구(UNHCR)와 여러 비정부 기구에서 다방면으로 노력을 기울이고 있습니다. 그러나 무엇보다도 전 세계적으로 생태학적 난민에 관해 인식하고 기후 변화에 대한 경각심을 가지는 것이 중요할 것입니다.

SECTION

10

Places

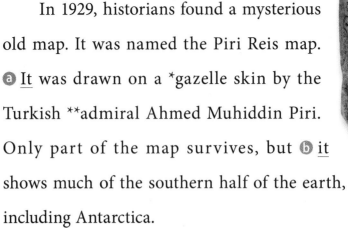

In 1929, historians found a mysterious old map. It was named the Piri Reis map. ⓐ It was drawn on a *gazelle skin by the Turkish **admiral Ahmed Muhiddin Piri. Only part of the map survives, but ⓑ it shows much of the southern half of the earth, including Antarctica.

The map is amazing for two reasons. First, it shows Antarctica's northern coastline. Antarctica was unknown until 1819, but ⓒ the map was drawn in 1513! Second, the map shows Antarctica without ice. How could these things be possible?

Some historians say that Piri referred to 20 different maps, including one drawn by Christopher Columbus. ⓓ The map that Columbus drew could have had information about Antarctica. Other people, however, say that Piri simply imagined the coast of Antarctica. Either way, unless historians find proof, ⓔ the map will remain a mystery.

*gazelle 가젤(초식 동물의 일종) **admiral(= reis) 제독(해군 함대의 사령관)

▼ Piri Reis 조형물과 지도 @ 차나칼레, 터키

1 글의 제목으로 가장 알맞은 것은?

① Who Discovered Antarctica
② A Brave Map Maker: Piri Reis
③ The Unsolved Mysteries of an Old Map
④ A Different Version of the Piri Reis Map
⑤ Endless Efforts to Make a Map of Antarctica

2 Piri Reis 지도에 관한 글의 내용과 일치하지 않는 것은?

① 제작자의 이름이 붙여졌다.
② 지도의 일부만 남아 있다.
③ 지구 남쪽의 많은 부분이 포함되어 있다.
④ 남극 대륙의 일부가 그려져 있다.
⑤ 1819년에 제작되었다.

[고난도]

3 글의 밑줄 친 ⓐ~ⓔ 중, 가리키는 대상이 나머지 넷과 다른 것은?

① ⓐ ② ⓑ ③ ⓒ ④ ⓓ ⑤ ⓔ

[서술형]

4 글의 밑줄 친 two reasons에 해당하는 내용을 우리말로 쓰시오.

____

____

Words

mysterious [형] 불가사의한 Turkish [형] 터키(인)의 southern [형] 남쪽의 Antarctica [명] 남극 대륙 northern [형] 북쪽의 coastline [명] 해안선 refer to ~를 나타내다; *참고하다 proof [명] 증거 remain [동] 계속[여전히] ~이다 [문제] unsolved [형] 해결되지 않은

2

Imagine houses that you can take apart and then put back together. You can see houses like this, called *trulli*, in Alberobello, Italy. They were built with rocks but without cement or other materials for holding the rocks together. Builders simply placed the rocks on top of each other!

(①) There is an interesting story behind this unique style. (②) In the 17th century, people had to pay a high tax on their houses. (③) Common people could not afford it. (④) In order to trick the government, they built these special houses. (⑤) Then, after the workers left, they put the houses back together.

Today, *trulli* are so well preserved that they are still used as homes. Thousands of tourists go to Alberobello to see them. They have even been named a World Heritage Site.

1 다음 문장이 들어갈 위치로 가장 알맞은 곳은?

> When they heard the government workers were coming to the town, they quickly took their houses apart.

① ② ③ ④ ⑤

2 글에 따르면, Alberobello 사람들이 *trulli*를 지은 목적은?

① 종교 집회를 열기 위해
② 주변에 흔한 돌을 사용하기 위해
③ 집에 부과되는 높은 세금을 피하기 위해
④ 정부에서 권장하는 튼튼한 집을 짓기 위해
⑤ 정부 관료들을 위한 거주지로 사용하기 위해

[서술형]

3 글의 밑줄 친 these special houses의 특징을 우리말로 쓰시오.

____

[고난도] [서술형]

4 다음 빈칸에 알맞은 단어나 표현을 글에서 찾아 쓰시오.

> In the 17th century, common people in Alberobello could not afford a(n) ________ ________ on their houses. Thus, they built *trulli* with rocks but without cement or other materials. They cheated the ________ by taking their houses ________ and putting them back ________ later.

Words

take apart 분해하다 put together 합하다, 조립하다 hold together 결합하다, 접합하다 tax [명] 세금 common people 일반인, 서민 afford [동] ~를 살[감당할] 여유가 있다 trick [동] 속이다 preserved [형] 보존된 [문제] cheat [동] 속이다

Think!
What do you
need to
survive in an
underground
city?

In 1963, a man found a secret room beneath his house in Cappadocia, Turkey. Surprisingly, the room led to another and another. This was the discovery of Derinkuyu, an ancient underground city.

ⓐ The city has now been discovered to have eighteen floors and reach a depth of 85 meters. ⓑ It is big enough to hold about 30,000 people. Why was this huge city built? Some researchers think ⓒ it was a place to hide from enemies because it has special doors. The doors, made of heavy stones, can be rolled like wheels to seal the city from the inside.

Unlike what you might expect, ⓓ the old underground city was probably quite _____. There was fresh, flowing water, and 1,500 tunnels brought fresh air to even the deepest floor. It also included shops, schools, churches, and ⓔ space for farm animals. The city is so big that archaeologists are still finding new parts!

1 글의 빈칸에 들어갈 말로 가장 알맞은 것은?

① safe   ② popular   ③ ancient

④ comfortable   ⑤ beautiful

2 글을 읽고 Derinkuyu에 관해 답할 수 <u>없는</u> 질문은?

① When was it discovered?

② Where is it?

③ How big is it?

④ How many people have visited it?

⑤ What kind of rooms does it have?

3 글의 밑줄 친 ⓐ~ⓔ 중, 가리키는 대상이 나머지 넷과 <u>다른</u> 것은?

① ⓐ   ② ⓑ   ③ ⓒ   ④ ⓓ   ⑤ ⓔ

서술형

4 글의 밑줄 친 special doors의 기능과 2가지 특징을 우리말로 쓰시오.

• 기능: _____

• 특징: _____

Knowledge Bank   카파도키아(Cappadocia)

유네스코 세계 문화유산으로 등재된 터키의 대표적인 관광지 카파도키아는 '요정의 굴뚝'이라고 불리는 기묘하고 환상적인 기암(기이하게 생긴 바위)과 수십 개의 지하 도시로 유명하다. 뿐만 아니라 바위를 깎아 만든 비잔틴 양식의 교회들과 내부의 화려한 벽화, 붉은 사암(모래 가 굳어져 생긴 바위)으로 이루어진 계곡 트래킹 코스 등 아름다운 명소가 많아 전 세계의 관광객을 끌어들인다.

Words

beneath 젠 아래에   lead to ~로 이어지다   discovery 몡 발견   underground 혱 지하의   reach 동 ~에 이르다   depth 몡 깊이
hold 동 잡다; *수용하다   enemy 몡 적   roll 동 굴리다   wheel 몡 바퀴   seal 동 봉하다; *봉쇄하다   quite 뷔 꽤, 상당히   tunnel 몡
터널, 굴   include 동 포함하다   space 몡 우주; *공간   farm animal 가축   archaeologist 몡 고고학자

SECTION 10

4

Think!
Do you know any famous places made by volcanoes?

On the northeast coast of Northern Ireland, about 40,000 *hexagonal columns of **basalt make an amazing landscape of cliffs. This area is called the Giant's ***Causeway, a name that is based on an Irish legend.

According to the legend, Finn MacCool, an Irish giant, decided to go to fight his Scottish rival, Benadonner. There is a sea between Scotland and Ireland. So Finn built a causeway and started to cross it. On the way to Scotland, he saw Benadonner and realized that his rival was too large to defeat! Finn came back and told his wife. _____, she dressed him like a baby and laid him in a huge cradle. When Benadonner came to Ireland and found the baby, he thought the baby was Finn's son. "What a gigantic baby!" he cried. "His father must be enormous!" Benadonner ran home quickly, destroying the causeway behind him. The Giant's Causeway is what remains.

*hexagonal 육각형의   **basalt 현무암   ***causeway 둑길

Knowledge Bank 주상절리

용암은 분출 후 공기와 만나면 온도가 떨어지므로 수축한다. 이때 수축 속도가 빠르면 기둥 모양으로 굳는데, 이런 지형을 주상절리라고 한다. 식는 속도와 방향에 따라 단면이 4~6각형으로 달라지는데, 기둥 사이사이 틈이 오랜 시간을 거쳐 풍화되어 절벽을 이루는 경우가 많다. Giant's Causeway는 대표적인 주상절리이며, 제주도에서도 주상절리를 볼 수 있다.

1 What is the passage mainly about?

① an Irish giant's work of art
② the legend of the Giant's Causeway
③ a popular place for tourists in Scotland
④ how the Giant's Causeway is used today
⑤ the history of a fight between two giants

2 Which is the best choice for the blank?

① Sadly ② Safely ③ Cleverly
④ Foolishly ⑤ Fortunately

3 Which CANNOT be answered based on the passage?

① Why did Finn build the causeway?
② What did Finn think about Benadonner?
③ How did Finn help his wife?
④ Where was Finn when Benadonner came to Ireland?
⑤ What made Benadonner think Finn must be enormous?

[고난도] [서술형]

4 Why did Finn's wife make Finn look like a baby? Write it in Korean.

____

____

Words

column [명] 기둥 **cliff** [명] 절벽 **be based on** ~에 근거하다 **legend** [명] 전설 **defeat** [동] 패배시키다 **dress** [동] 옷을 입히다 **lay** [동] 놓다, 눕히다 (lay-laid-laid) **cradle** [명] 요람, 아기 침대 **gigantic** [형] 거대한 **enormous** [형] 거대한 **remain** [동] 계속[여전히] ~이다; *남다 [문제] **cleverly** [부] 영리하게 **foolishly** [부] 어리석게도

Review Test

[1-3] 다음 각 단어에 해당하는 의미를 짝지으시오.

1 defeat •   • ⓐ to get to a particular level

2 afford •   • ⓑ to have enough money to buy or do something

3 reach •   • ⓒ to win a victory over someone in a game or sport

[4-5] 다음 밑줄 친 단어와 비슷한 의미의 단어를 고르시오.

4 The researchers found <u>gigantic</u> footprints.

    ① tiny   ② deep   ③ enormous   ④ mysterious   ⑤ preserved

5 Don't let the dishonest man <u>trick</u> you.

    ① lay   ② cheat   ③ grab   ④ hide   ⑤ roll

[6-8] 다음 빈칸에 알맞은 단어를 (보기)에서 골라 쓰시오.

> (보기) | hold   seal   include   remain

6 This room can _____ about 20 people.

7 The police officer ordered him to _____ the gate.

8 Some scenes of the movie _____ vivid in my memory.

[9-10] 다음 우리말과 일치하도록 빈칸에 알맞은 표현을 쓰시오.

9 You can _____ _____ the catalog for more information.
더 많은 정보를 위해서 카탈로그를 참고할 수 있습니다.

10 My son likes to _____ _____ his toys and put them together again.
나의 아들은 그의 장난감을 분해했다가 그것들을 다시 조립하는 것을 좋아한다.

A B C 주어진 알파벳의 순서를 바로 맞춰 단어를 완성한 후, 번호에 해당하는 알파벳을 조합하여 문장을 완성하시오.

1 x a t

⬜⬜⬜
　10

2 i l f c f

⬜⬜⬜⬜⬜
　　5

3 p c a e s

⬜⬜⬜⬜⬜
　　　9

4 h d t p e

⬜⬜⬜⬜⬜
4

5 t u i e q

⬜⬜⬜⬜⬜
　3

6 o n u s t e r h

⬜⬜⬜⬜⬜⬜⬜⬜
　　　11

7 o r f p o

⬜⬜⬜⬜⬜
　　　2

8 n e y m e

⬜⬜⬜⬜⬜
　　　　1

9 n e l e d g

⬜⬜⬜⬜⬜⬜
　　　7

10 i s o y v e d r c

⬜⬜⬜⬜⬜⬜⬜⬜⬜
　　6　　　　　　8

⬜⬜⬜　⬜⬜⬜　⬜⬜⬜⬜⬜!
1　2　3　　4　5　6　　7　8　9　10　11

직접 봐도 믿기지 않을 신기한 자연 명소 Top 3

'자연이 가장 위대한 예술가' 라는 말이 실감나는 곳곳을 소개합니다!

해발 5,200m에 뜬 무지개, 비니쿤카(Vinicunca)

페루 안데스 산맥에 위치한 도시 Cusco에는 '무지개 산'이 있다. 원주민 언어인 케추아어로 '일곱 색깔 산'이라는 뜻의 비니쿤카는 몇 년 전까지만 해도 만년설로 덮여 있었다. 빙하가 녹아 내리며 형형색색의 빛깔을 드러냈는데, 각 토양 층에 함유된 미네랄 성분에 따라 다른 색을 띤다. 맑은 날에는 햇빛에 반사되어 더 선명한 빛깔을 볼 수 있는데, 푸른 하늘과 대비되어 장관을 선사한다.

호수 속 우주, 아브라함 호수(Abraham Lake)

캐나다 알버타주 로키산맥 자락에는 바라보다 빠져드는 신기한 호수가 있다. 마치 작은 우주를 보는 듯한 느낌이 드는, 전 세계적으로 보기 힘든 아이스 버블을 볼 수 있다. 겨울에 호수 바닥에서 자라는 식물이 메탄가스를 뿜으면, 메탄가스가 올라오는 도중 얼어서 멋진 경관을 만들어 낸다고 한다.

여름에만 동글동글, 점박이 호수(Spotted Lake)

캐나다 브리티시컬럼비아 주에 위치한 작은 도시 Osoyoos에 여름만 되면 물방울 무늬를 뽐내는 호수가 있다. 다른 계절에는 여느 호수와 같이 평범한 모습이지만, 여름에는 물이 증발하여 수백 개의 작은 염분 웅덩이가 노란색, 초록색, 파란색으로 변한다. 이는 황산 마그네슘, 칼슘, 황산 소다 등의 미네랄 성분이 고농도로 응축되어 있기 때문인데, 미네랄에 따라 다른 색을 띤다.

Photo Credits

지은이

NE능률 영어교육연구소

NE능률 영어교육연구소는 혁신적이며 효율적인 영어 교재를 개발하고
영어 학습의 질을 한 단계 높이고자 노력하는 NE능률의 연구조직입니다.

주니어 리딩튜터 〈Level 3〉

펴 낸 이	주민홍
펴 낸 곳	서울특별시 마포구 월드컵북로 396(상암동) 누리꿈스퀘어 비즈니스타워 10층
	㈜NE능률 (우편번호 03925)
펴 낸 날	2019년 1월 5일 개정판 제1쇄 발행
	2023년 8월 15일 제21쇄
전　　화	02 2014 7114
팩　　스	02 3142 0356
홈페이지	www.neungyule.com
등록번호	제1-68호
I S B N	979-11-253-2446-1 53740
정　　가	12,000원

NE 능률

고객센터

교재 내용 문의 : contact.nebooks.co.kr (별도의 가입 절차 없이 작성 가능)
제품 구매, 교환, 불량, 반품 문의 : 02-2014-7114
☎ 전화문의는 본사 업무시간 중에만 가능합니다.

즐거운 독해가 만드는 실력의 차이!

전국 **온오프 서점** 판매중

초·중등 영어 독해 필수 기본서 주니어 리딩튜터

STARTER 1
(초4-5)

STARTER 2
(초5-6)

LEVEL 1
(초6-예비중)

LEVEL 2
(중1)

LEVEL 3
(중1-2)

LEVEL 4
(중2-3)

최신 학습 경향을 반영한 지문 수록

· 시사, 문화, 과학 등 다양한 소재로 지문 구성
· 중등교육과정의 중요 어휘와 핵심 문법 반영

양질의 문제 풀이로 확실히 익히는 독해 학습

· 지문 관련 배경지식과 상식을 키울 수 있는 다양한 코너 구성
· 독해력, 사고력을 키워주는 서술형 문제 강화

Lexile 지수, 단어 수에 기반한 객관적 난이도 구분

· 미국에서 가장 공신력 있는 독서능력 평가 지수 Lexile 지수 도입
· 체계적인 난이도별 지문 구분, 리딩튜터 시리즈와 연계 강화

NE능률 교재 MAP

아래 교재 MAP을 참고하여 본인의 현재 혹은 목표 수준에 따라 교재를 선택하세요.
NE능률 교재들과 함께 영어실력을 쑥쑥~ 올려보세요!
MP3 등 교재 부가 학습 서비스 및 자세한 교재 정보는 www.nebooks.co.kr 에서 확인하세요.

독해

초1-2
초등영어 리딩이 된다 Start 1
초등영어 리딩이 된다 Start 2
초등영어 리딩이 된다 Start 3
초등영어 리딩이 된다 Start 4

초3
리딩버디 1

초3-4
리딩버디 2
초등영어 리딩이 된다 Basic 1
초등영어 리딩이 된다 Basic 2
초등영어 리딩이 된다 Basic 3
초등영어 리딩이 된다 Basic 4

초4-5
리딩버디 3
주니어 리딩튜터 스타터 1

초5-6
초등영어 리딩이 된다 Jump 1
초등영어 리딩이 된다 Jump 2
초등영어 리딩이 된다 Jump 3
초등영어 리딩이 된다 Jump 4
주니어 리딩튜터 스타터 2

초6-예비중
주니어 리딩튜터 1
Junior Reading Expert 1
Reading Forward Basic 1

중1
1316 Reading 1
주니어 리딩튜터 2
Junior Reading Expert 2
Reading Forward Basic 2
열중 16강 독해+문법 1
Reading Inside Starter

중1-2
1316 Reading 2
주니어 리딩튜터 3
정말 기특한 구문독해 입문
Junior Reading Expert 3
Reading Forward Intermediate 1
열중 16강 독해+문법 2
Reading Inside 1

중2-3
1316 Reading 3
주니어 리딩튜터 4
정말 기특한 구문독해 기본
Junior Reading Expert 4
Reading Forward Intermediate 2
Reading Inside 2

중3
리딩튜터 입문
정말 기특한 구문독해 완성
Reading Forward Advanced 1
열중 16강 독해+문법 3
Reading Inside 3

중3-예비고
Reading Expert 1
리딩튜터 기본
Reading Forward Advanced 2

고1
빠바 기초세우기
리딩튜터 실력
Reading Expert 2
TEPS BY STEP G+R Basic

고1-2
빠바 구문독해
리딩튜터 수능 PLUS
Reading Expert 3

고2-3, 수능 실전
빠바 유형독해
빠바 종합실전편
Reading Expert 4
TEPS BY STEP G+R 1

고3 이상, 수능 고난도
Reading Expert 5
능률 고급영문독해

수능 이상/ 토플 80-89· 텝스 600-699점
ADVANCED Reading Expert 1
TEPS BY STEP G+R 2
RADIX TOEFL Blue Label Reading 1,2

수능 이상/ 토플 90-99· 텝스 700-799점
ADVANCED Reading Expert 2
RADIX TOEFL Black Label Reading 1

수능 이상/ 토플 100· 텝스 800점 이상
RADIX TOEFL Black Label Reading 2
TEPS BY STEP G+R 3

JUNIOR

READING TUTOR

주니어 리딩튜터

즐거운 독해가 만드는 **실력**의 차이

3

LEVEL

정답 및 해설

JUNIOR

READING TUTOR

정답 및 해설

3

LEVEL

1

정 답 1 ④   2 ⑤   3 ②   4 (멕시코 주변 이외의 나라에서는) 곤충들이 바닐라 식물을 수분시키지 않는 것

문 제 해 설

1 희귀했던 바닐라가 한 소년이 발명한 수분 방법 덕분에 세계적으로 흔해졌다는 내용의 글이므로, 제목으로 ④ '한 소년이 어떻게 바닐라를 세계에 가져다주었는가'가 가장 적절하다.
① 바닐라의 여러 다양한 용도   ② 아프리카가 원산지인 멕시코 식물
③ 한 과학자에 의해 발명된 한 향신료   ⑤ 식물을 수분시키기 위해 바닐라를 이용하는 농부들

2 빈칸 (A)가 있는 문장에서 바닐라가 멕시코와 그 주변에서만 자라 가장 희귀했던 향신료 중 하나라고 언급되어 있고, 빈칸 (B)가 있는 문장은 Albius가 없어서 바닐라가 여전히 희귀한 상황을 가정하므로, 두 빈칸에 공통으로 들어갈 말로 가장 적절한 것은 ⑤ expensive(비싼)이다.
① 대중적인   ② 흔한   ③ 어려운   ④ 맛있는

3 문장 ③에서 많은 사람들이 바닐라 식물을 자신의 나라로 들여왔다고 했으므로, ② '바닐라 식물은 멕시코 밖으로 반출될 수 없었다.'는 글의 내용과 일치하지 않는다.
①은 문장 ①에, ③은 문장 ④에, ④는 문장 ⑩에, ⑤는 문장 ⑪에 언급되어 있다.

4 문장 ③에 언급되어 있다.

본 문 직 독 직 해

① Vanilla was once / one of the rarest and most expensive spices. / ② This was
바닐라는 한때 ~였다   가장 희귀하고 비싼 향신료 중 하나   이는

because / vanilla fruit only grew in and around Mexico. / ③ Many people brought vanilla
~ 때문이었다   바닐라 열매가 멕시코와 그 주변에서만 자랐기   많은 사람들이 바닐라 식물을 들여왔다

plants / to their own countries, / but no insects pollinated them. / ④ Scientists tried to find
자신의 나라로   하지만 어떤 곤충도 그것들을 수분시키지 않았다   과학자들은 해결책을 찾으려고

a solution / to this problem, / but they all failed. / ⑤ Finally, in 1841, / a 12-year-old boy /
노력했다   이 문제에 대한   하지만 그들은 모두 실패했다   마침내 1841년에   한 12세 소년이

named Edmond Albius / invented a method / for pollinating vanilla plants. /
Edmond Albius라는 이름의   한 방법을 발명했다   바닐라 식물을 수분시키기 위한

⑥ The boy was a slave / on a farm / on an island / near Africa. / ⑦ The farmer owned
그 소년은 노예였다   농장에 있는   한 섬에 있는   아프리카 근처의   그 농장주는 소유했다

/ some vanilla plants. / ⑧ However, they never grew any fruit. / ⑨ One day, / the farmer
바닐라 식물 몇 그루를   하지만, 그것들은 결코 어떤 열매도 맺지 않았다   어느 날   그 농장주는

noticed a fruit / on one of the plants. / ⑩ Albius proudly explained / that he had pollinated
열매 하나를 알아챘다   식물들 중 한 그루에서   Albius는 자랑스럽게 설명했다   그가 그것을 수분시켰다고

it / using his thumb and a stick. / ⑪ Amazed, / the farmer made / Albius share the method
그의 엄지손가락과 막대기를 사용하여   놀라워하며   농장주는 만들었다   Albius가 그 방법을 공유하도록

/ with others. / ⑫ Eventually, / thanks to Albius's method, / vanilla became common /
　　다른 사람들과　　　결국　　　Albius의 방법 덕분에　　　　　　바닐라는 흔해졌다

around the world. / ⑬ Without Albius, / delicious chocolate, ice cream, and cola / would be
세계적으로　　　　　　　만약 Albius가 없었다면　　맛있는 초콜릿과 아이스크림, 콜라는　　　　너무 비싸서

too expensive to buy. /
살 수 없을 것이다

본 문
해 석

바닐라는 한때 가장 희귀하고 비싼 향신료 중 하나였다. 이는 바닐라 열매가 멕시코와 그 주변에서만 자랐기 때문이었다. 많은 사람들이 바닐라 식물을 자신의 나라로 들여왔지만, 어떤 곤충도 그것들을 수분시키지 않았다. 과학자들은 이 문제에 대한 해결책을 찾으려고 노력했지만, 그들은 모두 실패했다. 마침내 1841년에, Edmond Albius라는 이름의 한 12세 소년이 바닐라 식물을 수분시키기 위한 한 방법을 발명했다.

그 소년은 아프리카 근처의 한 섬에 있는 농장의 노예였다. 그 농장주는 바닐라 식물 몇 그루를 소유했다. 하지만, 그것들은 결코 어떤 열매도 맺지 않았다. 어느 날, 그 농장주는 식물들 중 한 그루에서 열매 하나를 알아챘다. Albius는 그가 그의 엄지손가락과 막대기를 사용하여 그것을 수분시켰었다고 자랑스럽게 설명했다. 농장주는 놀라워하며, Albius가 그 방법을 다른 사람들과 공유하도록 했다. 결국, Albius의 방법 덕분에, 바닐라는 세계적으로 흔해졌다. 만약 Albius가 없었다면, 맛있는 초콜릿과 아이스크림, 콜라는 너무 비싸서 살 수 없을 것이다.

구 문
해 설

① Vanilla was once **one of the rarest and most expensive spices**.
➡ 「one of the + 형용사의 최상급 + 복수 명사」는 '가장 ~한 …들 중 하나'라는 의미이다.

⑤ Finally, in 1841, **a 12-year-old boy** [named Edmond Albius] invented a method for pollinating vanilla plants.
➡ [　]는 a 12-year-old boy를 수식하는 과거분사구이다.

⑩ Albius proudly **explained** [that he *had pollinated* it using his thumb and a stick].
➡ [　]는 explained의 목적어로 쓰인 명사절이다.
➡ had pollinated는 대과거(had + p.p.)로, 수분시킨 것(had pollinated)이 설명한 것(explained)보다 먼저 일어났음을 나타낸다.

⑪ [(Being) Amazed], the farmer **made Albius share** the method with others.
➡ [　]는 〈동시동작〉을 나타내는 수동형 분사구문으로, 앞에 Being이 생략되었다.
➡ 「make + 목적어 + 동사원형」은 '~가 …하게 하다[만들다]'의 의미이다.

⑫ Eventually, thanks to Albius's method, vanilla **became common** around the world.
➡ 「become + 형용사」는 '~하게 되다', '~해지다'의 의미로, 부사가 아니라 형용사와 함께 쓴다.

⑬ **Without Albius, delicious chocolate, ice cream, and cola would be** *too expensive to buy*.
➡ 「without + 명사, 주어 + 조동사의 과거형 + 동사원형」은 '만약 ~가 없(었)다면 …할 텐데'의 의미이다.
➡ 「too + 형용사 + to-v」는 '너무 ~해서 …할 수 없다'라는 의미이다.

2

정 답 1 ② 2 ③ 3 ④ 4 ⓐ your toothpick ⓑ the "home row" (of the keyboard)

문 제
해 설

1 물건의 사람들이 잘 사용하지 않는 작지만 유용한 기능에 관한 글이므로, 제목으로 ② '작은 특징, 큰 기능'이 가장 적절하다.

① 타자를 빠르게 치는 방법　　　　③ 더 나은 생활을 위한 아주 작은 변화

④ 이쑤시개의 놀라운 용도　　　　⑤ 평범한 물건의 비범한 용도

2 (A) 빈칸 앞에 이쑤시개 홈의 기능이 나오고 빈칸 뒤에 또 다른 기능이 추가로 언급되므로, 빈칸에는 첨가의 의미를 나타내는 Furthermore(게다가)가 적절하다.

(B) 돌기가 있는 키가 타자 치기를 시작하는 위치이기 때문에 돌기가 느껴지면 키보드를 내려다보지 않고도 타자 치기를 시작할 수 있다는 내용이므로, 빈칸에는 인과 관계를 나타내는 Therefore(따라서)가 적절하다.

① 다시 말해서　……　그러나　　　　② 다시 말해서　……　따라서

④ 게다가　　　……　그럼에도 불구하고　⑤ 그렇지 않으면　……　그럼에도 불구하고

3 문장 ⑤에서 이쑤시개 끝을 자름으로써 사용한 것임을 나타낸다고 했으므로 ④ '이쑤시개의 끝을 잘라 새것처럼 사용할 수 있다.'는 글의 내용과 일치하지 않는다.

①은 문장 ①, ④에, ②는 문장 ②, ⑧에, ③은 문장 ①, ③에, ⑤는 문장 ⑪에 언급되어 있다.

4 ⓐ 이쑤시개를 탁자 윗면으로부터 떨어지게 해서, 먹는 동안 계속 사용하도록 해준다는 내용으로, it은 앞에 나온 your toothpick을 가리킨다.

ⓑ 바로 앞에 언급된 위치 the "home row" (of the keyboard)를 가리킨다.

본 문
직 독
직 해

① Have you ever noticed the grooves / on the end of a toothpick? / ② How about the
당신은 홈을 알아챈 적 있는가　　　이쑤시개의 끝에 있는　　　　작은 돌기들은 어떤가

small bumps / on the F and J keys / on a computer keyboard? / ③ Few people use these tiny
　　　　F와 J 키에 있는　　컴퓨터 키보드에 있는　　　이 아주 작은 특징들을 이용하는 사람은

features, / but they were created / with useful functions. /
거의 없다　　하지만 그것들은 만들어졌다　유용한 기능을 갖고

④ The grooves on a toothpick / make the end / easier to break off. / ⑤ If you
이쑤시개에 있는 홈은　　　　끝 부분을 만든다　부러뜨리기 더 쉽게　　만약 당신이

break this piece off, / people will know / the toothpick was used / and won't reuse it. /
이 부분을 부러뜨리면　　사람들은 알 것이다　그 이쑤시개가 사용된 것임을　그리고 그것을 재사용하지 않을 것이다

⑥ Furthermore, / the broken end can be used / as a stand / for your toothpick. / ⑦ This
게다가　　　그 부러진 끝 부분은 사용될 수 있다　받침대로　당신의 이쑤시개를 위한　　이는

keeps your toothpick / away from dirty tabletops, / so it lets you keep using it /
당신의 이쑤시개를 유지한다　지저분한 탁자 윗면으로부터 떨어지게　그래서 그것은 당신이 그것을 계속 사용하도록 해준다

while you eat. /
당신이 먹는 동안

⑧ The bumps on the F and J keys / help people type more quickly. / ⑨ These keys
F와 J 키에 있는 돌기들은   사람들이 타자를 더 빨리 치도록 돕는다   이 키들은

are on the "home row" / of the keyboard. / ⑩ This is where your fingers should be placed /
'홈 행'에 있다   키보드의   이는 당신의 손가락들이 놓여야 하는 곳이다

when you start typing. / ⑪ Therefore, / when you feel the bumps / with your index fingers,
당신이 타자 치기를 시작할 때   따라서   당신이 돌기를 느낄 때면   집게손가락들로

/ you can begin typing / without having to look down. /
당신은 타자 치기를 시작할 수 있다   내려다볼 필요 없이

본 문
해 석

당신은 이쑤시개의 끝에 있는 홈을 알아챈 적 있는가? 컴퓨터 키보드의 F와 J 키에 있는 작은 돌기들은 어떤가? 이 아주 작은 특징들을 이용하는 사람은 거의 없지만, 그것들은 유용한 기능을 갖고 만들어졌다.

이쑤시개에 있는 홈은 끝 부분을 부러뜨리기 더 쉽게 만든다. 만약 당신이 이 부분을 부러뜨리면, 사람들은 그 이쑤시개가 사용된 것임을 알고 그것을 재사용하지 않을 것이다. 게다가, 그 부러진 끝 부분은 당신의 이쑤시개를 위한 받침대로 사용될 수 있다. 이는 당신의 이쑤시개를 지저분한 탁자 윗면으로부터 떨어지게 해서, 당신이 먹는 동안 그것을 계속 사용하도록 해준다.

F와 J 키에 있는 돌기들은 사람들이 타자를 더 빨리 치도록 돕는다. 이 키들은 키보드의 '홈 행'에 있다. 이는 당신이 타자 치기를 시작할 때 당신의 손가락들이 놓여야 하는 곳이다. 따라서, 당신이 집게손가락들로 돌기를 느낄 때면, 당신은 내려다볼 필요 없이 타자 치기를 시작할 수 있다.

구 문
해 설

③ **Few people** use these tiny features, but they were created with useful functions.
➡ few는 '거의 없는 ~'이라는 부정의 의미를 나타내며, 뒤에 복수 명사가 온다.

④ **The grooves** [on a toothpick] *make* the end easier to break off.
➡ 전치사구 [ ]의 수식을 받는 문장의 주어 The grooves가 복수 명사이므로 복수 동사 make가 쓰였다.
➡ 「make + 목적어 + 형용사」는 '~를 …하게 만들다'의 의미이다.
➡ to break off는 '부러뜨리기에'의 의미로 형용사 easier를 수식하는 부사적 용법의 to부정사이다.

⑤ If you break this piece off, people will **know** [(that) the toothpick was used] and won't reuse *it*.
➡ [ ]는 know의 목적어로 쓰인 명사절, 접속사 that이 생략되었다.
➡ it은 the toothpick을 가리킨다.

⑦ … , so it **lets you *keep*** using it while you eat.
➡ 「let + 목적어 + 동사원형」은 '~가 …하도록 놔두다'의 의미이다.
➡ 「keep + v-ing」은 '계속 ~하다'의 의미로, keep은 목적어로 동명사를 취한다.

⑩ This is (the place) [**where** your fingers should be placed {**when** you start typing}].
➡ [ ]는 〈장소〉를 나타내는 선행사를 수식하는 관계부사절로, 선행사 the place가 생략되었다.
➡ { }는 〈때〉를 나타내는 부사절로 when이 접속사로 쓰였다.

3

정 답 1 ⑤ 2 ④ 3 ② 4 (1) unusual (2) bald (3) wings (4) in front of

문 제
해 설

1 주어진 문장의 This는 카이로스의 발에 날개가 있다는 문장 ⑦의 내용을 가리키므로, 그 다음인 ⑤의 위치가 가장 알맞다.

2 첫 번째 단락에서 특이한 머리 모양과 발에 달린 날개를 언급하며 카이로스의 외적인 특징을 설명하고 있으므로, 빈 칸에는 ④ '그의 외모'가 가장 알맞다.
① 그의 이름 ② 그의 몸짓 ③ 그의 성격 ⑤ 그의 표정

3 기회가 앞에 있을 때 두려워하고 망설인다면 기회는 바로 날아가 버릴 것이므로 기회를 즉시 잡아야 한다는 내용이 므로, ② '쇠가 달았을 때 두드려라.[쇠뿔도 단김에 빼라.]'가 가장 잘 어울린다.
① 모든 개는 그의 날이 있다.[쥐구멍에도 볕 들 날이 있다.]   ③ 하나의 문이 닫히면, 다른 문이 열린다.
④ 기회가 찾아오지 않으면, 문을[기회를] 만들어라.   ⑤ 성공은 기회가 준비를 만났을 때 발생한다.

4

카이로스의 특징	(1) 특이한 머리 모양: 앞쪽에는 긴 머리 이지만 뒤쪽은 (2) 대머리	발에 달린 (3) 날개들
의미	기회가 (4) 앞에 있을 때 잡아야 한다.	기회는 빨리 사라진다.

본 문
직 독
직 해

① Look at the picture below. / ② You can see a man / with an unusual hairstyle. /
아래에 있는 그림을 보라   당신은 한 남자를 볼 수 있다 특이한 머리 모양을 가진

③ That is Kairos, / the god of opportunity / in Greek myths. / ④ He has long hair / on
그것은 카이로스이다 기회의 신인   그리스 신화 속의   그는 긴 머리카락을 가지고 있다

the front of his head, / yet / the back of his head is completely bald. / ⑤ So, / when he
그의 머리 앞쪽에   그렇지만 그의 머리 뒤쪽은 완전히 대머리이다   그러므로 그가

approaches, / you can easily catch him / by grabbing his long hair. / ⑥ However, / once he
다가올 때   당신은 쉽게 그를 잡을 수 있다   그의 긴 머리카락을 붙잡음으로써   하지만   일단 그가

passes, / there is nothing / to hold on to. / ⑦ You may also notice / that he has wings / on
지나가면 아무것도 없다   붙잡을   당신은 또한 알아챌지도 모른다 그가 날개들을 가진 것을

his feet. / This means / he comes and goes / very quickly. /
그의 발에 이는 의미한다 그가 오간다는 것을   매우 빠르게

⑧ His appearance teaches you / what to do / when an opportunity is / in front of
그의 외모는 당신에게 가르쳐 준다   무엇을 해야 할지 기회가 있을 때   당신의 앞에

you. / ⑨ You need to grab it / right away. / ⑩ This may seem difficult or dangerous. /
당신은 그것을 잡을 필요가 있다 즉시   이것은 어렵거나 위험하게 보일지도 모른다

⑪ However, / if you are afraid and hesitate / even for a moment, / it will pass you by / and /
하지만   만약 당신이 두려워하고 망설인다면   잠깐이라도   그것은 당신을 지나갈 것이다 그리고

fly away. /
날아가 버릴 것이다

본 문
해 석

아래에 있는 그림을 보라. 당신은 특이한 머리 모양을 가진 한 남자를 볼 수 있다. 그것은 그리스 신화 속 기회의 신인 카이로스이다. 그는 그의 머리 앞쪽에 긴 머리카락을 가지고 있지만, 그의 머리 뒤쪽은 완전히 대머리이다. 그러므로, 그가 다가올 때, 당신은 그의 긴 머리카락을 붙잡음으로써 쉽게 그를 잡을 수 있다. 하지만, 일단 그가 지나가면, 붙잡을 것이 아무것도 없다. 당신은 또한 그가 그의 발에 날개들을 가진 것을 알아챌지도 모른다. <u>이는 그가 매우 빠르게 오간다는 것을 의미한다.</u>

<u>그의 외모는</u> 기회가 당신의 앞에 있을 때 무엇을 해야 할지 당신에게 가르쳐 준다. 당신은 그것을 즉시 잡을 필요가 있다. 이것은 어렵거나 위험하게 보일지도 모른다. 하지만, 만약 당신이 두려워하고 잠깐이라도 망설인다면, 그것은 당신을 지나서 날아가 버릴 것이다.

구 문
해 설

⑥ But **once** he passes, there is nothing *to hold on to*.
→ once 는 '일단 ~가 …하면'의 의미로, 〈조건〉을 나타내는 접속사이다.
→ to hold on to는 형용사적 용법의 to부정사구로, 앞의 대명사 nothing을 수식한다.

⑦ You may also **notice [that** he has wings on his feet].
→ that은 명사절을 이끄는 접속사로, [ ]는 동사 notice의 목적어로 쓰였다.

⑧ His appearance **teaches you** *what to do* when an opportunity is in front of you.
→ 「teach A B」는 'A에게 B를 가르치다'의 의미이다.
→ 「what + to-v」는 '무엇을 ~(해야) 할지'의 의미이다.

⑩ This may **seem difficult** or **dangerous**.
→ 「seem + 형용사」는 '~하게 보이다'의 의미이다.

본책 ● pp. 14~15

4

정 답 **1** became **2** ① **3** (1) F (2) T **4** (1) British (2) carry (3) kick (4) rules

문 제
해 설

1 영국의 공 경기인 풋볼에서 유래한 럭비와 축구, 미식축구에 관한 글이므로, 빈칸 (A)에 공통으로 들어갈 수 있는 단어는 became(되었다)이 알맞다.
[문제] 빈칸 (A)에 공통으로 들어갈 단어를 글에서 찾아 쓰시오.

2 첫 번째 단락에서 그들 자신의 방식으로 경기를 발전시켰다고 하였고, 두 번째 단락에서 럭비와 축구, 미식축구가 조금씩 다른 규칙을 따른다고 하였으므로, 빈칸 (B)에는 ① '그것 자신의 방식으로 발전했다'가 가장 알맞다.
[문제] 빈칸 (B)에 들어갈 말로 가장 알맞은 것은?
② 같은 규칙이 몇 개 있다   ③ 여전히 같은 범주에 있다
④ 선수들이 볼을 나르도록 허용한다   ⑤ 세계적으로 유명한 올림픽 종목이 되었다

3 (1) 문장 ①, ③에서 원하는 만큼의 많은 선수들을 경기에 뛰게 할 수 있었다고 했다.
(2) 문장 ⑥에서 19세기 초에 풋볼은 영국 사립 학교들에서 두 가지 주요 범주로 나뉘었다고 했다.
[문제] 글의 내용과 일치하면 T, 그렇지 않으면 F를 쓰시오.
(1) 옛날에, 영국 공 경기에 참여하는 선수들의 수는 제한되어 있었다.
(2) 영국 사립 학교의 학생들은 19세기 초에 두 가지 다른 형태의 풋볼을 하기 시작했다.

4 [문제] 다음 빈칸에 알맞은 단어를 상자에서 골라 쓰시오.

미국의   나르다   규칙들   발달시키다   영국의   차다

풋볼: (1) **영국의 마을들의 경기**

럭비
선수들은 손으로 공을 (2) <u>나를</u> 수 있다.

축구
선수들은 공을 (3) <u>찬다.</u>

미식축구
북아메리카에서, 럭비 형태의 경기의 몇몇 (4) <u>규칙들</u>이 바뀌었다.

본 문
직 독
직 해

① Long ago, / people in many British towns / played a game / with a ball. / ② The goal /
오래전에   많은 영국 마을들의 사람들은   경기를 했다   공을 가지고   목표는

was to kick or carry the ball / to a particular place. / ③ The teams could use / as many
공을 차거나 나르는 것이었다   특정한 곳까지   팀들은 쓸 수 있었다   그들이

players as they wanted / in a game. / ④ This game eventually became / a sport called
원하는 만큼의 많은 선수들을   한 경기에   이 경기는 결국 되었다   '풋볼'이라고 불리는

"football." / ⑤ Each community developed / their own form of the sport. /
운동 경기가   각 지역 사회는 발달시켰다   그 운동 경기의 그들 자신의 방식을

⑥ In the early 19th century, / football was divided / into two major categories / in
19세기 초에   풋볼은 나뉘었다   두 가지 주요 범주로

British public schools. / ⑦ One type / allowed the players to carry the ball / with their
영국 사립 학교들에서   한 방식은   선수들이 공을 나르는 것을 허용했다   그들의 손으로

hands. / ⑧ This sport later / became rugby. / ⑨ In the other type, / which became soccer,
      이 운동 경기는 나중에   럭비가 되었다   다른 방식에서는   그리고 그것은 축구가 되었는데

/ players kicked the ball. / ⑩ Both were introduced / to North America, / but / North
선수들은 공을 찼다   두 가지 모두 소개되었다   북아메리카에   하지만

Americans enjoyed the rugby-type game / more. / ⑪ As time went by, / they changed some
북아메리카 사람들은 럭비 형태의 경기를 즐겼다   더   시간이 지남에 따라   그들은 몇몇 규칙들을

of the rules, / and the game became / what is called "American football" today. /
바꾸었다   그리고 그 경기는 되었다   오늘날 '미식축구'로 불리는 것이

⑫ The three sports originated / from the same game, / but each one developed / in its
그 세 가지 운동 경기는 비롯되었다   같은 경기로부터   하지만 각각은 발전했다   그것

own way. /
자신의 방식으로

본 문
해 석

오래전에, 많은 영국 마을들의 사람들은 공을 가지고 경기를 했다. 목표는 공을 특정한 곳까지 차거나 나르는 것이었다. 팀들은 그들이 원하는 만큼의 많은 선수들을 한 경기에 쓸 수 있었다. 이 경기는 결국 '풋볼'이라고 불리는 운동 경기가 되었다. 각 지역 사회는 그 운동 경기의 그들 자신의 방식을 발달시켰다.

19세기 초에, 풋볼은 영국 사립 학교들에서 두 가지 주요 범주로 나뉘었다. 한 방식은 선수들이 그들의 손으로 공을 나르는 것을 허용했다. 이 운동 경기는 나중에 럭비가 <u>되었다</u>. 다른 방식에서, 그것은 축구가 <u>되었는데</u>, 선수들은 공을 찼다. 두 가지 모두 북아메리카에 소개되었지만, 북아메리카 사람들은 럭비 형태의 경기를 더 즐겼다. 시간이 지남에 따라, 그들은 몇몇 규칙들을 바꾸었고, 그 경기는 오늘날 '미식축구'로 불리는 것이 <u>되었다</u>.

그 세 가지 운동 경기는 같은 경기로부터 비롯되었지만, 각각은 <u>그것 자신의 방식으로 발전했다</u>.

구 문
해 설

② The goal was **to kick** or (to) **carry** the ball to a particular place.

➡ to kick과 (to) carry는 명사적 용법의 to부정사로, 문장의 보어로 쓰였다.

③ The teams could use **as many players as** they wanted in a game.

➡ 「as + 형용사의 원급 + as」는 '~만큼 …한'의 의미이다. 형용사가 수식하는 명사(구)가 있을 때는 함께 쓴다.

⑨ In **the other type**, [**which** became soccer], players kicked the ball.

➡ [ ]는 선행사 the other type을 부연 설명하는 계속적 용법의 주격 관계대명사절로 문장 중간에 삽입되었다.

⑪ … , and the game became **what** is called "American football" today.

➡ what은 선행사를 포함하는 관계대명사로, '~하는 것'의 의미이다.

Review Test

정 답 1 ⓒ   2 ⓑ   3 ⓐ   4 ②   5 ①   6 notice   7 hesitate   8 approach
9 Keep / away from   10 originated from

문 제 1 goal(목표) – ⓒ 누군가가 성취하기를 바라는 무언가
해 설
2 function(기능) – ⓑ 무언가가 하는 유용한 것

3 appearance(외모) – ⓐ 누군가나 무언가가 보이는 방식

4 succeed(성공하다)와 반대 의미의 단어는 ② fail(실패하다)이다.

> Max는 열심히 노력했지만 결국 성공하지 못했다.

① 소유하다   ③ 허락하다   ④ 재사용하다   ⑤ 설명하다

5 common(흔한)과 반대 의미의 단어는 ① rare(희귀한)이다.

> 김은 한국에서 가장 흔한 성 중 하나이다.

② 대머리의   ③ 보통의   ④ 주요한   ⑤ 인기 있는

[6-8]

보기 | (보거나 듣고) 알다, 알아채다   나누다   망설이다   다가가다[오다]

6 나는 어떤 차이점도 알아채지 못했다.

7 이 놀라운 여행을 선택하기를 망설이지 마세요.

8 나는 이상한 소리를 들었지만, 무슨 일이 일어나고 있는지 보기 위해 다가가지 못했다.

9 A가 B와 떨어져 있게 하다: keep A away from B

10 ~에서 비롯되다: originate from

퍼 즐

e	s	s	p	o	s	t	l	z	e	s	k	o
l	a	s	h	m	p	l	a	c	e	l	m	u
a	e	r	o	a	a	x	e	n	j	e	a	r
s	m	i	n	t	r	o	d	u	c	e	l	s
o	y	e	s	m	t	e	g	l	m	y	l	t
n	u	n	t	n	i	g	u	k	e	a	o	o
e	l	e	p	a	c	n	t	e	t	t	w	m
l	a	n	q	e	u	p	r	o	h	a	m	o
t	d	e	v	e	l	o	p	e	o	q	u	n
s	t	a	b	e	a	g	l	e	d	s	l	e
o	l	a	s	t	r	e	r	l	m	s	a	b
n	e	v	e	x	p	l	a	i	n	c	v	
i	n	v	e	n	t	s	h	e	b	j	b	m

02 ★ Fun Facts

본책 ● pp. 20~21

1

정 답 **1** ② **2** ② **3** (1) T (2) F **4** movements / large / guess

문 제
해 설

1 다른 영장류와 사람의 눈을 비교하며, 사람이 서로 의사소통하고 협력하기 쉽도록 눈의 흰자위가 크게 진화했을 것이라고 추측하는 내용의 글로, 제목으로 ② '왜 사람의 눈은 흰자위가 클까?'가 가장 적절하다.

① 영장류가 서로 의사소통하는 방법 　　　　　　③ 노룩패스: 공을 패스하는 흥미로운 방법

④ 그들의 눈을 통해 침팬지의 마음을 읽는 방법 　　⑤ 침팬지가 단체 경기를 할 만큼 충분히 협력할 수 있는가?

2 주어진 문장에서 사람의 눈의 흰자위가 크다는 것을 대조(On the other hand)하여 설명하고 있으므로, 흰자위가 작은 영장류의 눈에 대한 설명인 문장 ⑥과 사람의 눈에 대한 설명이 시작되는 문장 ⑦의 사이인 ②의 위치가 가장 알맞다.

3 (1) 문장 ②-④에서 수비수들이 상대 선수의 노룩패스에 속는다고 했다.

(2) 문장 ⑤에서 성공적인 침팬지의 노룩패스를 거의 보지 못할 것이라고 했다.

(1) 노룩패스는 수비수를 속이기 위해 행해진다.

(2) 침팬지의 노룩패스는 다른 침팬지들을 쉽게 속일 수 있다.

4 주어진 문장-⑨를 통해 사람의 눈의 큰 흰자위는 서로의 생각을 추측하고 협동할 수 있도록 함을 알 수 있다.

> 사람의 눈 움직임은 눈의 흰자위가 <u>크기</u> 때문에 보기 쉽다. 이는 사람이 서로의 생각을 <u>추측하게</u> 하는데, 이는 그들이 더 쉽게 협동하도록 돕는다.

본 문
직 독
직 해

① In sports like basketball, / one of the most exciting plays / is the no-look pass. /
농구 같은 스포츠에서　　　　가장 흥미진진한 동작 중 하나는　　　노룩패스이다

② A player makes a no-look pass / when he looks in one direction / but passes the ball / in
선수는 노룩패스를 한다　　　　그가 어느 한 방향으로 볼 때　　하지만 공을 패스할 때　그와는

another. / ③ The defenders think / the player is going to pass the ball / in the direction / he
다른 방향으로　수비수들은 생각한다　그 선수가 공을 패스할 거라고　　그 방향으로　　　그가

is looking. / ④ So they are easily fooled. /
보고 있는　　　　그래서 그들은 쉽게 속는다

⑤ However, / if chimpanzees played basketball, / we would rarely see successful
하지만　　만약 침팬지가 농구를 한다면　　　　우리는 성공적인 노룩패스를 거의

no-look passes. / ⑥ This is because / the white parts of other primates' eyes / are so small
보지 못할 것이다　　이는 ~ 때문이다　다른 영장류의 눈의 흰자위가　　　　　매우 작아서

/ that we can't easily see their eye movements. / <u>On the other hand, / the white parts of</u>
우리가 그들의 눈 움직임을 쉽게 볼 수 없다　　　　　반면에　　　　　사람의 눈의

<u>humans' eyes are large.</u> / ⑦ This allows us to see / where a person's eyes are pointed. /
흰자위는 크다　　　　　　이는 우리가 볼 수 있게 한다　사람의 눈이 향해 있는 곳을

⑧ When we see / what a person is looking at, / we can guess / what they are thinking /
우리가 볼 때　　　어떤 사람이 보고 있는 것을　　　우리는 추측할 수 있다　그들이 무엇을 생각하고 있는지

and what they plan to do next. / ⑨ This helps us / work together more easily. / ⑩ That's
그리고 그들이 다음에 무엇을 할 계획인지　　이는 우리를 돕는다　더 쉽게 함께 일하도록　　　그것이

probably why / human eyes evolved / to have large white parts. /
아마 ~인 이유일 것이다　사람의 눈이 진화한　그 결과 큰 흰자위를 갖도록

본 문
해 석

농구 같은 스포츠에서 가장 흥미진진한 동작 중 하나는 노룩패스이다. 선수는 어느 한 방향을 보지만 그와는 다른 방향으로 공을 패스하여 노룩패스를 한다. 수비수들은 그 선수가 보고 있는 방향으로 공을 패스할 거라고 생각한다. 그래서 그들은 쉽게 속는다.

하지만, 만약 침팬지가 농구를 한다면, 우리는 성공적인 노룩패스를 거의 보지 못할 것이다. 이는 다른 영장류의 눈의 흰자위가 매우 작아서 우리가 그들의 눈 움직임을 쉽게 볼 수 없기 때문이다. 반면에, 사람의 눈의 흰자위는 크다. 이는 우리가 사람의 눈이 향해 있는 곳을 볼 수 있게 한다. 우리가 어떤 사람이 보고 있는 것을 볼 때, 우리는 그들이 무엇을 생각하고 있는지와 다음에 무엇을 할 계획인지 추측할 수 있다. 이는 우리가 더 쉽게 함께 일하도록 돕는다. 그것이 아마 사람의 눈이 진화하여 큰 흰자위를 갖게 된 이유일 것이다.

구 문
해 설

③ The defenders **think** [(that) the player is going to pass the ball in *the direction* {(where) he is looking}].
→ [ ]는 think의 목적어로 쓰인 명사절로 접속사 that이 생략되었다.
→ { }는 선행사 the direction을 수식하는 관계부사절로 관계부사 where가 생략되었다.

⑤ However, **if chimpanzees played** basketball, **we would** rarely **see** successful no-look passes.
→ 「if + 주어 + 동사의 과거형, 주어 + 조동사의 과거형 + 동사원형」은 '만약 ~라면 …할 텐데'의 의미인 가정법 과거로, 현재 사실의 반대를 가정·상상한다.

⑥ **This is because** the white parts of other primates' eyes are *so small that* we can't easily see their eye movements.
→ 「this is because」는 '이는 ~이기 때문이다'의 의미로, 뒤에 원인에 해당하는 내용이 온다.
→ 「so + 형용사 + that」은 '매우 ~해서 …하다'의 의미이다.

⑦ This allows us to see (the place) [**where** a person's eyes are pointed].
→ [ ]는 〈장소〉를 나타내는 관계부사절로, 선행사 the place 등이 생략된 것으로 볼 수 있다.

⑧ When we **see** [**what** a person is looking at], we can *guess* {what they are thinking} and {what they plan to do next}.
→ 앞의 what은 선행사를 포함하는 관계대명사로, '~하는 것'의 의미이다. [ ]는 see의 목적어로 쓰였다.
→ 두 개의 { }는 「의문사 + 주어 + 동사」 어순의 간접의문문으로, guess의 목적어로 쓰였다.

⑩ **That's** probably **why** human eyes evolved *to have* large white parts.
→ 「that's why」는 '그것이 ~인 이유이다'라는 의미로, 뒤에 결과에 해당하는 내용이 온다.
→ to have는 '(그 결과) 갖게 되었다'라는 의미로, 〈결과〉를 나타내는 부사적 용법의 to부정사이다.

2

정 답 1 ④ 2 ② 3 ④ 4 (시간이 흐르면서[자라면서] 두개골이나 척추 같은) 몇몇 뼈가 (합쳐져) 하나의 뼈가 되는 것

문 제 해 설

1 갓난아기의 뼈의 개수는 약 300개지만, 자라면서 몇몇 뼈들이 합쳐져 나이가 더 많아지면 약 206개의 뼈를 갖게 되다는 내용의 글이므로, 주제로 ④ '당신의 몸속 뼈의 수가 변하는 이유'가 가장 알맞다.

① 사람의 뼈의 역할 ② 아기들의 뼈의 특징

③ 사람의 뼈가 합쳐지는 이유 ⑤ 아기들의 두개골과 십 대들의 두개골의 차이

2 문장 ②-④에서 십 대거나 나이가 더 많다면 206개의 뼈를 가지지만 갓난아기는 약 300개의 뼈가 있다고 했고 빈칸 앞의 내용이 '놀랍게도, 당신이 더 자랄수록'이므로, 빈칸에는 ② '당신은 더 적은 뼈를 가진다'가 가장 알맞다.

① 당신은 더 많은 뼈를 가진다 ③ 당신의 뼈가 더 약해진다

④ 당신의 뼈가 더 짧아진다 ⑤ 당신의 뼈가 더 두꺼워진다

3 아기의 두개골이 많은 뼈가 있지만 시간이 흐르며 하나로 된다는 빈칸 뒤의 내용은 아기가 자라면서 몇몇 뼈들이 합쳐져서 나중에 하나의 뼈가 된다는 내용인 문장 ⑥의 예시에 해당하므로, 빈칸에는 ④ '예를 들어'가 가장 알맞다.

① 요약하면 ② 결과적으로 ③ 게다가 ⑤ 반면에

4 밑줄 친 these changes는 문장 ④-⑩의 내용을 가리킨다.

본 문 직 독 직 해

① Do you know / how many bones are / in your body? / ② If you are teenage or
당신은 알고 있는가 얼마나 많은 뼈가 있는지 당신의 몸에 만약 당신이 십 대거나 더 나이가

older, / you probably have 206. / ③ However, / when you were born, / you had a lot more
많다면 당신은 아마 206개를 가지고 있을 것이다 하지만 당신이 태어났을 때 당신은 훨씬 더 많은 뼈를

bones! /
가지고 있었다

④ A newborn baby has about 300 bones. / ⑤ Surprisingly, / the more you grow, /
갓난아기는 약 300개의 뼈를 가지고 있다 놀랍게도 당신이 더 자랄수록

the fewer bones you have. / ⑥ As a baby grows, / some bones join together / and become
당신은 더 적은 뼈를 가진다 아기가 자라면서 몇몇 뼈들은 합쳐진다 그리고 하나의

one bone. / ⑦ For example, / a baby's skull has many bones. / ⑧ This protects the baby's
뼈가 된다 예를 들어 아기의 두개골은 많은 뼈를 가지고 있다 이것은 아기의 머리를 보호한다

head / when it gets pressed and squeezed / during childbirth. / ⑨ However, / over time, /
그것이 눌려지고 밀어 넣어질 때 출산 동안 그러나 시간이 흐르면서

the skull slowly grows together. / ⑩ This also happens / in other places, / such as the spine. /
두개골은 천천히 자라서 하나로 된다 이것은 또한 일어난다 다른 장소들에서 척추 같은

/ ⑪ Because of these changes, / the number of bones / continues decreasing / until you
이러한 변화들 때문에 뼈의 개수는 계속 줄어든다 당신이

have about 206. /
약 206개를 가질 때까지

⑫ Don't be too sad. / ⑬ Even though the number has decreased, / your bones have
너무 슬퍼하지 마라 비록 개수는 감소했을지라도 당신의 뼈는 확실히

surely gotten stronger! /
더 강해졌다

본 문
해 석

당신은 당신의 몸에 얼마나 많은 뼈가 있는지 알고 있는가? 만약 당신이 십 대거나 더 나이가 많다면, 당신은 아마 206개를 가지고 있을 것이다. 하지만, 당신은 태어났을 때, 훨씬 더 많은 뼈를 가지고 있었다!

갓난아기는 약 300개의 뼈를 가지고 있다. 놀랍게도, 당신이 더 자랄수록, 당신은 더 적은 뼈를 가진다. 아기가 자라면서, 몇몇 뼈들은 합쳐져 하나의 뼈가 된다. 예를 들어, 아기의 두개골은 많은 뼈를 가지고 있다. 이것은 아기의 머리가 출산 동안 눌러지고 밀어 넣어질 때 그것을 보호한다. 그러나, 시간이 흐르면서, 두개골은 천천히 자라서 하나로 된다. 이것은 또한 척추 같은 다른 장소들에서도 일어난다. 이러한 변화들 때문에, 뼈의 개수는 당신이 약 206개를 가질 때까지 계속 줄어든다.

너무 슬퍼하지 마라. 비록 개수는 감소했을지라도, 당신의 뼈는 확실히 더 강해졌다!

구 문
해 설

① Do you **know** [how many bones are in your body]?
→ [ ]는 간접의문문으로, 동사 know의 목적어로 쓰였다.

⑤ Surprisingly, **the more** you grow, **the fewer** bones you have.
→ 「the + 비교급, the + 비교급」은 '~하면 할수록 더 …하다'의 의미이다.

⑪ **Because of** these changes, *the number of bones continues* decreasing until you have about 206.
→ 「because of」는 '~ 때문에'의 의미로, 뒤에 명사(구)가 온다.
→ 「the number of + 복수 명사」는 '~의 수'의 의미로, the number가 주어이기 때문에 단수 취급한다. (*cf.* 「a number of + 복수 명사」는 '많은 ~'의 의미로, 복수 취급한다.)
→ 「continue + v-ing[to-v]」는 '계속 ~하다'의 의미이다.

3

정 답   1 ③   2 ③   3 ③   4 sea / eat / pigment

문 제
해 설

1 빈칸 뒤에 홍학이 먹는 먹이와 홍학의 색의 연관성을 설명하고 있으므로, 빈칸에는 ③ '그들이 먹는 먹이의 종류'가 가장 적절하다.
① 현재 날씨   ② 그들의 몸의 크기   ④ 그들이 태어난 장소   ⑤ 그들의 부모의 깃털 색깔

2 홍학의 먹이가 홍학의 색에 미치는 영향에 관한 내용이므로, '홍학은 사람이 할 수 있는 것보다 훨씬 더 오랫동안 한쪽 다리로 설 수 있다'는 내용의 (c)는 흐름과 관계없다.

3 ③ 문장 ⑦에서 홍학의 먹이인 새우와 해초에 있는 색소는 홍학의 몸속에서 분홍색이나 주황색이 된다고 했다.
①은 문장 ②에, ②는 문장 ⑤에, ④는 문장 ⑦에 언급되어 있으며, ⑤는 문장 ⑪를 통해 알 수 있다.

4 문장 ⑤-⑥과 ⑨-⑩을 통해 알 수 있다.

바다 근처에 사는 홍학은 더 많은 새우와 해초를 먹을 수 있기 때문에 진한 색을 띠는데, 이는 그들에게 그들을 분홍색이나 주황색으로 만드는 특별한 색소를 더 많이 준다.

본 문
직 독
직 해

① Because of their beautiful feathers, / flamingos are one of the most recognizable
아름다운 깃털 때문에   홍학은 가장 눈에 띄는 새들 중 하나이다

birds / on Earth. / ② However, they are born | with gray feathers. / ③ What changes their
지구에서   하지만 그들은 태어난다   회색 깃털을 가지고   무엇이 그들의 색을 바꿀까

color? /

④ Adult flamingos are pink, orange, or white / depending on the type of food /
다 자란 홍학은 분홍색이나 주황색, 흰색이다   먹이의 종류에 따라

that they eat. / ⑤ Some of their favorite foods / are small sea creatures and plants / such
그들이 먹는   그들이 가장 좋아하는 먹이 중 몇몇은   작은 바다 생물과 식물이다

as shrimp and seaweed. / ⑥ These foods contain a special pigment / that gives plants
새우와 해초 같은   이 먹이들은 특별한 색소를 함유한다   동식물에 색을 주는

and animals their color. / ⑦ After flamingos eat these foods, / this pigment becomes a
                          홍학이 이 먹이들을 먹고 나면   이 색소는 분홍색이나 주황색이 된다

pink or orange color / and then gets stored / in the flamingos' legs, bills, and feathers.
                          그리고 나서 저장된다   홍학의 다리와 부리, 깃털 속에

/ (⑧ Flamingos can stand on one leg / for far longer | than humans can.) ⑨ The more
    홍학은 한쪽 다리로 설 수 있다   훨씬 더 오랫동안   사람이 할 수 있는 것보다   홍학이 이런

flamingos eat these sea creatures and plants, / the pinker or more orange they become. /
바다 생물과 식물들을 더 많이 먹으면 먹을수록   그들은 더 진한 분홍색이나 주황색이 된다

⑩ So you can see / more colorful flamingos / near the sea / than near lakes. /
    그래서 당신은 볼 수 있다   더 색채가 풍부한 홍학을   바다 근처에서   호수 근처에서보다

⑪ Many other foods / that people eat, / like carrots and watermelons, / also contain
    많은 다른 음식들이   사람들이 먹는   당근과 수박 같은   또한 이 색소를

this pigment. / ⑫ However, people do not eat / enough of them / to change their skin color.
함유한다   하지만 사람들은 먹지 않는다   그것들의 충분한 양을   피부색을 바꿀 정도로

/ ⑬ What a relief! /
    정말 다행이지 않은가

본 문
해 석

홍학은 아름다운 깃털 때문에 지구에서 가장 눈에 띄는 새들 중 하나이다. 하지만, 그들은 회색 깃털을 가지고 태어
난다. 무엇이 그들의 색을 바꿀까?

다 자란 홍학은 그들이 먹는 먹이의 종류에 따라 분홍색이나 주황색, 흰색이다. 그들이 가장 좋아하는 먹이 중 몇몇
은 새우와 해초 같은 작은 바다 생물과 식물이다. 이 먹이들은 동식물에 색을 주는 특별한 색소를 함유한다. 홍학이 이
먹이들을 먹고 나면, 이 색소는 분홍색이나 주황색이 되고 그리고 나서 홍학의 다리와 부리, 깃털 속에 저장된다. (홍학
은 사람이 할 수 있는 것보다 훨씬 더 오랫동안 한쪽 다리로 설 수 있다.) 홍학이 이런 바다 생물과 식물들을 더 많이 먹
으면 먹을수록, 그들은 더 진한 분홍색이나 주황색이 된다. 그래서 당신은 호수 근처에서보다 바다 근처에서 더 색채가
풍부한 홍학을 볼 수 있다.

당근과 수박 같은 사람들이 먹는 많은 다른 음식들도 또한 이 색소를 함유한다. 하지만, 사람들은 피부색을 바꿀 정
도로 그것들의 충분한 양을 먹지는 않는다. 정말 다행이지 않은가!

구 문
해 설

④ Adult flamingos are pink, orange, or white depending on **the type of food [that** they eat].

➜ [　]는 선행사 the type of food를 수식하는 목적격 관계대명사절이다.

⑥ These foods contain **a special pigment [that** gives plants and animals their color].

➜ [　]는 선행사 a special pigment를 수식하는 주격 관계대명사절이다.

⑧ Flamingos can stand on one leg for **far** longer than humans *can* (stand on one leg).

➜ far는 '훨씬'이라는 의미로 비교급을 강조하는 부사이다. even, much, still, a lot 등으로 바꿔 쓸 수 있다.

➜ can 뒤에는 stand on one leg가 생략되어 있다.

⑨ **The more** flamingos eat these sea creatures and plants, **the pinker** or **more orange** they become.

➜ 「the + 비교급, the + 비교급」은 '~하면 할수록 더 …하다'의 의미이다.

⑬ **What a relief!**

➜ 「What (a(n)) (+ 형용사) + 명사(+ 주어 + 동사)!」는 '얼마나 (~한) …인가!'의 의미인 감탄문이다.

4

정 답　**1** ③　　**2** ⑤　　**3** (1) F　(2) F　　**4** (1) Taste　(2) saltier　(3) sour　(4) sweeter[sweet]

문 제
해 설

1　눈물의 맛은 우리가 우는 이유에 따라 달라진다는 (B), 화가 날 때 우리는 눈을 크게 뜨고 덜 깜박인다는 예시의 (A), 이것(This)이 물을 빠르게 증발시켜 눈물이 짜게 된다는 (C)의 흐름이 알맞다.

[문제] 문장 (A)~(C)의 가장 알맞은 순서는?

2　⑤ 슬픔의 눈물을 시게 만드는 것에 관한 언급은 없다.

①은 문장 ①에서 주로 물로 구성되어 있다고 했고, ②는 문장 ③에서 소금을 포함하기 때문이라고 했고, ③은 문장 ③에서 sodium chloride(염화 소듐)라고 했고, ④는 문장 ⑤에서 눈을 크게 뜨고 덜 깜박인다고 했다.

[문제] 글에 근거하여 답할 수 없는 것은?

① 눈물의 주요 구성 요소는 무엇인가?　　　② 왜 눈물은 짠맛이 나는가?

③ 소금의 화학명은 무엇인가?　　　④ 우리가 화가 날 때 우리의 눈에 어떤 일이 일어나는가?

⑤ 무엇이 슬픔의 눈물을 시게 만드는가?

3　(1) 문장 ⑤, ⑦에서 눈물이 더 짜지는 것은 눈 속의 물이 더 빨리 마르기 때문이라고 했다.

(2) 문장 ⑪에서 아주 민감한 혀(를 가진 사람)만이 약간 더 달다는 것을 알 수 있다고 했다.

[문제] 글의 내용과 일치하면 T, 그렇지 않으면 F를 쓰시오.

(1) 우리가 화날 때는 더 많은 염화 소듐이 나오기 때문에 눈물이 더 짜진다.

(2) 당신이 기쁜 눈물을 맛볼 때, 당신은 강한 단맛을 느낄 수 있다.

4　[문제] 다음 빈칸에 알맞은 단어를 글에서 찾아 쓰시오.

보통, 그것들은 짜다.	우리가 화가 날 때, 그것들은 ⑵ 더 짜다.
	눈물의 ⑴ 맛	
우리가 슬플 때, 그것들은 약간 ⑶ 시다.	우리가 행복할 때, 그것들은 약간 ⑷ (더) 달다.

본 문
직 독
직 해

① Human tears / are made up mostly of water. / ② However, / if you have ever tasted /
사람의 눈물은　　주로 물로 구성되어 있다　　　　　하지만　　　만약 당신이 맛본 적이 있다면

your own tears, / you know / that they taste salty. / ③ This is because tears contain sodium
당신 자신의 눈물을　당신은 안다　그것들이 짠맛이 난다는 것을　이는 눈물이 염화 소듐을 함유하기 때문이다

chloride, / which is the chemical name / for salt. /
그리고 그것은 화학명이다　　소금의

④ Of course, / tears mainly have a salty taste. / ⑥ Interestingly, however, / the taste
물론　　눈물은 주로 짠맛을 지닌다　　　그러나 흥미롭게도　　　우리의

of our tears / changes a little / depending on why we cry. / ⑤ When we are angry, / for
눈물 맛은　　약간 변한다　　우리가 왜 우는지에 따라　　　　우리는 화가 날 때　　　예를

example, / we open our eyes wide / and blink less. / ⑦ This makes / the water in our eyes
들어　　우리는 우리의 눈을 크게 뜬다　그리고 덜 깜박인다　이는 만든다　우리 눈 속의 물을

/ dry up faster, / so / the tears become saltier. / ⑧ Tears of sadness, / on the other hand, /
더 빨리 마르게　그래서　눈물이 더 짜진다　　　슬픔의 눈물은　　　반면에

taste slightly sour. / ⑨ Lastly, / when you are happy, / your tears become a little sweeter
약간 신맛이 난다　마지막으로　당신이 행복할 때　당신의 눈물은 약간 더 달아진다

than other types of tears. / ⑩ Unfortunately, / you should not expect / your happy tears to
다른 종류의 눈물보다　　　유감스럽게도　　　당신은 기대하면 안 된다　　당신의 행복한 눈물이

be as sweet as candy. / ⑪ Only very sensitive tongues can tell / they are a little sweeter! /
사탕만큼 달 것이라고　　　오직 아주 민감한 혀들만이 알 수 있다　　　그것들이 약간 더 달다는 것을

본 문
해 석

　　사람의 눈물은 주로 물로 구성되어 있다. 하지만, 만약 당신이 당신 자신의 눈물을 맛본 적이 있다면, 당신은 그것들이 짠맛이 난다는 것을 안다. 이는 눈물이 염화 소듐을 함유하기 때문인데, 그것은 소금의 화학명이다.

　　물론, 눈물은 주로 짠맛을 지닌다. (B) 그러나 흥미롭게도, 우리의 눈물 맛은 우리가 왜 우는지에 따라 약간 변한다. (A) 예를 들어, 우리는 화가 날 때 우리의 눈을 크게 뜨고 덜 깜박인다. (C) 이는 우리 눈 속의 물을 더 빨리 마르게 해서, 눈물이 더 짜진다. 반면에, 슬픔의 눈물은 약간 신맛이 난다. 마지막으로, 당신이 행복할 때 당신의 눈물은 다른 종류의 눈물보다 약간 더 달아진다. 유감스럽게도, 당신은 당신의 행복한 눈물이 사탕만큼 달 것이라고 기대하면 안 된다. 오직 아주 민감한 혀들만이 그것들이 약간 더 달다는 것을 알 수 있다!

구 문
해 설

③ **This is because** tears contain *sodium chloride, which* is the chemical name for salt.
➡ 「this is because」는 '이는 ~이기 때문이다'의 의미이다.
➡ 「, which」는 선행사 sodium chloride를 부연 설명하는 계속적 용법의 주격 관계대명사로, '그리고 그것은'의 의미이다.

⑥ Interestingly, however, **the taste** of our tears **changes** a little *depending on* [why we cry].
➡ 문장의 주어가 단수(**the taste**)이므로 단수 동사 changes가 쓰였다.
➡ [ ]는 「의문사 + 주어 + 동사」 어순의 간접의문문으로, depending on의 목적어로 쓰였다. why를 관계부사로 간주해도 무방하며, 이때는 '우리가 우는 이유'로 해석한다.

⑦ This **makes the water in our eyes dry up** faster, so the tears *become saltier*.
➡ 「make + 목적어 + 동사원형」은 '~가 …하게 하다[만들다]'의 의미이다.
➡ 「become + 형용사」는 '~해지다'의 의미이다.

Review Test

정 답 1 ⓒ 2 ⓐ 3 ⓑ 4 ⑤ 5 ⑤ 6 blink 7 store 8 decrease 9 made up of
10 depending on

문 제
해 설

1 defender(수비수) – ⓒ 상대 팀이 점수를 얻는 것을 막으려고 노력하는 선수

2 creature(생물) – ⓐ 살아 있는 것

3 direction(방향) – ⓑ 무언가가 향하거나 따라서 움직이는 선

4 squeeze((좁은 곳에) 밀어 넣다)와 비슷한 의미의 단어는 ⑤ press(누르다, 밀어 넣다)이다.

> 나는 모든 물건을 여행 가방에 밀어 넣어야 했다.

① 더하다 ② 말리다 ③ 사다 ④ 패스하다

5 stop(그만하다)과 반대 의미의 단어는 ⑤ continue(계속하다)이다.

> 너는 밤새우는 것을 그만하는 게 낫다.

① 끝내다 ② 합치다 ③ 향하다 ④ 자라다

[6–8]

> 보기 | 저장하다 진화하다 눈을 깜빡이다 줄다, 감소하다

6 그 밝은 불빛은 내가 눈을 깜빡이게 했다.

7 그 상자는 나의 낡은 물건들을 저장하는 데 사용된다.

8 매년 태어날 아기들의 수가 감소할 것이다.

9 ~로 구성되다: be made up of

10 ~에 따라: depending on

퍼 즐 **Across** 6 fool 7 childbirth 8 movement 10 mainly

Down 1 contain 2 expect 3 evolve 4 successful 5 adult 9 bill

03 ★ Society

1

정 답 1 ⑤ 2 ⑤ 3 ② 4 방문객들이 가능한 가장 재미있고 신나는 경험을 하도록 확실히 하는 것이 그들의 책임이므로

문 제 **1** 전문 놀이기구 테스터들이 일상적으로 하는 일에 관한 글이므로, 주제로 ⑤ '놀이기구 테스터들이 어떤 종류의 일을
해 설 하는지'가 가장 적절하다.
① 놀이공원을 설계하는 방법　　　　② 롤러코스터를 무서워하는 사람들
③ 가장 신나는 놀이공원 직업들　　　④ 어린이들이 왜 놀이공원에서 일하고 싶어 하는지

2 롤러코스터를 한 번 타려고 긴 줄을 서서 기다리는 방문객과 보수를 받고 놀이기구를 마음껏 타는 놀이기구 테스터
의 모습을 대조적으로 설명하고 있으므로, 빈칸에 ⑤ on the other hand(반면에)가 가장 적절하다.
① 그러므로　② 게다가　③ 유감스럽게도　④ 다시 말해서

3 문장 ⑨에서 많은 어린이들이 놀이공원에서 시간을 보내고 싶어 한다고 했는데, 놀이기구 테스터는 실제로 놀이공원
에서 시간을 보내므로 어린이들의 꿈이 놀이기구 테스터에게는 현실이다. 따라서 빈칸에 ② '현실'이 가장 적절하다.
① 목표　③ 공상　④ 악몽　⑤ 장애물

4 문장 ⑤에 언급되어 있다.

본 문 ① Some people wait in long lines / just to ride a roller coaster / one time. /
직 독　　어떤 사람들은 긴 줄을 서서 기다린다　　　　단지 롤러코스터를 타기 위해　　　　한 번
직 해 ② Professional amusement park ride testers, / on the other hand, / get paid / to go on as
　　　　전문 놀이기구 테스터는　　　　　　　　　반면에　　　　　　보수를 받는다　하루에 무려
many as 100 rides per day. / ③ But there's more to the job / than that. /
100번이나 타고도　　　　　　　하지만 그 직업에는 더 있다　　　그보다
④ Testers must check / that all the rides in the amusement park / are clean, safe,
　　테스터는 확인해야 한다　　놀이공원의 모든 놀이기구들이　　　　　　깨끗하고 안전하며
and working properly. / ⑤ It's their job to make sure / that visitors have the most fun
제대로 작동하는 것을　　　　확실히 하는 것이 그들의 책임이다　　방문객들이 가장 재미있고 신나는 경험을
and exciting experience / possible. / ⑥ What they test / includes every single ride, / from
하도록　　　　　　　　가능한　　그들이 테스트하는 것은　　모든 놀이기구를 빠짐없이 포함한다
child-friendly ones / to the most terrifying roller coasters. / ⑦ On the days / that they test
아이들을 위한 것들부터　　가장 무서운 롤러코스터까지　　　　　　　　그날에　　　그들이
the roller coasters, / it's probably not a good idea / for them / to eat a big breakfast! /
롤러코스터를 테스트하는　　아마 좋은 생각이 아닐 것이다　　　그들이　　거한 아침을 먹는 것은
⑧ Of course, / most testers love their job. / ⑨ Many children wish / they could spend
　　물론　　　대부분의 테스터는 자신의 일을 매우 좋아한다　　많은 어린이들이 바란다　　그들이 그들의 모든
all their time / in amusement parks. / ⑩ For amusement park ride testers, / that dream is a
시간을 보낼 수 있기를　　놀이공원에서　　　　놀이기구 테스터에게는　　　　　그 꿈이 현실이다
reality. /

본 문 해 석

어떤 사람들은 단지 롤러코스터를 한 번 타기 위해 긴 줄을 서서 기다린다. 반면에, 전문 놀이기구 테스터는 하루에 무려 100번이나 타고도 보수를 받는다. 하지만 그 직업에는 그것보다 더 있다.

테스터는 놀이공원의 모든 놀이기구들이 깨끗하고 안전하며 제대로 작동하는 것을 확인해야 한다. 방문객들이 가능한 가장 재미있고 신나는 경험을 하도록 확실히 하는 것이 그들의 책임이다. 그들이 테스트하는 것은 아이들을 위한 것들부터 가장 무서운 롤러코스터까지 모든 놀이기구를 빠짐없이 포함한다. 그들이 롤러코스터를 테스트하는 날에 그들이 거한 아침을 먹는 것은 아마 좋은 생각이 아닐 것이다!

물론, 대부분의 테스터는 자신의 일을 매우 좋아한다. 많은 어린이들은 그들이 그들의 모든 시간을 놀이공원에서 보낼 수 있기를 바란다. 놀이공원의 놀이기구 테스터에게는 그 꿈이 현실이다.

구 문 해 설

② Professional amusement park ride testers, on the other hand, get paid to go on **as many as 100** rides per day.
→ 「as many as + 수」는 '무려 ~나 되는'의 의미로, 수가 크다는 사실을 강조한다.

⑤ **It**'s their job **to make sure** [that visitors have the most fun and exciting experience possible].
→ It은 가주어, to make sure가 진주어이다.
→ that은 명사절을 이끄는 접속사로 [ ]는 make sure의 목적어로 쓰였다.

⑦ On **the days [that** they test the roller coasters], it's probably not a good idea for them to eat a big breakfast!
→ [ ]는 선행사 the days를 수식하는 관계부사절로, that 대신에 관계부사 when을 쓸 수 있다.
→ it은 가주어, to eat a big breakfast가 진주어이다. for them은 의미상 주어이다.

⑨ Many children **wish they could spend** all their time in amusement parks.
→ 「wish + 주어 + 조동사의 과거형 + 동사원형」은 '~하면 좋을 텐데'의 의미로, 현재 이룰 수 없는 소망을 나타내는 가정법 과거이다.

본책 ● pp. 34~35

2

정 답 1 ④ 2 ④ 3 (1) T (2) T 4 비록 경쟁 브랜드들이 경쟁하고 있을지라도 서로가 고유한 정체성을 만드는 것을 돕는 것

문 제 해 설

1 예술가 Stefan Asafti가 경쟁 브랜드인 펩시와 코카-콜라의 로고와 슬로건을 결합한 포스터를 만듦으로써 두 브랜드가 서로의 정체성 확립에 도움을 주고 있음을 보여 주었다는 내용이므로, 글의 주제로 ④ '경쟁 브랜드의 관계를 보여 주는 예술 작품'이 가장 알맞다.
① 로고와 슬로건의 역할　　　　　　② Stefan Asafti의 유명 작품들
③ 회사가 광고에 예술 작품을 이용하는 방법　　⑤ 펩시와 코카-콜라의 광고 경쟁

2 ⓓ는 rival brands를 가리키고, 나머지는 Stefan Asafti가 만든 posters를 가리킨다.

3 (1) 문장 ⑦-⑨에서 경쟁 관계에 있는 두 개의 다른 브랜드의 로고와 슬로건을 합쳐서 만든 포스터들이 있는데 이것들을 만든 Stefan Asafti는 이것들을 brandversations라고 부른다고 했다.
(2) 문장 ⑩-⑫에서 Stefan Asafti는 경쟁 브랜드들은 서로가 고유한 정체성을 만드는 것을 돕는데, 이것을 그의 포스터를 통해 보여 주고 싶었다고 했다.

20 정답 및 해설

(1) 'Brandversations'는 두 경쟁 브랜드의 로고와 슬로건을 섞음으로써 만들어진다.

(2) Stefan Asafti는 펩시와 코카-콜라가 서로에게 영향을 준다고 생각한다.

4 문장 ⑪의 내용을 가리킨다.

본 문
직 독
직 해

① Pepsi and Coca-Cola have been rivals / for a long time. / ② Some people / even
펩시와 코카-콜라는 경쟁 상대였다   오랫동안   몇몇 사람들은   심지어

refer to / their marketing and advertising competition / as the "Cola Wars." / ③ At the
부른다   그들의 마케팅과 광고 경쟁을   '콜라 전쟁'이라고   그 경쟁의

center of the competition, / there are brand logos and slogans. / ④ These are used to
한가운데에   브랜드 로고와 슬로건이 있다   이것들은 나타내는 데

represent / the identity of each brand. /
사용된다   각 브랜드의 정체성을

⑤ With that in mind, / look at the posters below. / ⑥ At first / they seem normal,
그것을 염두에 두고   아래에 있는 포스터들을 봐라   처음에   그것들은 평범해 보인다

/ but look closer. / ⑦ They combine / the logos and slogans / of two different brands!
하지만 더 자세히 봐라   그것들은 결합한다   로고와 슬로건을   두 다른 브랜드의

/ ⑧ The big logos are even composed / of small copies of each other's logos! / ⑨ The
그 큰 로고들은 심지어 구성되어 있다   서로의 로고의 작은 복사본들로

artist, Stefan Asafti, / calls them "brandversations," / a mixture of the words "brand" and
Stefan Asafti라는 예술가   그것들을 'brandversations'라고 부른다   'brand(브랜드)'와 'conversations(대화)'라는

"conversations." / ⑩ He was inspired / by the way / rival brands interact. / ⑪ Even though
단어들의 혼합인   그는 영감을 받았다   방식에 의해   경쟁 브랜드들이 상호 작용하는   비록 그들이

they are competing, / rival brands help each other to create / a unique identity. / ⑫ So / he
경쟁하고 있을지라도   경쟁 브랜드들은 서로가 만드는 것을 돕는다   고유의 정체성을   그래서   그는

tried to show this / in his posters. / ⑬ Take a look at them again. / ⑭ What do you think? /
이를 보여 주려고 노력했다   자신의 포스터에서   그것들을 다시 한번 봐라   당신은 어떻게 생각하는가

본 문
해 석

펩시와 코카-콜라는 오랫동안 경쟁 상대였다. 몇몇 사람들은 그들의 마케팅과 광고 경쟁을 심지어 '콜라 전쟁'이라고
부른다. 그 경쟁의 한가운데에, 브랜드 로고와 슬로건이 있다. 이것들은 각 브랜드의 정체성을 나타내는 데 사용된다.

그것을 염두에 두고, 아래에 있는 포스터들을 봐라. 처음에 그것들은 평범해 보이지만, 더 자세히 봐라. 그것들은 두
다른 브랜드의 로고와 슬로건을 결합한다! 큰 로고들은 심지어 서로의 로고의 작은 복사본들로 구성되어 있다! Stefan
Asafti라는 예술가는 그것들을 'brand(브랜드)'와 'conversations(대화)'라는 단어들의 혼합인 'brandversations'라고
부른다. 그는 경쟁 브랜드들이 상호 작용하는 방식에서 영감을 받았다. 비록 그들이 경쟁하고 있을지라도, 경쟁 브랜드
들은 서로가 고유한 정체성을 만드는 것을 돕는다. 그래서 그는 자신의 포스터에서 이를 보여 주려고 노력했다. 그것들
을 다시 한번 봐라. 당신은 어떻게 생각하는가?

구 문
해 설

④ These **are used to represent** the identity of each brand.

➔ 「be used + to-v」는 '~하는 데 사용되다'의 의미이다.

(*cf.* 「used to + 동사원형」은 '(과거에) ~였다/하곤 했다'의 의미로 과거의 상태나 습관을 나타내며,

「be used to + v-ing」는 '~하는 데 익숙하다'의 의미이다.)

⑨ The artist, Stefan Asafti, **calls them** *"brandversations,"* *a mixture of the words "brand" and* *"conversations."*

➡ 「call A B」는 'A를 B라고 부르다'의 의미이다.

➡ *"brandversations"*와 a mixture of … *"conversations"*는 동격 관계이다.

⑩ He was inspired by **the way** [(~~how~~) rival brands interact].

➡ [   ]는 선행사 the way를 수식하는 관계부사절이다. 선행사 the way와 관계부사 how는 함께 쓸 수 없다.

3

본책 • pp. 36~37

정 답 1 ④   2 ④   3 suspended   4 ②

문 제
해 설

1 타인에 대한 신뢰를 바탕으로 행해지는 전통인 커피 보류하기(suspending coffee)가 지역 사회를 굳건히 하는 데 도움이 된다는 내용이므로, 제목으로 ④ '보류된 커피: 단순히 커피 한 잔이 아니다'가 가장 알맞다.

① 나폴리: 커피의 고향   ② 음식을 기부하는 다양한 방법
③ 값을 두 배로 지불해야 하는 카페   ⑤ 커피를 보류하는 것은 어떻게 전통이 되었나?

2 '그러므로, 그 개념은 다른 사람들에 대한 신뢰를 바탕으로 한다.'는 주어진 문장은 그에 대한 이유가 설명된 문장 ⑦-⑧ 다음인 ④에 들어가는 것이 가장 알맞다.

3 커피를 보류하는 전통의 현재 상황을 설명하는 마무리 단락으로, 그 전통이 퍼져 다른 나라에서도 실행되고, 커피 외 다른 음식도 보류되고 있다(are also being suspended)는 내용이 자연스럽다.

4 문장 ⑦에서 두 사람은 결코 실제로 만나지 않는다고 했으므로, ② '그것은 주는 사람과 받는 사람이 친구가 되도록 돕는다.'는 글의 내용과 일치하지 않는다.

①은 문장 ③을, ③은 문장 ⑨를, ④는 문장 ⑩을, ⑤는 문장 ⑪을 통해 알 수 있다.

① 그것은 이탈리아 나폴리에서 시작된 오랜 전통이다.
③ 그것은 이웃들이 서로에 대해 마음을 쓴다는 것을 보여 준다.
④ 그것은 도시의 사람들이 더 가까워지도록 도울 수 있다.
⑤ 그것은 전 세계적인 풍습이 되었다.

본 문
직 독
직 해

① A woman walks into a café / and orders two cups of coffee. / ② "One for me," / she
한 여성이 카페에 걸어 들어간다   그리고 커피 두 잔을 주문한다   "한 잔은 저에게 주세요"   그녀가

says, / "and the other suspended." / ③ This idea of suspending coffee started / more than a
말한다   "그리고 다른 한 잔은 보류되게요"   커피를 보류하는 이 아이디어는 시작되었다   한 세기 이상

century ago / in Naples, Italy. / ④ It is a simple concept. / ⑤ A person with enough money /
전에   이탈리아 나폴리에서   그것은 단순한 개념이다   충분한 돈이 있는 사람이

pays for an extra coffee. / ⑥ This coffee is later given to someone / who cannot afford one.
추가 커피의 값을 지불한다   이 커피는 나중에 누군가에게 주어진다   하나를 살 형편이 안 되는

/ ⑦ These two people / never actually meet. / ⑧ No one can be sure / whether the café will
이 두 사람은   결코 실제로 만나지 않는다   아무도 확신할 수 없다   그 카페가 내줄지 아닐지

give away / all the suspended coffees. / Therefore, / the concept is based / on trust in
모든 보류된 커피를 　　　　　그러므로 　　　그 개념은 근거한다 　　　다른 사람들에 대한

others. / ⑨ It also shows / that people take care of their neighbors. / ⑩ By simply spending
신뢰에 　　그것은 또한 보여 준다 　사람들이 그들의 이웃을 보살핀다는 것을 　　그저 적은 돈을 씀으로써

a little money, / people can help form / a stronger community. /
　　　　　사람들은 형성하도록 도울 수 있다 　더 튼튼한 지역 사회를

⑪ Now / this great tradition has spread / and is practiced / in many countries,
현재 　이 훌륭한 전통은 퍼져 왔다 　　　그리고 실행된다 　　많은 나라에서

including Korea. / ⑫ Other kinds of food, / like pizza and sandwiches, / are also being
한국을 포함한 　　　다른 종류의 음식들이 　　　피자와 샌드위치 같은 　　　또한 보류되고 있다

suspended. /

**본 문
해 석**
　　한 여성이 카페에 걸어 들어가서 커피 두 잔을 주문한다. 그녀는 "한 잔은 저에게 주시고, 다른 한 잔은 보류되게
요."라고 말한다. 커피를 보류하는 이 아이디어는 이탈리아 나폴리에서 한 세기 이상 전에 시작되었다. 그것은 단순한 개
념이다. 충분한 돈이 있는 사람이 추가 커피의 값을 지불한다. 이 커피는 나중에 하나를 살 형편이 안 되는 누군가에게
주어진다. 이 두 사람은 결코 실제로 만나지 않는다. 아무도 그 카페가 모든 보류된 커피를 내줄지 아닐지 확신할 수 없
다. 그러므로, 그 개념은 다른 사람들에 대한 신뢰에 근거한다. 그것은 또한 사람들이 그들의 이웃을 보살핀다는 것을 보
여 준다. 그저 적은 돈을 씀으로써, 사람들은 더 튼튼한 지역 사회를 형성하도록 도울 수 있다.
　　현재 이 훌륭한 전통은 퍼져 와서 한국을 포함한 많은 나라에서 실행된다. 피자와 샌드위치 같은 다른 종류의 음식
들도 또한 보류되고 있다.

**구 문
해 설**
② "**One** for me," she says, "and **the other** suspended."
　➥ 두 개 중 '하나'는 one, 나머지 '다른 하나'는 the other를 쓴다.
⑥ This coffee is later given to **someone** [**who** cannot afford *one*].
　➥ [ ]는 선행사 someone을 수식하는 주격 관계대명사절이다.
　➥ one은 앞에서 언급된 a cup of coffee를 가리킨다.
⑧ **No one** can be sure *whether* the café will give away all the suspended coffees.
　➥ no one은 '아무도 ~ 않다'는 의미의 〈전체부정〉을 나타낸다.
　➥ whether는 명사절을 이끄는 접속사로, '~인지 아닌지'의 의미이다.
⑪ Now this great tradition **has spread** and is practiced in many countries, including Korea.
　➥ has spread는 '퍼져 왔다'의 의미로 〈계속〉을 나타내는 현재완료(have[has] + p.p.)이다.
⑫ Other kinds of food, like pizza and sandwiches, **are** also **being suspended**.
　➥ 「be being + p.p.」는 '~되어지고 있다'의 의미인 진행형 수동태이다.

4

정 답   **1** ①   **2** ③   **3** ④   **4** affects[threatens] / unhappiness[loneliness] / Minister for Loneliness

문 제   **1** 영국 정부가 외로움 담당 장관을 임명하여 시민들의 외로움을 감소시키려 노력한다는 내용의 글이므로, 주제로 ①
해 설   '외로움과 맞서 싸우기 위한 영국의 노력'이 가장 알맞다.

　　　　[문제] 글의 주제로 가장 알맞은 것은?

　　　　② 행복이 어떻게 외로움으로 이어질 수 있는지   ③ 정치에 관여하는 외로운 사람들

　　　　④ 영국이 왜 세계에서 가장 외로운 나라인지   ⑤ 각기 다른 문화에서의 행복의 정의

　　　2 (A) 빈칸 앞 문장에서 행복이 공통의 목표라는 광범위한 내용을 제시한 후에, 빈칸이 있는 문장에서 일부 중앙 정부
　　　　가 하고 있는 것을 부연 설명하고 있으므로, 빈칸에는 In fact(사실)가 가장 알맞다.

　　　　(B) 빈칸 앞 문장에 시민의 행복을 위해 정부가 노력한다는 내용이 오고, 빈칸이 있는 문장에 아랍에미리트와 부탄,
　　　　그리고 인도가 노력한 사례가 이어지므로, 빈칸에는 for example(예를 들어)이 가장 알맞다.

　　　　[문제] 빈칸 (A)와 (B)에 들어갈 말로 가장 알맞은 것은?

　　　　① 따라서   ⋯⋯   하지만   ② 사실   ⋯⋯   하지만

　　　　④ 그에 반해   ⋯⋯   예를 들어   ⑤ 그에 반해   ⋯⋯   따라서

　　　3 '물론, 외로움이 노인들에게만 영향을 미치는 것은 아니다.'라는 주어진 문장은 노인의 외로움이 언급되는 문장 ⑨와
　　　　외로움이 모든 사람을 위협한다는 문장 ⑩의 사이인 ④에 들어가는 것이 가장 알맞다.

　　　　[문제] 다음 문장이 들어갈 위치로 가장 알맞은 곳은?

　　　4 [문제] 다음 빈칸에 알맞은 단어를 글에서 찾아 쓰시오.

> 외로움은 노인들뿐만 아니라 젊은이들<u>에게도 영향을 미친다[도 위협한다]</u>. 이와 맞서 싸우기 위해, 영국은 <u>외로움</u>
> <u>담당 장관</u>을 임명함으로써 <u>불행[외로움]</u>에 대처하려고 노력하고 있다.

본 문   ① Happiness is a common goal / around the world. ② In fact, / some national
직 독   　행복은 공통의 목표이다　　　　　　세계적으로　　　　　　사실　　　일부 중앙 정부는
직 해   governments are working / to make their citizens happier. / ③ The United Arab Emirates,
　　　　애쓰고 있다　　　　　　그들의 시민들을 더 행복하게 만들기 위해　　아랍에미리트와 부탄, 인도는

　　　　Bhutan, and India, / for example, / have official ministries of happiness. / ④ In the UK,
　　　　　　　　　　　예를 들어　　공식 행복 부처가 있다　　　　　　　　영국에서는

　　　　/ on the other hand, / the government is taking a slightly different approach. / ⑤ Rather
　　　　　반면에　　　　　정부가 약간 다른 접근 방식을 취하고 있다　　　　　　　　행복을

　　　　than promoting happiness, / it is fighting unhappiness. / ⑥ The prime minister noted /
　　　　고취하는 대신에　　　　　그것은 불행과 맞서 싸우고 있다　　　수상은 주목했다

　　　　that loneliness affects millions of British people. / ⑦ So she recently appointed / the first
　　　　외로움이 수백만 명의 영국인들에게 영향을 미치는 것에　　　그래서 그녀는 최근 임명했다　　초대

　　　　Minister for Loneliness. /
　　　　외로움 담당 장관을

⑧ The job of Minister for Loneliness / will be to find ways / to reach out to lonely
　외로움 담당 장관의 일은　　　　　　　　방법을 찾는 것이 될 것이다　　외로운 사람들에게 접근하는

people. / ⑨ According to a study, / about 200,000 elderly people in the UK / haven't spoken
　　　　　　　한 연구에 따르면　　　　　영국의 약 200,000명의 노인들이　　　　　　어떤 친구나

to any friends or relatives / in more than a month. / Of course, / loneliness doesn't only
　친척과도 말한 적이 없다　　　　　한 달 이상　　　　　　　물론　　　　외로움이 노인들에게만 영향을

affect older people. / ⑩ Because our high-tech society leads / to less face-to-face contact, /
미치는 것은 아니다　　　　우리의 최첨단 사회가 이르기 때문에　　　　더 적은 맞대면에

it threatens everyone. / ⑪ The British government hopes / this will be the first step / toward
그것은 모든 사람을 위협한다　　　영국 정부는 희망한다　　　　이것이 첫걸음이 되길　　　　　외로움

reducing loneliness. /
감소를 향한

본 문
해 석

　행복은 세계적으로 공통의 목표이다. 사실, 일부 중앙 정부는 그들의 시민들을 더 행복하게 만들기 위해 애쓰고 있
다. 예를 들어, 아랍에미리트와 부탄, 인도는 공식 행복 부처가 있다. 반면에, 영국에서는 정부가 약간 다른 접근 방식을
취하고 있다. 행복을 고취하는 대신에, 그것은 불행과 맞서 싸우고 있다. 수상은 외로움이 수백만 명의 영국인들에게 영
향을 미치는 것에 주목했다. 그래서 그녀는 최근 초대 외로움 담당 장관을 임명했다.

　외로움 담당 장관의 일은 외로운 사람들에게 접근하는 방법을 찾는 것이 될 것이다. 한 연구에 따르면, 영국의 약
200,000명의 노인들이 한 달 이상 어떤 친구나 친척과도 말한 적이 없다. 물론, 외로움이 노인들에게만 영향을 미치는
것은 아니다. 우리의 최첨단 사회가 더 적은 맞대면에 이르기 때문에, 그것은 모든 사람을 위협한다. 영국 정부는 이것이
외로움 감소를 향한 첫걸음이 되길 희망한다.

구 문
해 설

② In fact, some national governments are working **to make** their citizens happier.
→ to make는 '만들기 위해'의 의미로 〈목적〉을 나타내는 부사적 용법의 to부정사이다.
→ 「make + 목적어 + 형용사」는 '~를 …하게 만들다'의 의미로, 여기서는 형용사의 비교급 happier가 쓰였다.

⑧ The job of Minister for Loneliness will be **to find** ways *to reach out* to lonely people.
→ to find는 보어로 쓰인 명사적 용법의 to부정사이다.
→ to reach out은 ways를 수식하는 형용사적 용법의 to부정사이다.

⑨ According to a study, **about 200,000 elderly people** [in the UK] **haven't spoken** to any friends or relatives in more than a month.
→ 전치사구 [ ]의 수식을 받는 about 200,000 elderly people이 문장의 주어이고, haven't spoken이 동사이다.
→ haven't spoken은 '말한 적이 없다'의 의미로 〈경험〉을 나타내는 현재완료(have[has] + p.p.)이다.

⑪ The British government **hopes** [(that) this will be the first step *toward reducing* loneliness].
→ [ ]는 hopes의 목적어로 쓰인 명사절로, 접속사 that이 생략되었다.
→ reducing은 전치사 toward의 목적어로 쓰인 동명사이다.

Review Test

정 답 **1** affect **2** combine **3** compete **4** threaten **5** extra **6** include **7** spread **8** interact **9** give away **10** pay for

문 제
해 설 [1-3]

> 보기 | 주목하다   ~에 영향을 미치다   결합하다   경쟁하다

1 '무언가가 어떤 방식으로 변하도록 야기하다'의 의미를 가진 단어는 affect(~에 영향을 미치다)이다.

2 '2개나 그 이상의 것들을 하나로 만들기 위해 합치다'의 의미를 가진 단어는 combine(결합하다)이다.

3 '무언가를 얻고 다른 사람이 그것을 얻는 것을 막기 위해 노력하다'의 의미를 가진 단어는 compete(경쟁하다)이다.

4 스트레스는 당신의 건강을 위협할 수 있다.

5 우리는 매우 바빠서 추가의 직원이 필요하다.

[6-8]

> 보기 | 퍼지다   포함하다   상호 작용을 하다   주문하다

6 방 가격이 아침을 포함하나요?

7 불은 바람이 많고 건조한 날씨에서 빠르게 퍼질 수 있다.

8 교수자들은 학습자들과 활발하게 상호 작용을 해야 한다.

9 기부하다, 내주다: give away

10 ~의 값을 지불하다: pay for

퍼 즐 **1** approach **2** rival **3** mixture **4** citizen **5** practice **6** identity **7** inspire **8** neighbor **9** tradition **10** represent

Do not miss the chance.

04 ★ Art & Fashion

1

정답 1 ⑤   2 ②, ③   3 (1) F (2) F
4 (제2차 세계대전 중에 파괴되고 있던) 훌륭한 예술적, 역사적 가치를 지닌 건축물과 예술품을 보호하는 것

문제
해설

1 도시가 파괴되고 있었다는 앞 문장에 이어 예술적, 역사적 가치를 지닌 건물들과 예술품도 파괴되고 있었다는 (C), 이 물품들을 지키기 위해 모뉴먼츠 맨이 형성되었다는 (B), 그들이 누구였는지에 대한 내용의 (A)의 흐름이 알맞다.

2 문장 ③을 통해 모뉴먼츠 맨이 결성된 목적, 문장 ⑪을 통해 모뉴먼츠 맨의 업적을 알 수 있다.

3 (1) 문장 ⑤에서 기본적인 군사 훈련을 받은 적이 없다고 했다.
(2) 문장 ⑥에서 많은 구성원들이 다치고 죽었다고 했다.
(1) 많은 구성원이 군사 훈련 후에 전쟁 지역에서 활동했다.
(2) 적은 수의 구성원들이 전쟁터에서 죽거나 다쳤다.

4 문장 ③-④에 언급되어 있다.

본문
직독
직해

① It was World War II, / and / many European cities / were being destroyed. / ④ Many
제2차 세계대전 때였다   그리고 많은 유럽의 도시들이   파괴되고 있었다   많은

buildings and artwork / that had great artistic and historic value / were being destroyed, /
건축물과 예술품이   훌륭한 예술적, 역사적 가치를 지닌   파괴되고 있었다

too. / ③ So, / the Monuments Men, / a group of more than 300 people, / was formed / to
또한   그래서   모뉴먼츠 맨이   300명 이상의 사람들의 단체인   결성되었다

protect these items. / ② They were museum directors, historians, artists, and architects. /
이러한 물품들을 보호하기 위해   그들은 박물관장과 역사가, 예술가, 건축가들이었다

⑤ Although they had never received / basic military training, / they entered dangerous war
비록 그들은 결코 받은 적이 없었지만   기본적인 군사 훈련을   그들은 위험한 전쟁 지역들에 들어갔다

zones / and performed their duties. / ⑥ Many group members were hurt / and others were
       그리고 그들의 임무를 수행했다   많은 단체 구성원들이 다쳤다   그리고 다른 이들은

even killed. / ⑦ However, / their belief was strong. / ⑧ "Cultural assets are the evidence /
심지어 죽었다   하지만   그들의 신념은 확고했다   문화재는 증거이다

that we have existed and developed," / a group member said. / ⑨ He continued, / "If these
우리가 존재해 왔고 발전해 왔다는   한 단체 구성원이 말했다   그는 계속했다   만약 이러한

things are destroyed, / it will be like / we never existed." / ⑩ Even after returning from the
것들이 파괴된다면   그것은 ~와 같을 것이다   우리가 결코 존재하지 않았던 것과   심지어 전쟁에서 돌아온 후에도

war, / many of the members continued / to preserve important works. / ⑪ Thanks to the
    구성원 중 많은 이들이 계속했다   중요한 작품들을 지키는 것을   모뉴먼츠 맨 덕분에

Monuments Men, / many items of great cultural value / were saved. /
       훌륭한 문화적 가치를 가진 많은 물품들이   구해졌다

제2차 세계대전 때였고, 많은 유럽의 도시들이 파괴되고 있었다. (C) 훌륭한 예술적, 역사적 가치를 지닌 많은 건축물과 예술품 또한 파괴되고 있었다. (B) 그래서, 300명 이상의 사람들의 단체인 모뉴먼츠 맨이 이러한 물품들을 보호하기 위해 결성되었다. (A) 그들은 박물관장과 역사가, 예술가, 건축가들이었다. 비록 그들은 결코 기본적인 군사 훈련을 받은 적이 없었지만, 위험한 전쟁 지역들에 들어가서 그들의 임무를 수행했다. 많은 단체 구성원들이 다쳤고 다른 이들은 심지어 죽었다. 하지만, 그들의 신념은 확고했다. "문화재는 우리가 존재해 왔고 발전해 왔다는 증거이다."라고 한 단체 구성원이 말했다. 그는 계속해서 "만약 이러한 것들이 파괴된다면, 그것은 우리가 결코 존재하지 않았던 것과 같을 것이다."라고 말했다. 심지어 전쟁에서 돌아온 후에도, 구성원 중 많은 이들이 중요한 작품들을 계속 지켰다. 모뉴먼츠 맨 덕분에, 훌륭한 문화적 가치를 가진 많은 물품들이 구해졌다.

① **It** was World War II, and many European cities *were being destroyed*.

→ It은 〈시간·때〉를 나타내는 비인칭 주어이다.

→ 「be being + p.p.」는 '~되어지고 있다'의 의미인 진행형 수동태이다.

④ ***Many buildings and artwork* [that** had great artistic and historic value] *were being destroyed*, too.

→ [ ]는 선행사 Many buildings and artwork를 수식하는 주격 관계대명사절이다.

→ Many buildings and artwork가 문장의 주어이고, **were being destroyed**가 동사이다.

⑤ Although they **had never received** basic military training, … .

→ had never received는 '받은 적이 결코 없었다'의 의미로, 〈경험〉을 나타내는 과거완료(had + p.p.)이다. 과거완료는 과거 이전의 일이 과거까지 영향을 미칠 때 쓴다.

⑧ "Cultural assets are **the evidence [that** we have existed and developed]," a group member said.

→ the evidence와 [ ]는 동격이다.

2

본책 • pp. 46~47

정 답

1 ③   2 ①   3 (1) F (2) T

4 (1) bad (2) rhythm (3) pitch accuracy (4) notes (5) reproduce[sing] (6) hearing

문 제
해 설

1 노래를 못하는 진짜 원인을 연구진이 밝혀낸 과정을 설명하는 글이므로, 제목으로 ③ '노래를 못하는 원인 찾기'가 가장 적절하다.

① 사람들이 음악을 즐기는 진짜 이유   ② 모든 사람은 각기 다른 음악 취향을 가진다

④ 노래를 못하는 사람이란 없다   ⑤ 노래를 못하는 사람이 노래를 잘하는 사람이 될 수 있을까?

2 ⓐ는 researchers를 가리키고, 나머지는 the bad singers를 가리킨다.

3 (1) 문장 ⑥에 노래를 못하는 사람들의 목을 검사한 결과 신체적으로는 노래를 잘할 수 있음이 밝혀졌다고 했다.

(2) 문장 ⑫에 뇌가 자동으로 오류를 바로잡는다고 했다.

4

노래를 (1) 못하는 이유들

| 안 좋은 (2) 리듬감을 지닌다 | (3) 음정 정확도를 조절하지 못한다 | (4) 음을 외우지 못한다 |

가능성 있는 원인

| 신체 상태 | 음을 잘 (5) 재현하지[부르지] 못한다 | 안 좋은 (6) 청력 |

이것이 원인이었는가?

아니오　　　　　예　　　　　아니오

본 문
직 독
직 해

① Anyone can easily tell / a good singer from a bad singer. / ② What exactly makes
　　누구나 쉽게 구분할 수 있다　　노래를 잘하는 사람과 노래를 못하는 사람을　　하지만 정확히 무엇이

bad singers sound bad? /
노래를 못하는 사람이 못하게 들리도록 하는가

③ Sometimes it is bad rhythm / or the inability to remember notes. / ④ However,
　　때때로 그것은 안 좋은 리듬감이다　　또는 음을 기억할 수 없음이다　　　　그러나

/ most bad singers sound bad / because they have trouble with pitch accuracy. /
노래를 못하는 대부분의 사람은 못하게 들린다　그들이 음정 정확도에 어려움을 겪기 때문에

⑤ Researchers tried to find out / why this occurs. / ⑥ First, / they examined bad singers
　연구진은 알아내려고 했다　　왜 이런 일이 생기는지　　우선　그들은 노래를 못하는 사람들을 검사했다

/ to check the physical condition / of their throats / and found / that they were physically
　　신체적 상태를 확인하기 위해　　　그들의 목의　　　그리고 알아냈다　그들이 신체적으로는

capable of singing well. / ⑦ Next, / they checked the bad singers' hearing. / ⑧ The
노래를 잘할 수 있다는 것을　　다음으로　그들은 노래를 못하는 사람들의 청력을 확인했다　　　연구진은

researchers originally suspected / they might not be able to hear notes correctly. /
원래 의심했다　　　　　　그들이 음을 정확하게 듣지 못할지도 모른다고

⑨ However, / their hearing was fine. /
　그러나　　그들의 청력은 괜찮았다

⑩ Finally, / the researchers found the answer. / ⑪ Although bad singers could hear
　마침내　　연구진은 답을 찾았다　　　　　노래를 못하는 사람들은 비록 음을 정확하게

notes correctly, / they couldn't reproduce them. / ⑫ Normally, / when people sing a note
들을 수는 있어도　　그들은 그것들을 재현하지 못했다　　보통　　　사람들이 음을 부정확하게 부를 때

incorrectly, / their brain recognizes the mistake / and automatically corrects it. / ⑬ This
　　　　　그들의 뇌가 그 오류를 인식한다　　　　　그리고 자동적으로 그것을 바로잡는다　　이

error correction didn't happen / with bad singers. / ⑭ They made the same mistake / over
오류 바로잡기가 일어나지 않았다　　노래를 못하는 사람들에게서는　　　그들은 같은 오류를 냈다

and over! /
반복해서

누구나 노래를 잘하는 사람과 못하는 사람을 쉽게 구분할 수 있다. 정확히 무엇이 노래를 못하는 사람이 못하게 들리도록 하는가?

때때로 그것은 안 좋은 리듬감이나 음을 기억할 수 없음이다. 그러나, 노래를 못하는 대부분의 사람은 음정 정확도에 어려움을 겪기 때문에 못하게 들린다. 연구진은 왜 이런 일이 생기는지 알아내려고 했다. 우선, 그들은 노래를 못하는 사람들의 목의 신체적인 상태를 확인하기 위해 그들을 검사했고, 그들이 신체적으로는 노래를 잘할 수 있다는 것을 알아냈다. 다음으로, 그들은 노래를 못하는 사람들의 청력을 확인했다. 연구진은 원래 그들이 음을 정확하게 듣지 못할지도 모른다고 의심했다. 그러나, 그들의 청력은 괜찮았다.

마침내, 연구진은 답을 찾았다. 노래를 못하는 사람들은 비록 음을 정확하게 들을 수는 있어도, 그것들을 재현하지는 못했다. 보통, 사람들이 음을 부정확하게 부르면 뇌가 그 오류를 인식하고 자동적으로 그것을 바로잡는다. 이 오류 바로잡기가 노래를 못하는 사람들에게서는 일어나지 않았다. 그들은 반복해서 같은 오류를 냈다!

② What exactly **makes bad singers sound bad**?
  ➡ 「make + 목적어 + 동사원형」은 '~가 …하게 하다[만들다]'의 의미이다.
③ Sometimes **it** is bad rhythm or the inability *to remember* notes.
  ➡ it은 앞 문장의 what exactly makes bad singers sound bad를 가리킨다.
  ➡ to remember는 the inability를 수식하는 형용사적 용법의 to부정사이다.
⑤ Researchers tried to **find out** [why this occurs].
  ➡ [ ]는 「의문사 + 주어 + 동사」 어순의 간접의문문으로, find out의 목적어로 쓰였다. why를 관계부사로 간주해도 무방하며, 이때는 '이 일이 일어나는 이유'로 해석한다.
⑥ First, they **examined** bad singers *to check* the physical condition of their throats **and found** [that they were physically capable of singing well].
  ➡ examined와 found는 접속사 and로 병렬 연결되어 있다.
  ➡ to check는 '확인하기 위해'의 의미로 〈목적〉을 나타내는 부사적 용법의 to부정사이다.
  ➡ that은 명사절을 이끄는 접속사로 [ ]는 found의 목적어로 쓰였다.
⑧ The researchers originally **suspected** [(that) they *might* not *be able to* hear notes correctly].
  ➡ [ ]는 suspected의 목적어로 쓰인 명사절로, 접속사 that이 생략되었다.
  ➡ 두 개의 조동사는 함께 쓸 수 없으므로, can을 대신할 수 있는 be able to를 썼다.

본책 • pp. 48~49

3

1 ③   2 ⑤   3 ②   4 (어부들이 입었던) Guernsey 스웨터에 각 일가의 독특한 무늬가 있었기 때문에

1 ③ 색상에 관해서는 언급되지 않았다.
  ①은 문장 ②에서 코팅된 양털로 만들어진다고 했고, ②는 문장 ④에서 영국의 섬에서 이름을 따왔다고 했고, ④는 문장 ⑤에서 손으로 짜였다고 했으며, ⑤는 문장 ⑧에서 코팅된 양털 덕분에 방수가 된다고 언급되어 있다.

2 ⓔ는 each family를 가리키고, 나머지는 Guernsey 스웨터를 가리킨다.

3 어부들이 일 년 내내 배에서 일했다는 것은 그들은 따뜻하고 편한 옷이 필요했다는 내용의 이유가 되므로, 빈칸에는 이유를 나타내는 접속사 ② Since(~하기 때문에)가 가장 알맞다.

① ~(때)까지 ③ 만약 ~하지 않는다면 ④ 비록 ~일지라도 ⑤ ~인지 아닌지

4 문장 ⑩에 언급되어 있다.

본 문
직 독
직 해

① The Guernsey sweater, / also known as a fisherman's sweater, / is a good fashion
　Guernsey 스웨터는　　　　　어부의 스웨터라고도 알려진　　　　　　　겨울에 좋은 패션

choice for winter. / ② It is made of coated wool, / has a tight fit, / and is covered in knitted
선택이다　　　　　　그것은 코팅된 양털로 만들어진다　　몸에 딱 붙는다　　그리고 뜨개질 된 무늬들로

patterns. /
덮여 있다

③ This trendy sweater has a long history. / ④ It got its name / from the British island
이 최신 유행의 스웨터는 긴 역사를 지닌다　　　　　그것은 그것의 이름을 얻었다　Guernsey라는

of Guernsey. / ⑤ Local fishermen wore these sweaters, / which were hand-knitted. /
영국의 섬으로부터　　현지 어부들은 이 스웨터들을 입었다　　　그리고 그것들은 손으로 짜였다

⑥ Since the fishermen worked on boats / year round, / they needed clothes / that were
　어부들은 배에서 일했기 때문에　　　　　일 년 내내　　그들은 옷이 필요했다　　따뜻하고도

both warm and comfortable. / ⑦ They also had to be protected / from the cold water /
편한　　　　　　　　　　그들은 또한 보호되어야 했다　　차가운 물로부터

splashing across their boats. / ⑧ The Guernsey sweater was perfect for them / because it
그들의 배 사방으로 튀는　　　　Guernsey 스웨터는 그들에게 안성맞춤이었다　　　　그것이

was waterproof / thanks to its coated wool. /
방수되었기 때문에　그것의 코팅된 양털 덕분에

⑨ The sweater played another role, too. / ⑩ Traditionally, / each family had its own
　그 스웨터는 또 다른 역할도 했다　　　　　전통적으로　　각 일가는 그들 자신만의 독특한

unique pattern. / ⑪ This was not merely for fashion. / ⑫ Fishing was more dangerous in
무늬를 지녔다　　　이는 단지 패션을 위한 것만이 아니었다　　어업은 과거에 더 위험했다

the past. / ⑬ If a fisherman's dead body washed / onto the shore, / his sweater would help /
　　　　만약 어부의 시체가 밀려왔다면　　　　해변으로　　그의 스웨터가 도울 것이었다

people identify him. /
사람들이 그의 신원을 확인하는 것을

본 문
해 석

어부의 스웨터라고도 알려진 Guernsey 스웨터는 겨울에 좋은 패션 선택이다. 그것은 코팅된 양털로 만들어지고, 몸에 딱 붙으며, 뜨개질 된 무늬들로 덮여 있다.

이 최신 유행의 스웨터는 긴 역사를 지닌다. 그것은 Guernsey라는 영국의 섬으로부터 그것의 이름을 얻었다. 현지 어부들은 이 스웨터들을 입었는데, 그것들은 손으로 짜였다. 어부들은 일 년 내내 배에서 일했기 때문에, 그들은 따뜻하고도 편한 옷이 필요했다. 그들은 또한 그들의 배 사방으로 튀는 차가운 물로부터 보호되어야 했다. Guernsey 스웨터는 그것의 코팅된 양털 덕분에 방수되었기 때문에 그들에게 안성맞춤이었다.

그 스웨터는 또 다른 역할도 했다. 전통적으로, 각 일가는 그들 자신만의 독특한 무늬를 지녔다. 이는 단지 패션을 위한 것만이 아니었다. 어업은 과거에 더 위험했다. 만약 어부의 시체가 해변으로 밀려왔다면, 그의 스웨터가 사람들이 그의 신원을 확인하는 것을 도울 것이었다.

② **It *is made* of** coated wool, **has** a tight fit, **and is covered** in knitted patterns.

   ➜ is made, has, is covered는 각각 주어 It의 동사로, 접속사 and로 병렬 연결되어 있다.

   ➜ 「be made of」는 '~로 만들어지다'의 의미이다.

   ➜ 「be covered in」은 '~로 덮이다'의 의미이다.

⑤ Local fishermen wore **these sweaters, which** were hand-knitted.

   ➜ 「, which」는 선행사 these sweaters를 부연 설명하는 계속적 용법의 주격 관계대명사로, '그리고 그것은'의 의미이다.

⑥ **Since** the fishermen worked on boats year round, they needed *clothes [that* were both warm and comfortable*].*

   ➜ since는 이유를 나타내는 접속사 '~하기 때문에'의 의미이다.

   ➜ [ ]는 선행사 clothes를 수식하는 주격 관계대명사절이다.

   ➜ 「both A and B」는 'A와 B 둘 다'의 의미이다.

⑦ They also had to be protected from **the cold water** [splashing across their boats].

   ➜ [ ]는 the cold water를 수식하는 현재분사구이다.

⑬ **If** a fisherman's dead body washed onto the shore, his sweater would *help people identify* him.

   ➜ if는 조건을 나타내는 접속사로, '만약 ~라면'의 의미이다.

   ➜ 「help + 목적어 + 동사원형[to-v]」은 '~가 …하는 것을 돕다'의 의미이다.

정 답   1 ④   2 ②   3 ①   **4** surprised / nothing

문 제
해 설

1 ④ 문장 ⑦-⑧에서 청중들 중 몇몇 사람에게는 무언가가 잘못된 것처럼 보였고, Cage가 말하고자 하는 바를 이해한 사람들은 감명 받았다고 했다.

①은 문장 ①-④에, ②는 문장 ④에, ③은 문장 ⑤에, ⑤는 문장 ⑫에 언급되어 있다.

[문제] ⟨4분 33초⟩에 관한 글의 내용과 일치하지 않는 것은?

① 그것은 1952년에 한 피아니스트에 의해 연주되었다.   ② 그것은 John Cage에 의해 쓰였다.

③ 그것은 4분 33초 동안 계속된다.   ④ 그것은 전체 청중에게 감명을 주었다.

⑤ 그것은 사람들이 음악에 대해 생각하는 방식에 도전했다.

2 John Cage가 음악은 어떤 소리로도 만들어질 수 있다고 믿었다는 내용의 (B), 그는 청중이 이 소리들(these sounds)을 듣기 원했다는 내용의 (A), 음악가가 아무것도 연주하지 않게 함으로써 청중이 그렇게 하도록 했다는 내용의 (C)의 흐름이 가장 알맞다.

[문제] 문장 (A)~(C)의 가장 알맞은 순서는?

3 ① 문장 ⑩에서 John Cage는 음악이 어떤 소리들로도 만들어질 수 있다고 생각했다고 했다.

[문제] 글에 따르면, John Cage는 음악에 대해 어떻게 생각했는가?

① 만약 우리가 들으려고 노력하면, 음악은 어디에나 있다.   ② 진정한 음악가들은 악기를 연주할 필요가 없다.

③ 음악은 악기로만 만들어질 수 있다.   ④ 청중은 공연에서 어떤 역할도 없다.

⑤ 음악은 콘서트장에서 연주될 때 소리가 가장 좋다.

4 문장 ②-③, ⑥에서 연주자가 4분 33초 동안 아무것도 연주하지 않고 가 버려서 청중이 놀랐음을 알 수 있다.
[문제] 다음 빈칸에 알맞은 단어를 글에서 찾아 쓰시오.

> 연주자가 4분 33초 동안 <u>아무것도</u> 연주하지 않기 때문에 청중은 <u>놀랐다</u>.

본 문
직 독
직 해

① In August of 1952, / a pianist sat down / to give a performance. / ② He checked his
　　　1952년 8월에　　　　　한 피아니스트가 앉았다　　공연을 하기 위해　　　　　그는 그의 시계를

watch / and / waited for four minutes and thirty-three seconds. / ③ Afterward, / he bowed
확인했다　그리고　4분 33초 동안 기다렸다　　　　　　　　　　　　　후에　　　　그는 청중에게

to the audience / and walked away! /
고개 숙여 인사했다　　그리고 걸어나가 버렸다

④ The pianist did not seem to be doing anything, / but he was actually performing /
　　그 피아니스트는 어떤 것도 하고 있는 것처럼 보이지 않았다　　하지만 그는 사실 연주하고 있었다

a piece of music called 4′33″, / composed by John Cage. / ⑤ For four minutes and thirty-
〈4분 33초〉라고 불리는 음악 작품을　　그리고 그것은 John Cage에 의해 작곡되었다　　4분 33초 동안

three seconds, / the performer plays nothing at all! /
　　　　　　　　연주자는 전혀 아무것도 연주하지 않는다

⑥ The audience was surprised. / ⑦ To some people, / it seemed / something had
　　청중은 놀랐다　　　　　　　어떤 사람들에게는　　~인 것처럼 보였다　무언가가

gone wrong. / ⑧ However, / others were impressed / because they understood / what Cage
잘못된 것　　　하지만　　　다른 사람들은 감명 받았다　　그들은 이해했기 때문에　　　　Cage가

wanted to tell them. /
그들에게 말하기 원했던 것을

⑩ Cage believed / that music could be made / with any sounds, / including the
　　Cage는 믿었다　　음악이 만들어질 수 있다고　　　어떤 소리들로도　　청중의 속삭임을

whispers of the audience / or the sound of hearts beating. / ⑨ He wanted the audience to
포함하여　　　　　　　또는 심장이 뛰는 소리를　　　　　　　그는 청중이 듣기를 원했다

hear / these sounds. / ⑪ By having the musician play nothing, / he let them do so. /
이러한 소리들을　　음악가가 아무것도 연주하지 않게 함으로써　　그는 그들이 그렇게 하게 했다

⑫ Nowadays / 4′33″ is famous for challenging / the way / people think about music. /
오늘날　　〈4분 33초〉는 도전하는 것으로 유명하다　　방식에　　사람들이 음악에 대해 생각하는

본 문
해 석

1952년 8월, 한 피아니스트가 공연을 하기 위해 앉았다. 그는 그의 시계를 확인하고 4분 33초 동안 기다렸다. 그 후에, 그는 청중에게 고개 숙여 인사하고 걸어나가 버렸다!

그 피아니스트는 어떤 것도 하고 있는 것처럼 보이지 않았지만, 그는 사실 〈4분 33초〉라고 불리는 한 음악 작품을 연주하고 있었는데, 그것은 John Cage에 의해 작곡되었다. 4분 33초 동안, 연주자는 전혀 아무것도 연주하지 않는다!

청중은 놀랐다. 어떤 사람들에게는, 무언가 잘못된 것처럼 보였다. 하지만, 다른 사람들은 Cage가 그들에게 말하기 원했던 것을 이해했기 때문에 감명 받았다.

(B) Cage는 음악은 청중의 속삭임이나 심장이 뛰는 소리를 포함하여, 어떤 소리들로도 만들어질 수 있다고 믿었다. (A) 그는 청중이 이러한 소리들을 듣기를 원했다. (C) 음악가가 아무것도 연주하지 않게 함으로써, 그는 그들이 그렇게 하게 했다.

오늘날 〈4분 33초〉는 사람들이 음악에 대해 생각하는 방식에 도전하는 것으로 유명하다.

구 문
해 설

④ The pianist did not **seem to be doing** anything, but he was actually performing *a piece of music [called 4'33"]*, (which was) composed by John Cage.
  → 「seem + to-v」는 '~인 것 같다'의 의미이다.
  → [ ]는 a piece of music을 수식하는 과거분사구이다.
  → composed 앞에 「주격 관계대명사 + be동사」인 which was가 생략되었는데, 선행사 *4'33"*을 부연 설명하는 계속적 용법이다.

⑦ To some people, **it seemed** (that) something *had gone* wrong.
  → 「it seems (that)」은 '~인 것 같다'의 의미로, 명사절을 이끄는 접속사 that이 생략되었다. it은 가주어, that절이 진주어이다.
  → had gone은 대과거(had + p.p.)로, 잘못된 것(had gone)이 보인 것(seemed)보다 먼저 일어났음을 나타낸다.

⑧ However, others were impressed because they **understood [what** Cage wanted to tell them**]**.
  → what은 선행사를 포함하는 관계대명사로, '~하는 것'의 의미이다. [ ]는 understood의 목적어로 쓰였다.

⑪ By **having the musician play** nothing, he **let them do** so.
  → 「have + 목적어 + 동사원형」은 '~가 …하게 하다', 「let + 목적어 + 동사원형」은 '~가 …하게 놔두다'의 의미이다.
  → do so는 앞 문장의 hear these sounds를 가리킨다.

⑫ Nowadays *4'33"* is famous **for challenging** *the way [*(~~how~~)* people think about music]*.
  → challenging은 전치사 for의 목적어로 쓰인 동명사이다.
  → [ ]는 선행사 the way를 수식하는 관계부사절이다. 선행사 the way와 관계부사 how는 함께 쓸 수 없다.

Review Test

정 답
1 form   **2** preserve   **3** destroy   **4** ⑤   **5** ④   **6** duty   **7** audience   **8** accuracy
9 is capable of   **10** have trouble with

문 제
해 설

[1-3]

보기 | 결성하다   인식하다   파괴하다   지키다, 보호하다

1 '집단이나 조직, 또는 회사를 시작하다'의 의미를 가진 단어는 form(결성하다)이다.

2 '무언가가 (지금) 있는 대로 남아 있도록 확실히 하다'의 의미를 가진 단어는 preserve(지키다, 보호하다)이다.

3 '무언가에 너무 많은 손상을 야기해서 그것이 더 이상 존재하지 않다'의 의미를 가진 단어는 destroy(파괴하다)이다.

4 ⑤는 반의어, 나머지는 '명사 – 형용사' 관계이다.
　① 예술 – 예술적인　　　　② 동향, 추세; 유행 – 최신 유행의　　　③ 문화 – 문화적인
　④ 역사 – 역사적으로 중요한　⑤ 정확하게 – 부정확하게

5 ④는 '동사 – 부사' 관계, 나머지는 '동사 – 명사' 관계이다.
　① 훈련하다 – 훈련　　　　② 바로잡다 – 바로잡기　　　③ 믿다 – 신념
　④ 비롯되다 – 원래, 본래　⑤ 공연[연주]하다 – 공연, 연주

[6-8]

보기 | 임무   가치   정확(도)   청중, 관객

6 그 개의 임무는 시각 장애인을 안내하는 것이다.

7 그 노래는 많은 관객에게 감명을 주었다.

8 어떤 사람들은 그들의 정확도를 향상시키기 위해 계산기를 사용한다.

9 ~를 할 수 있다: be capable of

10 ~에 어려움을 겪다: have trouble with

퍼 즐
1 compose – ⓐ   **2** splash – ⓓ   **3** examine – ⓗ   **4** identify – ⓖ   **5** fisherman – ⓒ
6 architect – ⓑ   **7** whisper – ⓕ   **8** impress – ⓔ

ⓐ 음악 작품을 쓰다 – 작곡하다　　　　　　ⓔ 누군가가 감탄이나 존경을 느끼게 하다 – 감명을 주다
ⓑ 건물을 설계하는 사람 – 건축가　　　　　ⓕ 숨을 이용하여 매우 조용하게 말하는 방식 – 속삭임
ⓒ 직업으로 물고기를 잡는 사람 – 어부　　　ⓖ 누군가를 인식해 그 사람이 누구인지 말하다 – (신원 등을) 확인하다
ⓓ 액체로 누군가 혹은 무언가를 치다　　　　ⓗ 그것에 대해 무언가 발견하기 위해서 무언가를 자세하게 살피다
　 – 후두둑 떨어지다, (액체가) 튀다　　　　　 – 조사하다; 검사하다

본책 • pp. 56~57

정 답 1 ① 2 ② 3 ④ 4 스마트폰이나 착용형 기기를 거듭 충전해야 하는 불편함

문 제
해 설

1 인체에서 수확한 에너지를 전기로 전환하여 사용하는 기술에 관한 글이므로, 제목으로 ① '우리의 인체가 에너지 원천이다'가 가장 알맞다.

② 바람으로부터의 에너지 수확 ③ 스마트 기기로 에너지 아끼기

④ 더 작은 기기가 더 큰 편의를 의미한다 ⑤ 착용형 기기: 스마트폰보다 좋은가?

2 (A) 빈칸 뒤 문장에 이 에너지를 수확해서 전기로 변환한다는 내용이 나오므로, 빈칸에 인체가 에너지를 '만들어 낸다'는 내용이 오는 것이 자연스럽다.

(B) 전기를 '만들어 내기' 위해 호흡을 풍력으로 이용한다는 내용이 되어야 자연스럽다.

① 낭비하다 ② 만들어 내다 ③ 아끼다 ④ 수확하다 ⑤ 충전하다

3 ④ 문장 ⑩에서 우리가 걸을 때 만들어지는 움직임으로부터 에너지를 모으는 매우 작은 기기가 이미 있다고 했다.
①은 문장 ①-②에, ②는 문장 ⑥에, ③은 ⑧-⑨에, ⑤는 문장 ⑫에 언급되어 있다.

4 문장 ①, ③의 내용을 가리킨다.

본 문
직 독
직 해

① Smartphones and wearable devices are very convenient. / ② However, / as they get
스마트폰과 착용형 기기는 매우 편리하다   그러나   그것들이

smaller and thinner, / they are able to hold less electricity. / ③ Constantly recharging them
더 작고 더 얇아짐에 따라   그것들은 더 적은 전력을 담을 수 있다   그것들을 거듭 충전하는 것은

/ takes away a lot of the convenience. / ④ Some scientists think / they have found a solution
많은 편의를 앗아간다   어떤 과학자들은 생각한다   그들이 해결책을 발견했다고

/ to this problem /—the human body. /
이 문제에 대한   바로 인체이다

⑤ Our bodies naturally create energy. / ⑥ If this energy can be harvested / and
우리의 몸은 자연적으로 에너지를 만들어 낸다   이 에너지가 수확될 수 있다면   그리고

converted into electricity, / it can be used / to recharge our devices. / ⑦ In the future, /
전기로 전환될 (수 있다면)   그것은 사용될 수 있다   우리의 기기들을 충전하는 데   미래에는

our clothes might be able to collect energy / from the warmth of our skin. / ⑧ Masks are
우리의 옷이 에너지를 모을 수 있을지 모른다   우리 피부의 온기로부터   마스크는

another possibility. / ⑨ They can use our breath / as a form of wind power / to create
또 다른 가능성이다   그것들은 우리의 호흡을 이용할 수 있다   풍력의 한 형태로   전기를

electricity. / ⑩ There is even a tiny device / that gathers energy / from the movements /
만들어 내기 위해   심지어 매우 작은 기기도 있다   에너지를 모으는   움직임으로부터

we make / as we walk. / ⑪ These devices are not ready for consumers / yet. / ⑫ However, /
우리가 만들어 내는   우리가 걸을 때   이 기기들은 소비자들을 위해 준비되지 않았다   아직   그러나

it is likely / that our breath, warmth, and motion / will be soon recharging our phones. /
~일 것 같다   우리의 호흡과 온기, 움직임이   곧 우리의 전화기를 충전하고 있을

본 문
해 석

　　스마트폰과 착용형 기기는 매우 편리하다. 그러나, 그것들이 더 작고 얇아짐에 따라, 그것들은 더 적은 전력을 담을 수 있다. 그것들을 거듭 충전하는 것은 많은 편의를 앗아간다. 어떤 과학자들은 그들이 이 문제에 대한 해결책을 발견했다고 생각하는데, 바로 인체이다.

　　우리의 몸은 자연적으로 에너지를 만들어 낸다. 이 에너지가 수확되어 전기로 전환될 수 있다면, 그것은 우리의 기기들을 충전하는 데 사용될 수 있다. 미래에는, 우리의 옷이 우리 피부의 온기로부터 에너지를 모을 수 있을지 모른다. 마스크는 또 다른 가능성이다. 그것들은 전기를 만들어 내기 위해 우리의 호흡을 풍력의 한 형태로 이용할 수 있다. 심지어 우리가 걸을 때 만들어 내는 움직임으로부터 에너지를 모으는 매우 작은 기기도 있다. 이 기기들은 아직 소비자들을 위해 준비되지 않았다. 그러나, 우리의 호흡과 온기, 움직임이 곧 우리의 전화기를 충전하고 있을 것 같다.

구 문
해 설

② However, **as** they get smaller and thinner, they are able to hold less electricity.
　➡ as는 '~함에 따라'라는 의미의 접속사이다.

③ [Constantly recharging them] **takes** away a lot of the convenience.
　➡ [ ]는 문장의 주어로 쓰인 동명사구이며, 동명사(구)는 단수 취급하므로 단수 동사 takes가 쓰였다.

⑥ If this energy **can be harvested and converted** into electricity, it can *be used to recharge* our devices.
　➡ harvested와 converted는 접속사 and로 can be에 병렬 연결되어 있다.
　➡ 「be used + to-v」는 '~하는 데 사용되다'의 의미이다.

⑩ There is even **a tiny device** [**that** gathers energy from *the movements* {(which[that]) we make as we walk}].
　➡ [ ]는 선행사 a tiny device를 수식하는 주격 관계대명사절이다.
　➡ { }는 선행사 the movements를 수식하는 목적격 관계대명사절로, 관계대명사 which[that]가 생략되었다.
　➡ as는 '~할 때'라는 의미의 접속사이다.

⑫ However, **it** is likely [**that** our breath, warmth, and motion will be soon recharging our phones].
　→ 「it is likely that」은 '~일 것 같다'의 의미로, it은 가주어이고 [ ]는 진주어이다.

본책 • pp. 58~59

2

정 답　　1 ⑤　　2 ③　　3 ②　　4 감자가 인체와 비슷한 양의 수분과 무기질을 포함하고 있어서

문 제
해 설

1 감자를 이용하여 기내 와이파이 신호를 개선했다는 내용의 글이므로, 제목으로 ⑤ '감자가 당신의 비행기 여행을 개선한 방법'이 가장 적절하다.
　① 비행기에서 와이파이를 이용하는 방법　　　② 와이파이가 신체에 해를 끼치는가?
　③ 감자를 요리하는 최고의 방법　　　④ 와이파이가 비행기 여행을 어떻게 바꿨는가?

2 기내 와이파이 신호 향상 실험에서 감자가 사람 대용으로 적합한 이유를 설명하는 부분이므로, 큰 비행기가 승객을 얼마나 태울 수 있는지에 관한 내용의 (c)는 흐름과 관계없다.

3 감자가 와이파이를 기내에 도입하는 것을 가능하게 한 것이 아니라, 문장 ②, ⑬에서 감자가 기내에서의 와이파이 신

호를 더 강하게 개선하는 방법을 찾는 실험에 사용되었다고 했다.

①은 문장 ①에, ③은 문장 ⑥, ⑫에 ④는 문장 ⑥, ⑨, ⑫에, ⑤는 문장 ⑪에 언급되어 있다.

4 문장 ⑪의 Therefore(그러므로)가 인과 관계를 나타내므로, 앞 문장 ⑩에서 원인에 해당하는 내용을 찾을 수 있다.

① Potatoes are used to make ink, medicine, and beauty products, / as well as food. /
감자는 잉크와 약, 미용 제품을 만드는 데 사용된다　　　　　　　　　　음식뿐만 아니라

② But did you know / that potatoes have also helped improve Wi-Fi signals / on airplanes? /
그런데 당신은 알고 있었는가　감자가 와이파이 신호를 개선하는 것도 도왔다는 것을　　　비행기에서의

③ Many airlines allow passengers to connect to the Internet / through Wi-Fi. /
많은 항공사들은 승객들이 인터넷에 접속할 수 있게 한다　　　　　　와이파이를 통해

④ However, this signal was not always very strong. / ⑤ To improve this technology, /
하지만 이 신호가 항상 매우 강한 것은 아니었다　　　　이 기술을 개선하기 위해

engineers decided to run some tests. / ⑥ They needed a plane / full of passengers / for
기술자들이 몇 가지 실험을 하기로 결정했다　　　그들은 비행기 한 대가 필요했다　승객으로 가득한

several weeks / because the human body absorbs and reflects Wi-Fi signals. / ⑦ Of course,
몇 주 동안　　　　인체가 와이파이 신호를 흡수하고 반사하기 때문에　　　　　　물론

/ people can't sit on a plane / that long. / (⑧ A large airplane can seat over 500 passengers.)
사람들은 비행기에 앉아 있을 수 없다　그렇게 오랫동안　큰 비행기 한 대는 500명 이상의 승객을 태울 수 있다

/ ⑨ But potatoes can! / ⑩ Potatoes contain water and minerals / in amounts / that are
하지만 감자는 할 수 있다　감자는 수분과 무기질을 포함한다　　양으로

similar to the human body. / ⑪ Therefore, / they affect Wi-Fi signals / in the same way / as
인체와 비슷한　　　　그러므로　　그것들은 와이파이 신호에 영향을 미친다　같은 방식으로

a human passenger. / ⑫ So, / the engineers decided to fill / the seats of their plane / with
사람 승객과　　　그래서　그 기술자들은 채우기로 결정했다　그들의 비행기 좌석을

bags of potatoes. / ⑬ Thanks to those patient potatoes, / the engineers discovered ways / to
감자 자루들로　　　그 참을성 있는 감자들 덕분에　　　기술자들은 방법을 발견했다

provide stronger Wi-Fi signals. /
더 강한 와이파이 신호를 제공하는

감자는 음식뿐만 아니라 잉크와 약, 미용 제품을 만드는 데도 사용된다. 그런데 당신은 감자가 비행기에서의 와이파이 신호를 개선하는 것도 도왔다는 것을 알고 있었는가?

많은 항공사들은 승객들이 와이파이를 통해 인터넷에 접속할 수 있게 한다. 하지만, 이 신호가 항상 매우 강한 것은 아니었다. 이 기술을 개선하기 위해, 기술자들이 몇 가지 실험을 하기로 결정했다. 인체가 와이파이 신호를 흡수하고 반사하기 때문에 그들은 승객으로 가득한 비행기 한 대가 몇 주 동안 필요했다. 물론, 사람들은 그렇게 오랫동안 비행기에 앉아 있을 수 없다. (큰 비행기 한 대는 500명 이상의 승객을 태울 수 있다.) 하지만 감자는 할 수 있다! 감자는 인체와 비슷한 양의 수분과 무기질을 포함한다. 그러므로, 그것들은 사람 승객과 같은 방식으로 와이파이 신호에 영향을 미친다. 그래서, 그 기술자들은 그들의 비행기 좌석을 감자 자루들로 채우기로 결정했다. 그 참을성 있는 감자들 덕분에, 기술자들은 더 강한 와이파이 신호를 제공하는 방법을 발견했다.

구 문
해 설

② But did you **know** [**that** potatoes *have* also *helped* improve Wi-Fi signals on airplanes]?

→ that은 명사절을 이끄는 접속사로, [ ]는 동사 know의 목적어로 쓰였다.

→ have helped는 '도왔다'의 의미로 〈결과〉를 나타내는 현재완료(have[has] + p.p.)이다.

④ However, this signal was **not always** very strong.

→ not always는 '항상 ~인 것은 아니다'의 의미이다.

⑥ They needed **a plane** [full of passengers] for several weeks because the human body absorbs and reflects Wi-Fi signals.

→ [ ]는 a plane을 수식하는 형용사구이다.

⑩ Potatoes contain water and minerals in **amounts** [**that** are similar to the human body].

→ [ ]는 선행사 amounts를 수식하는 주격 관계대명사절이다.

⑬ Thanks to those patient potatoes, the engineers discovered ways **to provide** stronger Wi-Fi signals.

→ to provide는 ways를 수식하는 형용사적 용법의 to부정사이다.

본책 ● pp. 60~61

정 답 **1** ② **2** ② **3** (무게중심이 기저면 위에 있을 때에만 균형이 유지되는데) 남자아이들이 무릎을 꿇고 앞으로 숙이게 되면, 무게중심이 기저면 위에 있지 않게 되므로 **4** (1) keep (2) same (3) different (4) lose

문 제
해 설

1 동일한 기저면을 가진 상태에서 몸을 앞으로 숙였을 때 여자아이들만 넘어지지 않은 이유는 여자아이들은 기저면 위에 무게중심이 있고, 남자아이들의 무게중심은 기저면을 벗어나기 때문으로, 이 실험은 무게중심이 사람마다 다를 수 있다는 것을 증명한다고 볼 수 있다.

2 빈칸 앞에서 여자아이들과 남자아이들의 기저면은 같지만 무게중심이 다르다고 언급하고, 그에 따른 결과(그들의 무게중심이 기저면 위에 있는지 여부)를 빈칸이 있는 문장에서 설명하므로, 빈칸에는 ② Therefore(그러므로)가 가장 알맞다.
① 게다가 ③ 예를 들어 ④ 다시 말해서 ⑤ 그렇지 않으면

3 문장 ⑦, ⑪-⑫에 언급되어 있다.

4

보기	같은	잃다	다른	(몸을) 숙이다	유지하다

과학적 사실	균형을 (1) 유지하기 위해서, 무게중심은 기저면 위에 있어야 한다.
실험에서 발견된 것	남자아이들이 무릎을 꿇고 (몸을) 앞으로 숙일 때, 그들의 기저면과 여자아이들의 것은 (2) 같지만, 그들의 무게중심은 (3) 다르다.
결과	대부분의 여자아이들은 (몸을) 앞으로 숙일 수 있지만, 대부분의 남자아이들은 균형을 (4) 잃고 넘어진다.

정답 및 해설 **39**

① Here is an interesting experiment. / ② First, / kneel down on the floor / and place
여기 한 재미있는 실험이 있다　　　우선　　바닥에 무릎을 꿇고 앉아라　　그리고

an empty plastic cup / about 20 centimeters in front of your knees. / ③ Then / put your
빈 플라스틱 컵 하나를 놓아라　당신의 무릎에서 약 20cm 앞에　　　　　　그리고 나서　　당신의

hands behind your back. / ④ Now / lean forward / and try to knock the cup over / with
양손을 등 뒤에 두어라　　　이제　(몸을) 앞으로 숙여라　그리고 컵을 쓰러뜨리도록 노력해라

your nose. / ⑤ Most girls can do this, / but boys usually lose their balance / and fall over. /
당신의 코로　　대부분의 여자아이들은 이것을 할 수 있다　하지만 남자아이들은 보통 균형을 잃는다　그리고 넘어진다

⑥ Why is this? /
이것은 왜일까

⑦ Your balance can be kept / when your center of gravity (COG) is / over your base
균형은 유지될 수 있다　　　당신의 무게중심이 있을 때　　　　기저면 위에

of support (BOS). / ⑧ In this experiment, / the BOS of both girls and boys / is the same /
　　　　　이 실험에서　　　여자아이들과 남자아이들 모두의 기저면은　동일하다

—from their knees to the tips of their toes. / ⑨ However, / they have different COGs. /
그들의 무릎에서 그들의 발가락 끝까지로　　　　하지만　　그들은 다른 무게중심을 가진다

⑩ In general, / most girls have a low COG, / near their hips. / ⑪ Boys, / on the other hand,
일반적으로　대부분의 여자아이들은 낮은 무게중심을 가진다　엉덩이 가까이에　남자아이들은　반면에

/ have a high COG, / up around their shoulders. / ⑫ Therefore, / when a girl leans forward
높은 무게중심을 가진다　어깨 주위에　　　　그러므로　　여자아이가 (몸을) 앞으로 숙일 때

/ on her knees, / her COG stays over her BOS, / while a boy's does not. /
무릎을 꿇고　그녀의 무게중심은 기저면 위에 머무른다　남자아이의 것은 그렇지 않은 반면

여기 한 재미있는 실험이 있다. 우선, 바닥에 무릎을 꿇고 앉아 빈 플라스틱 컵 하나를 당신의 무릎에서 약 20cm
앞에 놓아라. 그리고 나서 당신의 양손을 등 뒤에 두어라. 이제 (몸을) 앞으로 숙이고 당신의 코로 컵을 쓰러뜨리도록 노
력해라. 대부분의 여자아이들은 이것을 할 수 있지만, 남자아이들은 보통 균형을 잃고 넘어진다. 이것은 왜일까?

균형은 당신의 무게중심이 기저면 위에 있을 때 유지될 수 있다. 이 실험에서, 여자아이들과 남자아이들 모두의 기
저면은 그들의 무릎에서 그들의 발가락 끝까지로 동일하다. 하지만, 그들은 다른 무게중심을 가진다. 일반적으로, 대부분
의 여자아이들은 엉덩이 가까이에 낮은 무게중심을 가진다. 반면에, 남자아이들은 어깨 주위에 높은 무게중심을 가진다.
그러므로, 여자아이가 무릎을 꿇고 (몸을) 앞으로 숙일 때, 남자아이의 것(무게중심)은 그렇지 않은 반면, 그녀의 무게중
심은 기저면 위에 머무른다.

① **Here is an interesting experiment**.
→ 부사 Here가 문장 맨 앞에 위치해서 주어(an interesting experiment)와 동사(is)가 도치되었다.

⑬ Therefore, when a girl leans forward on her knees, her COG stays over her BOS, **while** a
boy's (COG) does not (stay over his BOS when he leans forward on his knees).
→ while은 '~한 반면에'의 의미로, 주절과의 대조를 나타내는 접속사이다.
→ 반복을 피하기 위해 boy's 뒤에 COG가, not 뒤에 stay over his BOS when he leans forward on
his knees가 생략되었다.

4

정 답 1 ③   2 ④   3 the Internet of Things (IoT)   4 linked / share / learn

문 제
해 설

1 사물 인터넷과 인공지능이 적용된 스마트 기기가 우리의 삶을 바꿀 수 있다는 내용이므로, 제목으로는 ③ '기술을 연결하여 세상을 바꾸다'가 가장 알맞다.

[문제] 글의 제목으로 가장 알맞은 것은?

① 사물 인터넷 개선하기   ② 인공지능의 기원

④ 스마트 기기가 삶을 더 편하게 만드는가 어렵게 만드는가?   ⑤ 인터넷: 더 이상 우리 삶의 큰 부분이 아니다

2 ④ 누가 인공지능을 발명했는지에 대한 언급은 없다.

①은 문장 ⑥에서 스마트 기기라고 했고, ②는 문장 ⑦에서 인터넷에 연결되어 서로 정보를 주고 받는 네트워크라고 했고, ③은 문장 ⑧에서 과거 경험에서 배워 논리에 기반하여 결정한다고 했고, ⑤는 문장 ⑨-⑩에서 삶의 방식을 바꾸고 가정과 사무실, 인간이 모두 한 거대 네트워크의 일부가 될지도 모른다고 했다.

[문제] 글에 근거하여 답할 수 <u>없는</u> 것은?

① 무엇이 사물 인터넷에 연결되는가?   ② 사물 인터넷이란 무엇인가?

③ 인공지능은 어떻게 작동하는가?   ④ 누가 인공지능을 발명했는가?

⑤ 사물 인터넷이 우리의 삶에 어떻게 영향을 끼칠 것인가?

3 문장 ⑦에 언급되어 있다.

[문제] 글의 밑줄 친 this network가 가리키는 것은 무엇인가? 영어로 쓰시오.

4 [문제] 다음 빈칸에 알맞은 단어를 글에서 찾아 쓰시오.

> 점점 더 많은 기기들이 사물 인터넷에 <u>연결</u>되어 서로 정보를 <u>공유</u>할 것이기 때문에, 그리고 인공지능이 스스로 <u>학습</u>하고 결정할 수 있기 때문에, 사물 인터넷과 인공지능은 우리의 삶을 바꿀 것이다.

본 문
직 독
직 해

A: ① Is there any milk / in the refrigerator? /
　　우유가 있는가　　　냉장고 안에

B: ② Yes, / there is half a bottle. / ③ Do you want me to order more? /
　　네　　반병이 있어요　　　　　제가 더 주문하기를 원하세요?

④ Although this may sound like a typical conversation / between two people, /
이것은 일반적인 대화처럼 들릴지도 모르지만　　　　　　　　　두 사람간의

speaker B is actually a smart device. / ⑤ These days, / many common household devices can
화자 B는 사실 스마트 기기이다　　　　　　요즘　　　많은 일반적인 가정용 기기들은 이해할 수 있다

understand / spoken commands / and respond to them. / ⑥ Moreover, / these smart devices
　　　　　구두 명령을　　　　그리고 그것에 응답할 수 있다　　게다가　　이 스마트 기기들은 모두

are all linked / to a bigger system / known as the Internet of Things (IoT). / ⑦ The IoT is a
연결되어 있다　　더 큰 시스템에　　　사물 인터넷(IoT)이라고 알려진　　　　　　사물 인터넷은

network / that allows devices to connect to the Internet / and share data with one another.
네트워크이다　기기들이 인터넷에 연결되게 하는　　　　　　　그리고 서로와 정보를 공유하게 하는

/ ⑧ This network can even include artificial intelligence (AI), / which has the ability /
　이 네트워크는 심지어 인공지능(AI)을 포함할 수 있다　　　　　　　그리고 그것은 능력을 갖고 있다

to learn from past experiences / and make decisions / based on logic. / ⑨ As more and
과거의 경험으로부터 학습하는　　　그리고 결정하는　　　논리에 근거하여　　점점 더 많은

more devices / become part of this network, / it will gradually change / the way we live. /
기기들이　　　이 네트워크의 일부가 됨에 따라　　　그것은 점차 변화시킬 것이다　　　우리가 생활하는 방식을

⑩ Someday, / homes, offices and even people all across the world / may be part of a single
언젠가　　　전 세계의 가정과 사무실, 심지어 사람들까지도　　　하나의 거대한 네트워크의

giant network. /
일부가 될지도 모른다

본문
해석

A: 냉장고 안에 우유 있니?

B: 네, 반병이 있어요. 제가 더 주문하기를 원하세요?

이것은 두 사람간의 일반적인 대화처럼 들릴지도 모르지만, 화자 B는 사실 스마트 기기이다. 요즘, 많은 일반적인 가정용 기기들은 구두 명령을 이해하고 그것에 응답할 수 있다. 게다가, 이 스마트 기기들은 모두 사물 인터넷(IoT)이라고 알려진 더 큰 시스템에 연결되어 있다. 사물 인터넷은 기기들이 인터넷에 연결되어 서로와 정보를 공유하게 하는 네트워크이다. 이 네트워크는 심지어 인공지능(AI)을 포함할 수도 있는데, 그것은 과거의 경험으로부터 학습하고 논리에 근거하여 결정하는 능력을 갖고 있다. 점점 더 많은 기기들이 이 네트워크의 일부가 됨에 따라, 그것은 점차 우리가 생활하는 방식을 변화시킬 것이다. 언젠가, 전 세계의 가정과 사무실, 심지어 사람들까지도 하나의 거대한 네트워크의 일부가 될지도 모른다.

구문
해설

⑥ Moreover, these smart devices are all linked to **a bigger system** [*known as* the Internet of Things (IoT)].
→ [ ]는 a bigger system을 수식하는 과거분사구이다.
→ known as는 '~로 알려진'의 의미이다.

⑦ The IoT is **a network [that** *allows devices to connect* to the Internet and *(to) share* data with one another].
→ [ ]는 선행사 a network를 수식하는 주격 관계대명사절이다.
→ 「allow + 목적어 + to-v」는 '~가 …하도록 (허락)하다'의 의미이다.
→ to connect와 share는 and로 연결된 병렬 구조로, share 앞에 to가 생략되었다.

⑧ This network can even include **artificial intelligence (AI), which** has the ability *to learn* from past experiences *and (to) make* decisions based on logic.
→ 「, which」는 선행사 artificial intelligence (AI)를 부연 설명하는 계속적 용법의 주격 관계대명사로, '그리고 그것은'의 의미이다.
→ to learn과 make는 and로 연결된 병렬 구조로, make 앞에 to가 생략되었다. 각각 '학습하는', '(결정을) 만드는'의 의미로 the ability를 수식하는 형용사적 용법의 to부정사이다.

⑨ **As** *more and more* devices become part of this network, it will gradually change the way [(~~how~~) we live].
→ As는 '~함에 따라'의 의미인 접속사이다.
→ 「비교급 + and + 비교급」은 '점점 더 ~한'의 의미로, 여기서 more는 many의 비교급이다.
→ [ ]는 선행사 the way를 수식하는 관계부사절이다. 선행사 the way와 관계부사 how는 함께 쓸 수 없다.

Review Test

정 답 **1** ⓑ   **2** ⓒ   **3** ⓐ   **4** possibility   **5** convenient   **6** reflect   **7** lean   **8** respond
9 fell over   **10** take away

문 제 해 설

1 harm(해를 끼치다) – ⓑ 무언가를 손상시키거나 그것이 제대로 작동하는 것을 막다

2 discover(발견하다) – ⓒ 어떤 사람이 전에 알지 못했던 무언가를 알게 되다

3 provide(제공하다) – ⓐ 누군가에게 무언가를 주다

4-5 warm(따뜻한)과 warmth(온기)는 형용사와 명사의 관계이므로, possible(가능한)의 명사형인 possibility (가능성)가, convenience(편의, 편리)의 형용사형인 convenient(편리한)가 알맞다.

[6-8]

> **보기** | (몸을) 숙이다   반사하다   대답하다   개선하다, 향상시키다

6 연한 색이 어두운색보다 더 많은 빛을 <u>반사한다</u>.

7 나는 한 여자가 창문 밖으로 몸을 숙이는 것을 보았다.

8 Kate는 어떤 내 질문에도 <u>대답하지</u> 않았다.

9 엎어지다, 넘어지다: **fall over**

10 제거하다[치우다]: **take away**

퍼 즐 **1** decision   **2** gather   **3** link   **4** knock   **5** empty   **6** balance   **7** patient   **8** experiment
9 harvest   **10** similar

1 결정하기 전에 재고해라.

2 우리는 불을 위해 마른 나뭇가지를 <u>모아야</u> 한다.

3 그 다리는 그 섬을 도시에 <u>연결할</u> 것이다.

4 꽃병을 <u>쓰러뜨리지</u> 않도록 조심해라.

5 <u>비어 있는</u> 방이 더 크게 느껴진다.

6 나는 자전거를 탈 때 <u>균형</u>을 유지할 수 없다.

7 나는 초조했지만 차분함을 유지하고 <u>참을성</u> 있게 있으려고 노력했다.

8 과학자들은 그 기계를 테스트하기 위해 한 중요한 <u>실험</u>을 했다.

9 그 농부는 다음 주에 농작물을 <u>수확할</u> 것이다.

10 나는 이것과 <u>비슷하지만</u> 더 싼 스커트를 찾고 있다.

1

정 답   1 ③   2 ④   3 ④   4 basic principle / white / often

문 제
해 설

1 ⓒ는 무지개를 가리키는 반면에 나머지는 달무지개를 가리킨다.

2 ④ 문장 ⑧에서 비가 온 직후나 폭포, 바다 근처 등 공기 중 충분한 수분이 있을 때에도 볼 수 있다고 했다.
①은 문장 ③-④에, ②는 문장 ⑤에, ③은 문장 ⑥에, ⑤는 문장 ⑫-⑬에 언급되어 있다.
① 달에 의해 만들어지는 무지개는 '달무지개'라고 불린다.
② 달무지개는 무지개와 비슷한 방식으로 만들어진다.
③ 달무지개는 사람의 눈에 무지개와는 다르게 보인다.
④ 달무지개를 보기 위해서는 비가 오고 있어야 한다.
⑤ 달무지개를 볼 가능성이 드물다.

3 ④ 기온에 대한 언급은 없다. ①은 문장 ⑧에, ②는 문장 ⑨에, ③은 문장 ⑩에, ⑤는 문장 ⑪에 언급되어 있다.

4 문장 ⑤-⑥, ⑫-⑬에 언급되어 있다.

> 달무지개는 달빛에 의해 만들어지는 무지개이다. 그것들의 기본 법칙은 보통의 무지개와 같지만, 우리가 그것들을 볼 때, 그것들은 하얀색으로 보인다. 안타깝게도, 그것들이 나타나기 위해서는 특정한 조건들을 필요로 하기 때문에 우리는 그것들을 자주 볼 수 없다.

본 문
직 독
직 해

① A rainbow in a bright blue sky / is a beautiful sight. / ② But / did you know / there
밝고 푸른 하늘에 있는 무지개는   아름다운 광경이다   그런데   당신은 알고 있었는가   또한

are also rainbows / at night? / ③ Just as sunlight produces rainbows, / moonlight produces
무지개가 있다는 것을   밤에   마치 햇빛이 무지개를 만들어 내는 것처럼   달빛은 무지개를 만들어 낸다

rainbows, / too. / ④ These lunar rainbows / are known as "moonbows." / ⑤ The basic
또한   이 달의 무지개는   '달무지개'로 알려져 있다   달무지개의

principle of a moonbow / is just like / that of a rainbow. / ⑥ However, / because moonlight
기본 법칙은   똑같다   무지개의 그것과   하지만   달빛이 햇빛보다

is weaker than sunlight, / moonbows look white / instead of colored / to human eyes. /
더 약하기 때문에   달무지개는 하얀색으로 보인다   유채색 대신   사람의 눈에

⑦ So / when can we see a moonbow? / ⑧ First, / the air needs to have / enough
그러면   우리는 언제 달무지개를 볼 수 있을까   첫째   공기가 가지고 있을 필요가 있다   그 안에

moisture in it, / like when or right after it rains, / or when you are near a waterfall or a sea.
충분한 수분을   비가 올 때나 온 직후와 같이   또는 당신이 폭포나 바다 근처에 있을 때(와 같이)

/ ⑨ Second, / there must be a bright moon / which is low / and almost full. / ⑩ Also, / a
둘째   밝은 달이 있어야 한다   낮게 떠 있는   그리고 거의 보름달에 가까운   또한

dark sky is necessary. / ⑪ Finally, / the moon must be behind the viewer. / ⑫ Because of all
어두운 하늘이 필요하다   마지막으로   달은 보는 사람 뒤에 있어야 한다   이 모든 요건들

these requirements, / moonbows are much less common / than rainbows. / ⑬ That is why /
때문에   달무지개는 훨씬 덜 흔하다   무지개보다   그것이 ~인 이유이다

we do not see them often. /
우리가 그것들을 자주 보지 못하는

본 문
해 석

밝고 푸른 하늘에 있는 무지개는 아름다운 광경이다. 그런데 당신은 밤에도 무지개가 있다는 것을 알고 있었는가? 마치 햇빛이 무지개를 만들어 내는 것처럼, 달빛 또한 무지개를 만들어 낸다. 이 달의 무지개는 '달무지개'로 알려져 있다. 달무지개의 기본 법칙은 무지개의 그것과 똑같다. 하지만, 달빛은 햇빛보다 더 약하기 때문에, 달무지개는 사람의 눈에 유채색 대신 하얀색으로 보인다.

그러면 우리는 언제 달무지개를 볼 수 있을까? 첫째, 비가 올 때나 온 직후, 또는 당신이 폭포나 바다 근처에 있을 때와 같이, 공기가 그 안에 충분한 수분을 가지고 있을 필요가 있다. 둘째, 낮게 떠 있고 거의 보름달에 가까운 밝은 달이 있어야 한다. 또한, 어두운 하늘이 필요하다. 마지막으로, 달은 보는 사람 뒤에 있어야 한다. 이 모든 요건들 때문에, 달무지개는 무지개보다 훨씬 덜 흔하다. 그것이 우리가 그것들을 자주 보지 못하는 이유이다.

구 문
해 설

② But did you **know** [(that) there are also rainbows at night]?
  → [ ]는 동사 know의 목적어로 쓰인 명사절로, 접속사 that이 생략되었다.

⑤ The basic principle of a moonbow is just like **that** of a rainbow.
  → that은 the basic principle의 반복을 피하기 위해 사용된 대명사이다.

⑨ Second, there must be **a bright moon** [which is low and almost full].
  → [ ]는 선행사 a bright moon을 수식하는 주격 관계대명사절이다.

⑫ Because of all these requirements, moonbows are **much** *less common than* rainbows.
  → much는 '훨씬'의 의미로 비교급을 강조하는 부사이다. even, still, far, a lot 등으로 바꿔 쓸 수 있다.
  → 「less + 형용사의 원급 + than」은 '~보다 덜 …한'의 의미이다.

본책 ● pp. 70~71

2

정 답 **1** ⑤   **2** ⑤   **3** (1) T (2) F   **4** escaping / protect / tourist attraction

문 제
해 설

1 투르크메니스탄 사막 지역의 한 구덩이에서 유독 가스가 새어 나왔고, 40년 이상이 지난 지금까지도 불타고 있다는 내용이므로, 제목으로 ⑤ '수십 년간 불타고 있는 큰 구덩이'가 가장 알맞다.
  ① 천연가스를 얻기 위한 노력   ② 큰 화재로 인한 피해
  ③ 유독 가스로 가득한 사막   ④ 다르바자: 끝없이 어두운 동굴

2 ⑤ 문장 ⑨-⑩에서 타기 시작한 지 40년이 넘었다고 했고 불이 언제 멈출지는 아무도 모른다고 했다.
  ①은 문장 ①에, ②는 문장 ③에, ③은 문장 ④에, ④는 문장 ⑤에 언급되어 있다.

3 (1) 문장 ⑧-⑨에서 과학자들은 며칠 만에 가스가 다 타버릴 것으로 예상했으나 현재까지도 불타고 있다고 했다.
  (2) 방문 금지에 관한 언급은 없으며, 문장 ⑪에서 지옥으로 가는 문이 다 타버리기 전에 방문할 수 있을 것이라고 했다.
  (1) 과학자들은 그 구덩이가 얼마나 오래 불탈지 예측하는 데 실패했다.
  (2) 지옥으로 가는 문에 방문하는 것은 곧 허락되지 않을 것이다.

4 문장 ③과 ⑥-⑨에 언급되어 있다.

> 유독 가스가 한 거대 구덩이로부터 <u>새어 나오기</u> 시작했기 때문에, 과학자들은 그 가스를 태워버림으로써 그 지역을 <u>보호하기로</u> 결정했다. 실제로, 그 가스는 다 타지 않았지만, 그것은 유명한 <u>관광 명소</u>의 시작이었다.

① Imagine a burning hole / that is about 70 meters wide / and 30 meters deep!
불타오르는 구덩이를 상상해 보라　　너비가 약 70m인　　　　　그리고 깊이가 30m인

② Is it the door to hell? / ③ Actually, / it is called / the "door to hell," / but / it's just a famous
그것은 지옥으로 가는 문일까?　　실제로,　　그것은 불린다　'지옥으로 가는 문'이라고　그러나　그것은 그저 유명한

tourist attraction / in Darvaza, / a village in Turkmenistan's Karakum Desert. /
관광 명소이다　　다르바자에 있는　투르크메니스탄의 카라쿰 사막에 있는 마을인

④ In 1971, / scientists started digging / for natural gas / in this area. / ⑤ However, /
1971년에　과학자들은 땅을 파기 시작했다　천연가스를 찾아　이 지역에서　　그러나

the ground around the site / soon collapsed, / creating a huge hole. / ⑥ Then / poisonous
그 장소 주변의 땅이　　　　곧 무너졌다　　그리고 거대한 구덩이를 생성했다　그리고 나서　유독

gas began escaping / through the hole. / ⑦ In order to protect people in the area, / the
가스가 새어 나오기 시작했다　그 구덩이를 통해　　그 지역의 사람들을 보호하기 위해

scientists decided to burn off the gas. / ⑧ They thought / that it would take only a few days.
과학자들은 그 가스를 태워 없애기로 결정했다　　그들은 생각했다　그것이 단 며칠만 걸릴 것이라고

/ ⑨ Even more than 40 years later, / however / the hole is still burning. / ⑩ No one knows
심지어 40년 이상이 지난 후에도　　하지만　그 구덩이는 여전히 불타고 있다　아무도 알지 못한다

/ when this huge fire will stop. / ⑪ Maybe you can visit the door to hell / before it stops
언제 이 거대한 불길이 멈출 것인지　아마 당신은 지옥으로 가는 문을 방문할 수 있을 것이다　그것이 불타는

burning. /
것을 멈추기 전에

너비가 약 70m이고 깊이가 30m인 불타오르는 구덩이를 상상해 보라! 그것은 지옥으로 가는 문일까? 실제로, 그것은 '지옥으로 가는 문'이라고 불리지만, 그것은 투르크메니스탄의 카라쿰 사막에 있는 마을인 다르바자에 있는 그저 한 유명한 관광 명소이다.

1971년에, 과학자들은 이 지역에서 천연가스를 찾아 땅을 파기 시작했다. 그러나, 곧 그 장소 주변의 땅이 무너졌고 한 거대한 구덩이를 생성했다. 그러고 나서 그 구덩이를 통해 유독 가스가 새어 나오기 시작했다. 그 지역의 사람들을 보호하기 위해, 과학자들은 그 가스를 태워 없애기로 결정했다. 그들은 그것이 단 며칠만 걸릴 것이라고 생각했다. 하지만, 심지어 40년 이상이 지난 후에도, 그 구덩이는 여전히 불타고 있다. 언제 이 거대한 불길이 멈출 것인지 아무도 알지 못한다. 아마 당신은 그것이 불타는 것을 멈추기 전에 지옥으로 가는 문을 방문할 수 있을 것이다.

① Imagine **a burning hole [that** is about 70 meters wide and 30 meters deep]!
➡ [ ]는 a burning hole을 수식하는 주격 관계대명사절이다.

② Actually, it is called the "door to hell," but it's just a famous tourist attraction in **Darvaza, a village in Turkmenistan's Karakum Desert**.
➡ Darvaza와 a village in Turkmenistan's Karakum Desert는 동격 관계이다.

⑤ However, the ground around the site soon collapsed, **creating** a huge hole.

➡ creating은 '생성하면서'의 의미로 〈연속동작〉을 나타내는 분사구문이다.

⑦ **In order to protect** people in the area, the scientists *decided to burn off* the gas.

➡ 「in order + to-v」는 '~하기 위해'의 의미이다.

➡ 「decide + to-v」는 '~하기로 결정[결심]하다'의 의미이다.

⑩ No one **knows** [when this huge fire will stop].

➡ [ ]는 「의문사 + 주어 + 동사」 어순의 간접의문문으로, 동사 knows의 목적어로 쓰였다.

3

본책 ● pp. 72~73

정 답　1 ①　2 ①　3 (1) F (2) F　4 8개월 / 하와이의 한 화산 / 6명 / 화성 여행을 견뎌 낼 알맞은 성격의 사람을 선택하는 데 도움이 될 것

문 제
해 설

1 화성에 사는 것의 영향을 연구하기 위해 하와이에서 8개월간 체류하는 NASA 연구에 관한 글이므로, 제목으로 ① '화성으로의 연습 여행'이 가장 적절하다.

② 하와이의 NASA 사무소　　③ 새로운 우주 테마파크

④ 우주 비행사들이 휴가를 받다　⑤ 우주 비행을 위한 기술

2 빈칸 뒤에 참가자들의 기분과 목소리에 대한 정보 수집 등이 언급되고, 마지막 문장에 그들이 수집한 정보가 화성 여행에 알맞은 성격의 사람을 고르는 데 도움이 될 수도 있다고 했으므로, 빈칸에는 ① '정신적인'이 가장 적절하다.

② 장기간의　③ 금전적인　④ 육체적인　⑤ 환경의

3 (1) 문장 ③에서 외출할 때 우주복을 입어야 했다고 했다.

(2) 문장 ⑧에서 해변에 있는 것 같이 해 주는 가상 현실 장치를 이용할 수 있다고 했다.

4 시행 기간과 지역, 참여 인원은 문장 ①에, 수집 정보의 용도는 문장 ⑩에 언급되어 있다.

본 문
직 독
직 해

① For eight months, / six people lived by themselves / on a Hawaiian volcano. /
8개월 동안　　6명의 사람들이 그들끼리만 살았다　　하와이의 한 화산에서

② When they communicated with others, / there was a 20-minute delay / in sending and
그들이 다른 사람들과 연락을 주고받을 때　　20분의 지연이 있었다　　메시지를 주고받는 데

receiving messages. / ③ They stayed indoors most of the time; / if they went out, / they had
그들은 대부분의 시간을 실내에 머물렀다　　만약 그들이 외출했다면　그들은

to wear a spacesuit. /
우주복을 착용해야 했다

④ Their behavior may sound strange, / but they were actually a part of a NASA study.
그들의 행동이 이상하게 들릴지 모른다　　하지만 그들은 사실 한 NASA 연구의 일부였다

/ ⑤ Its goal was to learn / about the mental effects / of living on Mars. / ⑥ Everything they
그것의 목적은 알아내는 것이었다　정신적인 영향에 대해　화성에 사는 것의　그들이 한 모든 것들이

did / was closely observed. / ⑦ They wore special sensors / that detected their moods,
면밀하게 관찰되었다　　그들은 특수 센서를 착용했다　　그들의 기분을 감지하는

and their voice levels were recorded. / ⑧ They could even use virtual reality devices / to
그리고 그들의 목소리 크기는 기록되었다　　　　　　그들은 심지어 가상 현실 장치를 이용할 수 있었다

pretend to be alone on a beach / because being with each other all the time wasn't easy. /
홀로 해변에 있는 것처럼 하기 위해　　　항상 서로와 함께 있는 것은 쉽지 않았기 때문에

⑨ NASA hopes / that the information gathered from this project / will be useful. /
NASA는 바란다　　이 프로젝트에서 모인 정보가　　　　　　유용하기를

⑩ It could help NASA choose / people with the right personality / to survive a trip to Mars! /
그것은 NASA가 선택하도록 도울 수도 있다　알맞은 성격의 사람을　　　화성 여행을 견뎌 낼

본 문
해 석

8개월 동안, 6명의 사람들이 하와이의 한 화산에서 그들끼리만 살았다. 그들이 다른 사람들과 연락을 주고받을 때, 메시지를 주고받는 데 20분이 지연되었다. 그들은 대부분의 시간을 실내에 머물렀는데, 만약 그들이 외출했다면 우주복을 착용해야 했다.

그들의 행동이 이상하게 들릴지 모르지만, 그들은 사실 한 NASA 연구의 일부였다. 그것의 목적은 화성에 사는 것의 정신적인 영향에 대해 알아내는 것이었다. 그들이 한 모든 것들이 면밀하게 관찰되었다. 그들은 기분을 감지하는 특수 센서를 착용했고, 그들의 목소리 크기는 기록되었다. 항상 서로와 함께 있는 것은 쉽지 않았기 때문에 그들은 심지어 홀로 해변에 있는 것처럼 하기 위해 가상 현실 장치를 이용할 수도 있었다.

NASA는 이 프로젝트에서 모인 정보가 유용하길 바란다. 그것은 NASA가 화성 여행을 견뎌 낼 알맞은 성격의 사람을 선택하도록 도울 수도 있다!

구 문
해 설

⑤ Its goal was **to learn** about the mental effects of living on Mars.
➔ to learn은 '알아내는 것'의 의미로, 보어로 쓰인 명사적 용법의 to부정사이다.
⑥ **Everything** [(that) they did] *was* closely observed.
➔ [ ]는 선행사 Everything을 수식하는 관계대명사절로, 목적격 관계대명사 that이 생략되었다.
➔ every-로 시작하는 (대)명사는 단수 취급하므로 단수 동사 was가 쓰였다.
⑦ They wore **special sensors [that** detected their moods], and their voice levels were recorded.
➔ [ ]는 선행사 special sensors를 수식하는 주격 관계대명사절이다.
⑧ They could even use virtual reality devices **to pretend** to be alone on a beach because [*being* with each other all the time] wasn't easy.
➔ to pretend는 '~인 것처럼 하기 위해'의 의미로, 〈목적〉을 나타내는 부사적 용법의 to부정사이다.
➔ [ ]는 부사절의 주어로 쓰인 동명사구이다.

본책 • pp. 74~75

4

정 답　1 ④　2 ⑤　3 ⑤　4 form / information / settle

문 제
해 설

1 화산섬 Surtsey가 만들어진 과정과 그것이 지닌 과학적 가치에 관한 글이므로, 주제로 ④ 'Surtsey가 어떻게 만들어졌고 그것이 왜 중요한가'가 가장 알맞다.

[문제] 글의 주제로 가장 알맞은 것은?

① 새로운 땅이 어떻게 형성되는가   ② 무엇이 화산 활동을 야기하는가

③ 무엇이 Surtsey를 과학 연구의 장소로 만드는가   ⑤ Surtsey는 왜 세계에서 가장 유명한 섬인가

2 한 어부가 화산 활동을 처음 보았다는 내용의 (C) 다음에, 그가 본 화산 활동을 설명하는 내용의 (B), 그것의 결과를 보여 주는 내용의 (A)로 이어지는 것이 알맞다. (A)의 This는 (B)의 hot lava coming up to the surface of the water를 가리킨다.

[문제] 문장 (A)~(C)의 가장 알맞은 순서는?

3 ⑤ '그것에 사는 동물과 식물'에 관한 언급은 없다.

①은 문장 ③에서 아이슬란드 근처라고 했고, ②는 문장 ④-⑦을 통해 용암이 바닷속에서 3년간 수면으로 솟아 나와 섬을 형성했음을 알 수 있고, ③은 문장 ⑦에서 2.7km²라고 했고, ④는 문장 ⑧에서 북유럽 신화 속 불의 신인 Surtr의 이름을 따서 이름 지어졌다고 했다.

[문제] 글에서 Surtsey에 관해 언급되지 <u>않은</u> 것은?

① 그것의 위치   ② 그것의 형성 과정   ③ 그것의 크기   ④ 그 이름의 유래

4 [문제] 다음 빈칸에 알맞은 단어를 글에서 찾아 쓰시오.

> Surtsey를 연구함으로써, 과학자들은 섬이 형성되고 발달하는 방법에 관해 배워 왔다. 게다가, 그들은 다른 곳으로부터 온 생물들이 어떻게 새로운 곳에 <u>정착하는지</u>에 관한 <u>정보</u>를 얻을 수 있었다.

본 문
직 독
직 해

① Did you know / Earth is still developing? / ② Every day, / earthquakes and
당신은 알고 있었는가   지구가 여전히 발달하고 있다는 것을   매일   지진과 화산이

volcanoes / are creating new land / or changing the existing landscape. / ③ One example is
     새로운 땅을 만들고 있다   혹은 기존의 풍경을 바꾸고 있다   한 가지 예는

Surtsey, / a volcanic island near Iceland. /
Surtsey이다   아이슬란드 근처의 화산섬인

⑥ A fisherman first saw / volcanic activity there / on November 14, 1963. / ⑤ He saw
한 어부가 처음 보았다   그곳에서의 화산 활동을   1963년 11월 14일에   그는

hot lava coming up / to the surface of the water. / ④ This formed a small island / in the
뜨거운 용암이 솟아 나오고 있는 것을 보았다   수면으로   이것은 작은 섬을 형성했다   바다에

sea. / ⑦ The eruption lasted / for more than three years, / and the island grew / to a size of
    그 분출은 계속되었다   3년 이상 동안   그리고 그 섬은 커졌다   2.7km²의

2.7 km². / ⑧ It was named after the god of fire / in Nordic myths, / Surtr. /
크기까지   불의 신의 이름을 따서 그것은 이름 지어졌다   북유럽 신화의   Surtr라는

⑨ From the start, / Surtsey has been a place of study / for scientists. / ⑩ It has
    처음부터   Surtsey는 연구 장소가 되어 왔다   과학자들을 위한   그것은

provided information / on how islands form and develop. / ⑪ Also, / it has been protected
정보를 제공해 왔다   어떻게 섬이 형성되고 발달하는지에 관한   또한   그것은 보호되어 왔다

/ since its birth / because it allows scientists to observe / how / plants and animals from
  그것의 출현 이래로   그것이 과학자들이 관찰하도록 허락하기 때문에   ~하는 방법을   다른 곳으로부터 온

other places / settle on new land. / ⑫ Because of the island's great scientific value,
식물들과 동물들이   새로운 땅에 정착하는   그 섬의 대단한 과학적 가치 때문에

UNESCO named it / a World Heritage Site / in 2008. /
유네스코는 그것을 지정했다   세계 문화유산으로   2008년에

당신은 지구가 여전히 발달하고 있다는 것을 알고 있었는가? 매일, 지진과 화산이 새로운 땅을 만들거나 기존의 풍경을 바꾸고 있다. 한 가지 예는 아이슬란드 근처의 화산섬인 Surtsey이다.

(C) 1963년 11월 14일에 한 어부가 처음으로 그곳에서의 화산 활동을 보았다. (B) 그는 뜨거운 용암이 수면으로 솟아 나오고 있는 것을 보았다. (A) 이것은 바다에 작은 섬을 형성했다. 그 분출은 3년 이상 계속되었고, 그 섬은 2.7km²의 크기까지 커졌다. 그것은 Surtr라는 북유럽 신화의 불의 신의 이름을 따서 이름 지어졌다.

처음부터, Surtsey는 과학자들을 위한 연구 장소가 되어 왔다. 그것은 어떻게 섬이 형성되고 발달하는지에 관한 정보를 제공해 왔다. 또한, 그것은 과학자들이 다른 곳으로부터 온 식물들과 동물들이 새로운 땅에 정착하는 방법을 관찰하도록 허락하기 때문에 그것의 출현 이래로 보호되어 왔다. 그 섬의 대단한 과학적 가치 때문에, 유네스코는 그것을 2008년에 세계 문화유산으로 지정했다.

⑩ It **has provided** information on *[how islands form and develop]*.

→ has provided는 '제공해 왔다'의 의미로 〈계속〉을 나타내는 현재완료(have[has] + p.p.)이다.

→ [ ]는 전치사 on의 목적어로 쓰인 명사절이다.

⑪ Also, it has been protected **since** its birth because it *allows scientists to observe* [how plants and animals from other places settle on new land].

→ since는 '~ 이래로'의 의미인 전치사로 쓰였다.

→ 「allow + 목적어 + to-v」는 '~가 …하도록 (허락)하다'의 의미이다.

→ [ ]는 동사 observe의 목적어로 쓰인 관계부사절로 how는 '~하는 방법'의 의미이다.

⑫ **Because of** the island's great scientific value, UNESCO *named it a World Heritage Site* in 2008.

→ 「because of + 명사(구)」는 '~ 때문에'의 의미이다.

→ 「name A B」는 'A를 B로 지정하다'의 의미로, it이 A, a World Heritage Site가 B에 해당한다.

본책 • pp. 76~77

Review Test

정 답 1 ⓑ   2 ⓒ   3 ⓐ   4 ①   5 ③   6 necessary   7 mental   8 poisonous
9 named after   10 is known as

**문 제
해 설**

1 detect(감지하다) - ⓑ 무언가를 알아채거나 느끼다

2 record(기록하다) - ⓒ 정보를 적어서나 컴퓨터에 저장하다

3 collapse(붕괴되다, 무너지다) - ⓐ 갑자기 무너지다

4 huge(거대한)와 비슷한 의미의 단어는 ① big(큰)이다.

> 프로젝트는 거대한 성공이었다.

　② 아주 작은   ③ 쉬운   ④ 기본적인   ⑤ 충분한

5 landscape(풍경)과 비슷한 의미의 단어는 ③ sight(광경)이다.

> 우리는 아름다운 풍경에 매료되었다.

　① 육지   ② 목소리   ④ 사진   ⑤ 보는 사람

[6-8]

| 보기 | 정신적인　달의　필요한　유독성의, 독이 있는 |

6 너는 오직 필요한 것들만 사야 한다.

7 상상력은 어린이들의 정신적인 발달에 도움이 될 수 있다.

8 산에서는 독이 있는 뱀을 조심할 필요가 있다.

9 ~의 이름을 따서 (이름) 지어지다: be named after

10 ~로 알려지다: be known as

퍼 즐 1 volcano   2 behavior   3 earthquake   4 requirement   5 observe   6 personality   7 delay
8 pretend   9 moisture   10 settle

1 하와이 섬의 화산 중 일부는 여전히 활동한다.

2 Sarah는 Paul의 무례한 행동에 화가 났다.

3 지진이 건물들을 흔들었다.

4 체력은 그 일의 필요조건 중 하나이다.

5 과학자들은 특수 카메라로 별을 관찰한다.

6 내 여동생은 친절하고 상냥한 성격을 지녔다.

7 비행 지연의 원인은 악천후였다.

8 네가 그렇지 않을 때는 행복한 척 하지 마.

9 여름에는 공기 중에 습기가 많다.

10 그들은 멀리 떨어진 새 도시에 정착하기로 결정했다.

본책 • pp. 80~81

1

정 답   1 ⑤   2 ⓐ small sticks ⓑ a bower ⓒ the male bowerbird   3 ④   4 attract

문 제
해 설

1 수컷 바우어새가 짝짓기를 위해 구애 행동으로 바우어라는 둥지를 짓는다는 내용의 글이므로, 제목으로 ⑤ '바우어
새의 짝을 찾는 방법'이 가장 알맞다.

① 새들의 짝짓기 철   ② 바우어새의 삶

③ 바우어를 짓는 과정   ④ 바우어: 아름답고 튼튼한 둥지

2 ⓐ them은 문장 ④의 small sticks(작은 나뭇가지들)를, ⓑ it은 문장 ⑤의 a bower(바우어)를, ⓒ it은 문장 ④의
the male bowerbird(수컷 바우어새)를 가리킨다.

3 문장 ①-③에서 바우어를 짓는 것은 구애 행동이라는 것을 알 수 있으므로, 암컷 바우어새들이 마음에 드는 바우어
를 찾으면 ④ '그것들은 그 수컷을 그것들의 짝으로 선택한다'가 문맥상 가장 알맞다.

① 그것들은 수컷으로부터 그것을 훔친다   ② 그것들은 가서 적합한 짝을 찾는다

③ 그것들은 그것을 더 아름답게 장식한다   ⑤ 그것들은 그것 옆에 비슷한 바우어를 짓기 시작한다

4 수컷 바우어새는 암컷 바우어새의 마음을 끌기 위해서 형형색색의 바우어를 짓는다.

본 문
직 독
직 해

① Most birds attract mates / with their beautiful feathers or songs. / ② However, / the
대부분의 새들은 짝의 마음을 끈다   그것들의 아름다운 깃털이나 노래로   하지만

bowerbird does something very different. /
바우어새는 아주 색다른 것을 한다

③ It builds and decorates a special structure / called a bower. / ④ At the start of mating
그것은 특별한 구조물을 짓고 장식한다   바우어라고 불리는   짝짓기 철의 시작에

season, / the male bowerbird begins to gather small sticks. / ⑤ It then arranges them into
수컷 바우어새는 작은 나뭇가지들을 모으기 시작한다   그리고 나서 그것은 그것들을 배열하여

a bower / and sometimes even makes a path / leading up to it. / ⑥ Next, / it chews berries
바우어로 만든다   그리고 심지어 때때로 길을 만든다   그것으로 이어지는   다음으로   그것은 딸기류 열매나

or charcoal, / mixing them with saliva. / ⑦ Then, this mixture is used / as paint for the
숯을 씹는다   그것들을 침과 섞으면서   그리고 나서 이 혼합물은 사용된다   바우어의 벽을 위한

bower's walls. / ⑧ Finally, / it begins to decorate its bower / with brightly colored objects. /
페인트로   마지막으로   그것은 그것의 바우어를 장식하기 시작한다   밝은 빛깔의 물건들로

⑨ The male bowerbird spends hours collecting / things like seashells, flowers, stones, and
수컷 바우어새는 모으는 데 오랜 시간을 보낸다   조개껍데기와 꽃, 돌멩이, 딸기류 열매들과 같은

berries. / ⑩ Some will even gather / small pieces of colorful plastic or glass. / ⑪ Female
것들을   몇몇은 심지어 모으기도 할 것이다   형형색색의 플라스틱이나 유리의 작은 조각들을   그리고 나서

bowerbirds then wander around / from bower to bower. / ⑫ They look at the decorations /
암컷 바우어새들은 이리저리 돌아다닌다   바우어에서 바우어로   그것들은 장식을 본다

and taste the paint. / ⑬ When they find a bower / that they like, / they choose that male to
그리고 페인트를 맛본다   그것들이 바우어를 발견하면   자신이 좋아하는   그것들은 그 수컷을

be their mate! /
그것들의 짝으로 선택한다

**본 문
해 석**

대부분의 새들은 그것들의 아름다운 깃털이나 노래로 짝의 마음을 끈다. 하지만, 바우어새는 아주 색다른 것을 한다.

그것은 바우어라고 불리는 특별한 구조물을 짓고 장식한다. 짝짓기 철의 시작에, 수컷 바우어새는 작은 나뭇가지들을 모으기 시작한다. 그리고 나서 그것은 그것들을 배열하여 바우어로 만들고 심지어 때때로 그것으로 이어지는 길을 만든다. 다음으로, 그것은 딸기류 열매나 숯을 침과 섞으면서 씹는다. 그리고 나서, 이 혼합물은 바우어의 벽을 위한 페인트로 사용된다. 마지막으로, 그것은 밝은 빛깔의 물건들로 그것의 바우어를 장식하기 시작한다. 수컷 바우어새는 조개껍데기와 꽃, 돌멩이, 딸기류 열매들과 같은 것들을 모으는 데 오랜 시간을 보낸다. 몇몇은 심지어 형형색색의 플라스틱이나 유리의 작은 조각들을 모으기도 할 것이다. 그리고 나서 암컷 바우어새들은 바우어에서 바우어로 이리저리 돌아다닌다. 그것들은 장식을 보고 페인트를 맛본다. 그것들이 자신이 좋아하는 바우어를 발견하면, <u>그것들은 그 수컷을 그것들의 짝으로 선택한다</u>!

**구 문
해 설**

⑤ It then **arranges** them into a bower **and** sometimes even **makes** *a path* [leading up to it].
→ arranges와 makes는 접속사 and로 병렬 연결되어 있다.
→ [ ]는 a path를 수식하는 현재분사구이다.

⑥ Next, it chews berries or charcoal, **mixing** them with saliva.
→ mixing은 '섞으면서'의 의미로 〈동시동작〉을 나타내는 분사구문이다.

⑨ The male bowerbird **spends hours collecting** things ….
→ 「spend + 시간 + v-ing」는 '~하는 데 시간을 보내다'의 의미이다.

본책 • pp. 82~83

2

정 답   1 ④   2 ⑤   3 (1) T (2) F   4 they have an excellent sense of smell, they are inexpensive to take care of, they are convenient to carry, they are easy to train

**문 제
해 설**

1 여러 장점이 있어 폭탄 탐지에 쓰일 수 있는 꿀벌에 대한 글이므로, 빈칸에는 ④ '생명들을 구할'이 가장 알맞다.
   ① 쏠   ② 당신을 죽일   ③ 길러질   ⑤ 미래 식량이 될

2 '그것들은 심지어 희미한 냄새를 가진 폭탄도 놓치지 않았다.'라는 주어진 문장은 꿀벌들이 과학자들이 숨겨 놓은 모든 폭탄을 성공적으로 찾았다는 문장 ⑤ 다음인 ⑤에 들어가는 것이 가장 알맞다.

3 (1) 문장 ④와 문장 ⑧에서 꿀벌들은 폭탄을 찾는 훈련을 받는다고 했다.
   (2) 문장 ⑦에서 꿀벌들을 옮기는 것은 편리하다고 했다.
   (1) 꿀벌들의 폭탄을 찾는 능력은 타고난 것이 아니다.
   (2) 꿀벌들을 여기저기 옮기는 것은 어렵다.

4 문장 ②와 문장 ⑦-⑧에 언급되어 있다.

① Can honeybees save lives? / ② It is possible / because they have / an excellent
꿀벌들이 생명들을 구할 수 있을까   그것은 가능하다   그것들이 가지고 있기 때문에   훌륭한

sense of smell / that can be used / for discovering bombs! / ③ During the Iraq War, / U.S.
후각을   사용될 수 있는   폭탄을 발견하기 위해   이라크 전쟁 동안   미국

scientists did an experiment / using honeybees. / ④ They hid bombs / in different places
과학자들은 한 가지 실험을 했다   꿀벌들을 이용해서   그들은 폭탄들을 숨겼다   다양한 장소에

/ and sent trained honeybees / to find them. / ⑤ The honeybees successfully found / all of
그리고 훈련된 꿀벌들을 보냈다   그것들을 찾으라고   그 꿀벌들은 성공적으로 찾았다   모든

the bombs! / They did not even miss bombs / that had a weak scent. /
폭탄들을   그것들은 심지어 폭탄도 놓치지 않았다   희미한 냄새를 가진

⑥ There are other reasons / using honeybees to find bombs / is practical. / ⑦ They
다른 이유들이 있다   폭탄을 찾는 데 꿀벌들을 이용하는 것이   유용한   그것들은

are inexpensive to take care of / and convenient to carry. / ⑧ Most of all, / they are easy
돌보기에 비싸지 않다   그리고 옮기기 편리하다   무엇보다도   그것들은 훈련시키기

to train. / ⑨ All the scientists have to do is / give them delicious nectar / as a reward
쉽다   과학자들은 ~하기만 하면 된다   그들에게 맛있는 꿀을 주기만   보상으로

/ whenever they find a hidden bomb. / ⑩ For all these reasons, / the scientists think /
그것들이 숨겨진 폭탄을 찾을 때마다   이러한 모든 이유들 때문에   과학자들은 생각한다

honeybees could use / their sense of smell / to find bombs / and save lives / all around the
꿀벌들이 이용할 수 있을 것으로   그들의 후각을   폭탄을 찾는 데   그리고 생명들을 구할 (수 있을 것으로)

world. /
전 세계의

꿀벌들이 생명들을 구할 수 있을까? 그것은 가능한데 그것들이 폭탄을 발견하기 위해 사용될 수 있는 훌륭한 후각을 가지고 있기 때문이다! 이라크 전쟁 동안, 미국 과학자들은 꿀벌들을 이용해서 한 가지 실험을 했다. 그들은 다양한 장소들에 폭탄들을 숨기고 그것들을 찾으라고 훈련된 꿀벌들을 보냈다. 그 꿀벌들은 모든 폭탄들을 성공적으로 찾았다! 그것들은 심지어 희미한 냄새를 가진 폭탄도 놓치지 않았다.

폭탄을 찾는 데 꿀벌들을 이용하는 것이 유용한 다른 이유들이 있다. 그것들은 돌보기에 비싸지 않고 옮기기 편리하다. 무엇보다도, 그것들은 훈련시키기 쉽다. 그것들이 숨겨진 폭탄을 찾을 때마다 과학자들은 그것들에게 보상으로 맛있는 꿀을 주기만 하면 된다. 이러한 모든 이유들 때문에, 과학자들은 꿀벌들이 폭탄을 찾는 데 그것들의 후각을 이용해서 전 세계의 생명들을 구할 수 있을 것으로 생각한다.

② It is possible because they have **an excellent sense of smell [that** can be used for *discovering* bombs]!

➜ [ ]는 an excellent sense of smell을 선행사로 하는 주격 관계대명사절이다.

➜ discovering은 전치사 for의 목적어로 쓰인 동명사이다.

⑥ There are **other reasons** [(why) *{using* honeybees to find bombs} *is* practical].

→ [ ]는 선행사 other reasons를 수식하는 관계부사절로 관계부사 why가 생략되었다.

→ { }는 관계부사절의 주어인 동명사구이고, is가 동사이다.

→ 「use + 목적어 + to-v」는 '~를 …하는 데 이용하다'의 의미이다.

⑦ They are inexpensive **to take care of** and convenient **to carry**.

→ to take care of와 to carry는 각각 형용사 inexpensive와 convenient를 수식하는 부사적 용법의 to 부정사이다.

⑨ **All the scientists have to do is give** them delicious nectar as a reward *whenever* they find a hidden bomb.

→ 「all A have[has] to do is + 동사원형」은 'A는 ~하기만 하면 된다'의 의미이다.

→ whenever는 '~할 때마다'의 의미인 관계부사이다.

본책 · pp. 84~85

3

정 답 1 ③ 2 ⑤ 3 ④ 4 과학자들이 연구할 동물의 뼈는 훼손되지 않게 두고 사체의 모든 다른 부분을 먹는 것

문 제
해 설

1 (A) 빈칸 앞에서 딱정벌레가 동물의 배설물을 먹는다고 언급되고 빈칸 뒤에 사체도 먹는다고 언급되므로, 빈칸에는 첨가의 의미를 나타내는 Moreover(게다가)가 적절하다.

(B) 빈칸 앞에서 연구할 동물의 뼈를 화학 물질을 이용해 가죽과 근육으로부터 분리시킨다고 했는데, 빈칸 뒤에서 뼈를 손상시킬 수도 있다고 했으므로, 빈칸에는 Unfortunately(유감스럽게도)가 적절하다.

① 그렇지 않으면 …… 이상하게도   ② 그렇지 않으면 …… 유감스럽게도

④ 게다가 …… 다행히도   ⑤ 하지만 …… 다행히도

2 ⑤ 딱정벌레가 화학 물질을 배출한다는 언급은 없다.
①은 문장 ①에, ②는 문장 ⑥에, ③은 문장 ⑧과 ⑬에, ④는 문장 ⑨에 언급되어 있다.

3 ⓓ는 과학자들을 가리키는 반면에 나머지는 딱정벌레를 가리킨다.

4 문장 ⑬에 언급되어 있다.

본 문
직 독
직 해

① Britain's Natural History Museum hired / some new workers. / ② What is their job? /
영국의 자연사 박물관은 고용했다   몇몇 새로운 일꾼들을   그들의 일은 무엇일까

③ It is eating animals' dead bodies! / ④ It sounds scary, / but the workers never complain. /
그것은 동물들의 사체를 먹는 것이다   그것은 무섭게 들린다   하지만 그 일꾼들은 절대 불평하지 않는다

⑤ That is because they are beetles. /
그것은 그들이 딱정벌레이기 때문이다

⑥ Beetles are natural cleaners / that have been around / for over 200 million years. /
딱정벌레는 타고난 청소부들이다   있어 온   2억 년 이상 동안

⑦ They eat animal waste. / ⑧ Moreover, / they eat the dead bodies of animals, / except for
그들은 동물 배설물을 먹는다   게다가   그들은 동물의 사체를 먹는다   뼈들을

the bones. / ⑨ The beetles used by the museum / are only about 10 mm long, / but
제외하고　　　　그 박물관에 의해 사용되는 딱정벌레들은　　길이가 겨우 10mm 정도이다　　하지만

surprisingly they can eat about 4 kg / a week! /
놀랍게도 그들은 4kg 가량을 먹을 수 있다　　일주일에

⑩ In addition to working at museums, / these beetles also work for scientists. /
박물관에서 일하는 것뿐만 아니라　　　　　이 딱정벌레들은 또한 과학자들을 위해서도 일한다

⑪ In the past, / scientists used strong chemicals / to remove the skin and muscle / from
과거에　　　　과학자들은 강한 화학 물질들을 사용했다　　가죽과 근육을 제거하기 위해

the bones of animals / they wanted to study. / ⑫ Unfortunately, / those chemicals could
동물의 뼈들에서　　　그들이 연구하기를 원하는　　유감스럽게도　　그 화학 물질들은 뼈들을

damage the bones. / ⑬ However, / the beetles eat all the other body parts / and leave
손상시킬 수 있었다　　하지만　　딱정벌레들은 사체의 모든 다른 부분을 먹는다　　그리고 뼈들을

the bones untouched. / ⑭ Thanks to these new workers, / scientists can get / clean and
훼손되지 않은 상태로 둔다　　이 새로운 일꾼들 덕분에　　　과학자들은 얻을 수 있다　　깨끗하고

undamaged bones. /
손상되지 않은 뼈들을

본 문
해 석
영국 자연사 박물관은 몇몇 새로운 일꾼들을 고용했다. 그들의 일은 무엇일까? 그것은 동물의 사체를 먹는 것이다! 그것은 무섭게 들리지만, 그 일꾼들은 절대 불평하지 않는다. 그것은 그들이 딱정벌레이기 때문이다.

딱정벌레는 2억 년 이상 동안 있어 온 타고난 청소부들이다. 그들은 동물 배설물을 먹는다. 게다가, 그들은 뼈들을 제외하고 동물의 사체를 먹는다. 그 박물관에 의해 사용되는 딱정벌레들은 길이가 겨우 10mm 정도이지만, 놀랍게도 그들은 일주일에 4kg가량을 먹을 수 있다!

박물관에서 일하는 것뿐만 아니라, 이 딱정벌레들은 또한 과학자들을 위해서도 일한다. 과거에, 과학자들은 그들이 연구하기를 원하는 동물의 뼈들에서 가죽과 근육을 제거하기 위해 강한 화학 물질들을 사용했다. 유감스럽게도, 그 화학 물질들은 뼈들을 손상시킬 수 있었다. 하지만, 딱정벌레들은 사체의 모든 다른 부분을 먹고 뼈들을 훼손되지 않은 상태로 둔다. 이 새로운 일꾼들 덕분에, 과학자들은 깨끗하고 손상되지 않은 뼈들을 얻을 수 있다.

구 문
해 설
④ It **sounds scary**, but the workers never complain.
➔「sound + 형용사」는 '~하게 들리다'의 의미이다.

⑪ In the past, scientists used strong chemicals **to remove** the skin and muscle from *the bones of animals [*(which[that]) they wanted to study*]*.
➔ to remove는 '제거하기 위해'의 의미로 〈목적〉을 나타내는 부사적 용법의 to부정사이다.
➔ [ ]는 선행사 the bones of animals를 수식하는 목적격 관계대명사절로, 관계대명사 which[that]가 생략되었다.

⑬ However, the beetles eat all the other body parts and **leave the bones untouched**.
➔「leave + 목적어 + 형용사」는 '~를 …한 상태로 두다'의 의미이다.

4

정 답　1④　2④　3⑤　4 color[shape] / shape[color]

**문 제
해 설**

1　④ 자리돔이 어떻게 흉내 문어를 공격하는지는 언급되지 않았다.

①은 문장 ③에서 인도네시아 근처의 바다에 산다고 했고, ②는 문장 ④-⑤에서 껍질이나 뼈를 가지고 있지 않기 때문이라 했고, ③은 문장 ⑤-⑧에서 넙치류 물고기나 바다뱀과 같은 다른 바다 생물들을 흉내 낸다고 했고, ⑤는 문장 ⑨를 통해 바다뱀임을 알 수 있다.

[문제] 글에 근거하여 답할 수 없는 것은?

① 흉내 문어는 어디에서 발견될 수 있는가?　② 흉내 문어는 왜 스스로를 보호하는 방법을 필요로 하는가?

③ 흉내 문어는 무엇을 흉내 내는가?　④ 자리돔은 어떻게 흉내 문어를 공격하는가?

⑤ 자리돔의 포식자는 무엇인가?

2　빈칸 앞에서 흉내 문어가 다른 동물들을 흉내 낸다고 하였고, 빈칸이 있는 문장에서 흉내 문어가 독성을 가진 넙치류 물고기의 형태를 취하는 예시가 나오므로, 빈칸에는 ④ For example(예를 들어)이 가장 알맞다.

[문제] 빈칸 (A)에 들어갈 말로 가장 알맞은 것은?

① 대신에　② 게다가　③ 그러므로　⑤ 반면에

3　다른 동물을 잘 흉내 내는 흉내 문어의 별명으로, 빈칸에는 ⑤ '변신의 달인'이 가장 알맞다.

[문제] 빈칸 (B)에 들어갈 말로 가장 알맞은 것은?

① 물고기의 가장 좋은 친구　② 바다의 보물

③ 바다 생물의 왕　④ 훌륭한 색 마술사

4　문장 ⑤-⑥에 흉내 문어가 적으로부터 자신을 보호하는 방법이 언급되어 있다.

[문제] 빈칸에 알맞은 단어를 글에서 찾아 쓰시오.

> 흉내 문어는 포식자가 가까이 오면 그것의 색[형태]과 형태[색]를 바꾼다.

**본 문
직 독
직 해**

① Many animals change color / to hide from predators. / ② However, / there is one
많은 동물들은 색을 바꾼다　　포식자들로부터 숨기 위해　　하지만　　한 동물이 있다

animal / that changes more dramatically. / ③ This animal is the mimic octopus, / and it
　　더 극적으로 변하는　　　　이 동물은 흉내 문어이다　　　그리고

lives in the sea / near Indonesia. /
그것은 바다에 산다　인도네시아 근처의

④ The mimic octopus does not have shells or bones. / ⑤ This is one reason / why it
흉내 문어는 껍질이나 뼈를 가지고 있지 않다　　　　이는 한 가지 이유이다

has developed a unique way / of protecting itself; / it tries to look like other sea animals. /
그것이 독특한 방법을 발달시킨　스스로를 보호하는　그것은 다른 바다 동물들처럼 보이려고 노력한다

⑥ It mimics different creatures / in different situations, / by changing / not only its color
그것은 다른 생명체들을 흉내 낸다　각기 다른 상황들에서　　바꿈으로써　그것의 색뿐만 아니라

but also its shape. / ⑦ For example, / when it wants to move around quickly, / it takes the
그것의 형태도　　예를 들어　그것이 빠르게 돌아다니고 싶을 때　　그것은

shape of a poisonous flatfish / to avoid any sudden attacks. / ⑧ Also, / when a damselfish
독이 있는 넙치류 물고기의 형태를 취한다　어떤 갑작스런 공격이든 피하기 위해　또한　자리돔이

comes near, / it will change its shape / into that of a sea snake. / ⑨ The damselfish swims
가까이 오면　　그것은 자신의 형태를 바꿀 것이다　바다뱀의 그것으로　　　　자리돔은 헤엄쳐 가 버린다

away / because they are often eaten / by sea snakes. / ⑩ In this way, / the mimic octopus
　　그들이 자주 먹히기 때문에　　　바다뱀에 의해　　이런 식으로　　흉내 문어는 계속 안전할

can stay safe / from predators. / ⑪ Surely / "master of transformation" is a great nickname /
수 있다　　포식자들로부터　　확실히　　'변신의 달인'은 훌륭한 별명이다

for it. /
그것에게

본 문
해 석

많은 동물들은 포식자들로부터 숨기 위해 색을 바꾼다. 하지만, 더 극적으로 변하는 한 동물이 있다. 이 동물은 흉내 문어이고, 그것은 인도네시아 근처의 바다에 산다.

흉내 문어는 껍질이나 뼈를 가지고 있지 않다. 이는 그것이 스스로를 보호하는 독특한 방법을 발달시킨 한 가지 이유인데, 그것은 다른 바다 동물들처럼 보이려고 노력한다. 그것은 그것의 색뿐만 아니라 형태도 바꿈으로써, 각기 다른 상황들에서 다른 생명체들을 흉내 낸다. 예를 들어, 그것이 빠르게 돌아다니고 싶을 때, 그것은 어떤 갑작스런 공격이든 피하기 위해 독이 있는 넙치류 물고기의 형태를 취한다. 또한, 자리돔이 가까이 오면 그것은 자신의 형태를 바다뱀의 그것(형태)으로 바꿀 것이다. 자리돔은 자주 바다뱀에 의해 먹히기 때문에 헤엄쳐 가 버린다. 이런 식으로, 흉내 문어는 포식자들로부터 계속 안전할 수 있다. 확실히 '변신의 달인'은 그것에게 훌륭한 별명이다.

구 문
해 설

② However, there is **one animal [that** changes more dramatically].
→ [ ]는 선행사 one animal을 수식하는 주격 관계대명사절이다.

⑤ This is **one reason [why** it has developed a unique *way of protecting* itself]; … .
→ [ ]는 선행사 one reason을 수식하는 관계부사절이다.
→ 「way of + v-ing」는 '~하는 방법'의 의미이다.
→ itself는 the mimic octopus를 대신하는 재귀대명사이다.

⑥ … , by changing **not only** its color **but also** its shape.
→ 「not only A but also B」는 'A뿐만 아니라 B도'의 의미이다.

⑧ Also, … , it will change its shape into **that** of a sea snake.
→ that은 앞서 나온 명사 shape의 반복을 피하기 위해 쓰인 대명사이다.

Review Test

정 답   1 ③   2 reward   3 complain   4 sudden   5 attack   6 arrange   7 attract
8 lead up to   9 except for   10 wander around

문 제   1 ③ hire(고용하다)는 'to pay someone to do a job for you(당신을 위해서 일하도록 누군가에게 (돈을) 지불
해 설   하다)'의 의미이다.
① 독특한: 특이하고 특별한
② 흉내를 내다: 누군가나 무언가처럼 되려고 노력하다
④ 실용적인, 유용한: 실제 상황에서 효과적이거나 성공적인
⑤ 손상시키다: 무언가를 해하거나 그것이 이전보다 더 나빠지게 하다

2 제 기쁨입니다. 저는 보상을 기대하지 않습니다.

3 나는 불평하기만 할 게 아니라, 해결책을 찾을 것이다.

4 Sam은 그 예술가의 갑작스러운 죽음에 충격을 받았다.

[5-7]

보기 | 공격하다   마음을 끌다, 유혹하다   배열하다   장식하다

5 사자는 양들을 공격할 기회를 엿보고 있다.

6 당신은 의자들을 홀 중앙에 일렬로 배열해야 한다.

7 회사는 그들의 새 광고가 소비자들의 마음을 끌기를 바란다.

8 ~로 이어지다: lead up to

9 ~를 제외하고: except for

10 이리저리 돌아다니다: wander around

퍼 즐   1 muscle   2 chew   3 path   4 structure   5 remove   6 situation   7 decorate   8 chemical
9 predator   10 natural

1 우리는 나이가 들어감에 따라 근육을 잃을지도 모른다.
2 입을 벌리고 씹지 마라.
3 Anna와 나는 길을 따라 걸었다.
4 시청은 오래된 목조 구조물이다.
5 집에서 냄새를 제거하기 위해 창문들을 열어라.
6 직원들은 어려운 상황에 대처하기 위해 최선을 다했다.
7 나는 핼러윈을 위해 내 방을 호박 모양 등으로 장식할 것이다.
8 많은 사람들이 그 해로운 화학 물질 때문에 사망했다.
9 동물들은 그들의 포식자들로부터 도망치기 위해 각기 다른 방법을 사용한다.
10 Jackson은 뛰어난 리듬감을 지닌 타고난 댄서이다.

1

정 답   1 ③   2 ②   3 ⑤   4 remember dead relatives / skulls / bread

문 제
해 설

1 멕시코 명절인 망자의 날에 차려지는 여러 음식에 관한 글이므로, 주제로 ③ '망자의 날의 음식'이 가장 적절하다.
　① 설탕 해골 만드는 방법　　　　　　② 멕시코의 유명한 명절
　④ 망자의 날의 기원　　　　　　　　⑤ 멕시코에서 가장 흔한 음식

2 망자의 날에 탁자에 올려지는 음식에 관한 설명 중에 '많은 설탕이 들어 있는 달콤한 사탕은 아이들의 치아에 나쁘다.'는 내용의 (b)는 흐름과 관계없다.

3 ⑤ 문장 ⑥-⑧, ⑩-⑫에서 사람들이 탁자에 올렸던 음식을 먹는다는 것을 알 수 있다.
　①은 문장 ①-②에, ②는 문장 ⑤-⑥에, ③은 문장 ⑥에, ④는 문장 ⑪에 언급되어 있다.

4 | 고인이 된 친척들을 추모하는 명절인 망자의 날에, 사람들은 대개 초와 음료, 그리고 설탕 해골과 둥글고 달콤한 빵과 같은 음식으로 탁자를 장식한다.

본 문
직 독
직 해

① The Day of the Dead sounds scary. / ② However, / it is actually a joyful Mexican
　망자의 날은 무섭게 들린다　　　　　　　　하지만　　　그것은 사실 즐거운 멕시코 명절이다

holiday / for remembering dead relatives. / ③ Like other holidays, / it is full of food. /
　　　　고인이 된 친척들을 추모하기 위한　　　다른 명절과 마찬가지로　　그것은 음식으로 가득하다

④ Families celebrate this holiday / by setting up small tables / for their dead relatives.
　가족들은 이 명절을 기념한다　　　작은 탁자를 마련함으로써　　고인이 된 친척들을 위한

/ ⑤ They place food and drink / on these tables / for the spirits of their loved ones / to eat
　그들은 음식과 음료를 둔다　　이 탁자 위에　　사랑하는 친척들의 영혼이　　　먹고

and drink. / ⑥ They also decorate these tables / with candles, / and skulls / made of sugar.
마실　　　　그들은 또한 이 탁자를 장식한다　　초로　　그리고 해골로　설탕으로 만든

/ ⑦ These sugar skulls are not always meant / to be eaten. / ⑧ However, / children are often
　이 설탕 해골들이 항상 의도되는 것은 아니다　　먹히려고　　　하지만　　아이들은 흔히 허락된다

allowed / to enjoy this sweet candy. / (⑨ Sweet candy / that contains a lot of sugar / is bad
　　　이 달콤한 사탕을 먹도록　　　달콤한 사탕은　　많은 설탕이 들어 있는　　　아이들의

for children's teeth.) ⑩ The food / most commonly found on these tables / is Day of the
치아에 나쁘다　　　　음식은　　이 탁자에서 가장 흔히 발견되는　　　망자의 날 빵이다

Dead bread. / ⑪ These round, sweet loaves are baked / with the shapes of bones on top. /
　　　　　　이 둥글고 달콤한 빵 덩이는 구워진다　　　위에 뼈 모양을 얹은 채로

⑫ Nearly everyone eats this bread / during the holiday / to remember their dead relatives. /
　거의 모든 사람이 이 빵을 먹는다　　그 명절 동안　　그들의 고인이 된 친척들을 추모하기 위해

본 문
해 석

　망자의 날은 무섭게 들린다. 하지만, 그것은 사실 고인이 된 친척들을 추모하기 위한 즐거운 멕시코 명절이다. 다른 명절과 마찬가지로, 그것은 음식으로 가득하다.
　가족들은 고인이 된 친척들을 위한 작은 탁자를 마련함으로써 이 명절을 기념한다. 그들은 이 탁자 위에 사랑하는

친척들의 영혼이 먹고 마실 음식과 음료를 둔다. 그들은 또한 초와, 설탕으로 만든 해골로 이 탁자를 장식한다. 이 설탕 해골들이 항상 먹히려고 의도되는 것은 아니다. 하지만, 아이들은 흔히 이 달콤한 사탕을 먹도록 허락된다. (많은 설탕이 들어 있는 달콤한 사탕은 아이들의 치아에 나쁘다.) 이 탁자에서 가장 흔히 발견되는 음식은 망자의 날 빵이다. 이 둥글고 달콤한 빵 덩이는 위에 뼈 모양(의 반죽)을 얹은 채로 구워진다. 거의 모든 사람이 그들의 고인이 된 친척들을 추모하기 위해 그 명절 동안 이 빵을 먹는다.

구 문
해 설

① The Day of **the Dead** *sounds scary.*
→ 「the + 형용사」는 '~한 사람들'의 의미이다.
→ 「sound + 형용사」는 '~하게 들리다'의 의미로, sound의 보어 자리에 형용사가 온다.

⑤ They place food and drink on these tables **for the spirits of their loved ones to eat and drink.**
→ to eat and drink는 food and drink를 수식하는 형용사적 용법의 to부정사구이고, for the spirits of their loved ones는 to부정사의 의미상 주어이다.

⑦ These sugar skulls are **not always** meant *to be eaten.*
→ not always는 '항상 ~인 것은 아니다'라는 의미이다.
→ These sugar skulls는 먹는 대상이므로, 수동형 to부정사 to be eaten이 쓰였다.

⑨ **Sweet candy [that** contains a lot of sugar] is bad for children's teeth.
→ [ ]는 선행사 Sweet candy를 수식하는 주격 관계대명사절이다.

⑩ ***The food*** [most commonly found on these tables] *is* Day of the Dead bread.
→ [ ]는 선행사 The food를 수식하는 과거분사구이다.
→ 주어가 The food이므로 단수 동사 is가 쓰였다.

⑫ Nearly **everyone eats** this bread during the holiday *to remember* their dead relatives.
→ every-로 시작하는 (대)명사는 단수 취급하므로 단수 동사 eats가 쓰였다.
→ to remember는 '추모하기 위해'의 의미로 〈목적〉을 나타내는 부사적 용법의 to부정사이다.

본책 · pp. 94~95

2

정 답 1 ④ 2 ④ 3 ④ **4** bags / previous / lucky

문 제
해 설

1 ④ *fukubukuro* 안의 비싼 것들을 얻는 사람의 수에 대한 언급은 없다.
①은 문장 ③에서 새해 첫날에 산다고 했고, ②는 문장 ③, ⑥에서 지난해 남은 다양한 미스터리 물품들이 있다고 했다. ③은 문장 ④-⑥에서 유래가 언급되어 있고, ⑤는 문장 ⑩에서 '행운의 봉투'를 의미한다고 언급되어 있다.
① 일본인들은 언제 *fukubukuro*를 사는가?
② *fukubukuro* 안에는 무엇이 들어 있는가?
③ *fukubukuro*를 만들어 파는 것은 어떻게 시작되었는가?
④ 얼마나 많은 사람들이 *fukubukuro* 안의 비싼 것들을 얻는가?
⑤ *fukubukuro*라는 말은 무엇을 의미하는가?

2 문장 ④-⑦에 언급되어 있다.

3 문장 ③에서 *fukubukuro*에는 미스터리 물품들이 들어 있고, 빈칸 뒤에서 운이 좋으면 보석과 같이 비싼 물품들을 얻을 수도 있다고 했으므로, 빈칸에는 ④ '그 봉투들 안에 어떤 물품들이 있을지'가 알맞다.

① 누가 그 봉투들을 만들었는지　　　　② 그 봉투들이 얼마인지
③ 어디서 그들이 그 봉투들을 살 수 있는지　　⑤ 언제 그 봉투들이 다 팔릴지

4 문장 ⑤-⑥, ⑨에 언급되어 있다.

> 새해가 시작될 때, 일본의 상점들은 <u>지난해로부터의 무작위의 물품</u>이 들어 있는 <u>봉투들</u>을 판다. <u>운이 좋은</u> 누군가는 더 낮은 가격으로 비싼 물품들을 발견할지도 모른다.

본 문
직 독
직 해

① Would you buy a bag / without knowing / what was inside? / ② Many Japanese
　당신은 어떤 봉투를 살 것인가　모른 채로　　　무엇이 안에 있는지　　　　많은 일본 사람들은

people do this! / ③ On New Year's Day, / they buy *fukubukuro*, / bags that have various
이렇게 한다　　　　　새해 첫날에　　　　그들은 *fukubukuro*를 산다　　안에 다양한 미스터리 물품들이

mystery items inside. /
들어 있는 봉투인

④ *Fukubukuro* came from / a Japanese superstition. / ⑤ According to this superstition,
　*fukubukuro*는 생겨났다　　　일본의 미신에서　　　　　　이 미신에 따르면

/ people must not start the New Year / with anything that has been left over / from the
　사람들은 새해를 시작해서는 안 된다　　　　　남겨진 무언가와 함께　　　　　　지난해로부터

previous year. / ⑥ So / stores put their leftover items / into the bags. / ⑦ Then / they sell the
　　　　　　　　그래서　상점들은 그들의 남은 물품을 넣는다　봉투들 안에　　그리고 나서　그들은 그

bags / much cheaper / than they normally would. / ⑧ Of course, / the customers / who buy
봉투들을 판다　훨씬 더 싸게　그들이 정상적으로 팔 것보다　　물론　　　손님들은　　　*fukubukuro*를

fukubukuro / do not know / what items will be / in the bags. / ⑨ If they are lucky, / they
사는　　　　　모른다　　　어떤 물품들이 있을지　그 봉투들 안에　　만약 그들이 운이 좋다면　그들은

might get expensive items, / such as jewelry, / for a low price! /
비싼 물품들을 얻을지도 모른다　　보석과 같은　　　　낮은 가격에

⑩ In Japanese, / the word *fuku* means "good luck" / and the word *bukuro* means "bags"
　일본어에서　　*fuku*라는 단어는 '행운'을 의미한다　　　그리고 *bukuro*라는 단어는 '봉투들'을 의미한다

/ — *fukubukuro* are truly "lucky bags." /
　*fukubukuro*는 정말로 '행운의 봉투들'이다

본 문
해 석

당신은 무엇이 안에 있는지 모른 채로 어떤 봉투를 살 것인가? 많은 일본 사람들은 이렇게 한다! 새해 첫날, 그들은 안에 다양한 미스터리 물품들이 들어 있는 봉투인 *fukubukuro*를 산다.

*fukubukuro*는 일본의 미신에서 생겨났다. 이 미신에 따르면, 사람들은 지난해로부터 남겨진 무언가와 함께 새해를 시작해서는 안 된다. 그래서 상점들은 그들의 남은 물품들을 봉투들 안에 넣는다. 그러고 나서 그들은 그 봉투들을 그들이 정상적으로 팔 것보다 훨씬 더 싸게 판다. 물론, *fukubukuro*를 사는 손님들은 <u>그 봉투들 안에 어떤 물품들이 있을지</u> 모른다. 만약 그들이 운이 좋다면, 그들은 낮은 가격에 보석과 같은 비싼 물품들을 얻을지도 모른다!

일본어에서, *fuku*라는 단어는 '행운'을 의미하고, *bukuro*라는 단어는 '봉투들'을 의미하므로 *fukubukuro*는 정말로 '행운의 봉투들'이다.

구 문
해 설

① **Would** you buy a bag *without knowing* [what **was** inside]?

→ 〈가정〉을 나타내는 조동사 Would가 있으므로, 현재나 미래의 일이라도 동사의 과거형(was)을 쓴다.

→ 「without + v-ing」는 '~하지 않은 채'의 의미이다.

→ [ ]는 「의문사 + 동사」 어순의 간접의문문으로, 동사 know의 목적어로 쓰였다.

⑤ According to this superstition, people **must not start** the New Year with *anything* [that has been left over from the previous year].

→ 「must not + 동사원형」은 '~해서는 안 된다'의 의미이다.

→ [ ]는 선행사 anything을 수식하는 주격 관계대명사절이다.

⑦ Then they sell the bags **much** cheaper than they normally *would* (sell the bags).

→ much는 '훨씬'의 의미로 비교급을 강조하는 부사이다. even, a lot, still, far 등으로 바꿔 쓸 수 있다.

→ would 뒤에는 sell the bags가 생략되어 있다.

⑧ Of course, **the customers [who** buy *fukubukuro*] do not *know* {what items will be in the bags}.

→ [ ]는 선행사 the customers를 수식하는 주격 관계대명사절이다.

→ { }는 동사 know의 목적어로 쓰인 간접의문문이다.

3

본책 • pp. 96~97

정 답 **1** ④ **2** unlocked the door **3** ② **4** 금속 고리를 가진 문 열쇠를 침대 위에 걸어 두는 것

문 제
해 설

1 빈칸이 있는 문장 ②는 흔한 도구인 열쇠가 다양한 문화에서 특별한 상징과 의미를 가진다는 글의 주제를 나타내는 문장으로, 빈칸에는 ④ '열쇠의 특별한 의미들'이 가장 알맞다.
① 열쇠의 오랜 역사 ② 열쇠의 다양한 용도들 ③ 열쇠의 독특한 모양들 ⑤ 열쇠를 만드는 독특한 방법들

2 문장 ⑦의 They는 앞 문장의 three keys를 가리키고, 이 열쇠들이 사랑과 돈, 행복으로 가는 문을 여는 열쇠들을 상징한다는 내용이 되어야 자연스럽다.

3 ② 문장 ⑤에서 열쇠가 과거를 기억하거나 미래를 고대하는 상징이라고 했다.
①은 문장 ③에, ③과 ④는 문장 ⑥에, ⑤는 문장 ⑧-⑨에 언급되어 있다.

4 문장 ⑧에 언급되어 있다.

본 문
직 독
직 해

① To most people, / keys are common tools / that are used / to unlock doors / or
대부분의 사람들에게   열쇠는 흔한 도구이다   사용되는   문을 여는 데   또는

start cars. / ② However, / you may be surprised / by the special meanings of keys / in other
차의 시동을 거는 데   하지만   당신은 놀랄지도 모른다   열쇠의 특별한 의미들에   다른

cultures. /
문화들에서

③ In ancient Greece and Rome, / people thought / that keys allowed / their prayers
고대 그리스와 로마에서 　　　사람들은 생각했다 　　열쇠들이 허락한다고 　　그들의 기도가

to reach the gods. / ④ They believed / that keys unlocked the door / between heaven
신에게 도달하게 　　　그들은 믿었다 　　열쇠가 문을 연다고 　　　하늘과 땅 사이에 있는

and earth. / ⑤ They also saw them as symbols / for remembering the past / and looking
그들은 또한 그것들을 상징으로 보았다 　　과거를 기억하는 　　그리고 미래를

forward to the future. /
고대하는

⑥ In Japan, / people believed / that tying three keys together / created a lucky charm.
일본에서 　　사람들은 믿었다 　　세 개의 열쇠를 함께 묶는 것이 　　행운의 부적을 만드는 것이라고

/ ⑦ They symbolized keys / that unlocked the door / to love, money, and well-being. /
그것들은 열쇠들을 상징했다 　　문을 여는 　　　사랑과 돈, 행복으로 가는

⑧ Some Romany people / in Eastern Europe / hang a door key / with a metal ring /
몇몇 집시들은 　　　동유럽의 　　　문 열쇠를 걸어 둔다 　　금속 고리를 가진

over their bed. / ⑨ They think / that it helps them sleep well. / ⑩ They also think / that this
그들의 침대 위에 　　그들은 생각한다 　　그것이 그들을 잘 자게 도와준다고 　　그들은 또한 생각한다 　　이것이

keeps / people from having nightmares. /
막아준다고 　　사람들이 악몽을 꾸는 것을

본 문
해 석

대부분의 사람들에게, 열쇠는 문을 열거나 자동차 시동을 거는 데 사용되는 흔한 도구이다. 하지만, 당신은 다른 문화들에서의 열쇠의 특별한 의미들에 놀랄지도 모른다.

고대 그리스와 로마에서, 사람들은 열쇠들이 그들의 기도가 신에게 도달하게 한다고 생각했다. 그들은 열쇠가 하늘과 땅 사이의 문을 연다고 믿었다. 그들은 또한 그것들을 과거를 기억하고 미래를 고대하는 상징으로 보았다.

일본에서, 사람들은 세 개의 열쇠를 함께 묶는 것이 행운의 부적을 만드는 것이라고 믿었다. 그것들은 사랑과 돈, 행복으로 가는 문을 여는 열쇠들을 상징했다.

동유럽의 몇몇 집시들은 금속 고리를 가진 문 열쇠를 그들의 침대 위에 걸어 둔다. 그들은 그것이 그들을 잘 자게 도와준다고 생각한다. 그들은 또한 이것이 사람들이 악몽을 꾸는 것을 막아 준다고 생각한다.

구 문
해 설

① ... , keys are **common tools** [**that** *are used to unlock* doors or (to) *start* cars].
➔ [ ]는 선행사 common tools를 수식하는 주격 관계대명사절이다.
➔ 「be used + to-v」는 '~하는 데 사용되다'의 의미이다.
➔ to unlock과 start는 or로 연결된 병렬 구조로, start 앞에 to가 생략되었다.

④ They **believed** [**that** keys unlocked the door *between heaven and earth*].
➔ [ ]는 believed의 목적어로 쓰인 명사절이다.
➔ 「between A and B」는 'A와 B 사이에'의 의미이다.

⑤ They also saw them as symbols **for remembering** the past **and *looking forward to*** the future.
➔ remembering과 looking forward to는 전치사 for의 목적어로 쓰인 동명사구로, 접속사 and로 병렬 연결되어 있다.
➔ 「look forward to + (동)명사」는 '~를 고대하다'의 의미이다.

⑦ They symbolized **keys** [**that** unlocked the door {to love, money, and well-being}].
→ [ ]는 선행사 keys를 수식하는 주격 관계대명사절이다.
→ { }는 the door를 수식하는 전치사구이다.

⑩ They also think that this **keeps people from having** nightmares.
→ 「keep + 목적어 + from + v-ing」는 '~가 …하는 것을 막다'의 의미이다.

4

본책 • pp. 98~99

정 답 1 ⑤ 2 (1) T (2) T 3 낯선 사람들에게 물을 끼얹는 거대한 물싸움 4 bad things / good things

문 제
해 설

1 ⑤ 물 쏘기 대회에 대한 언급은 없다.
①은 문장 ②, ⑧에, ②와 ③은 문장 ⑥에, ④는 문장 ⑦에 언급되어 있다.
[문제] 글에 따르면, 당신이 송끄란 동안에 볼 수 없는 것은?
① 서로에게 물을 퍼붓는 사람들   ② 집을 청소하는 사람들
③ 불상을 닦는 사람들   ④ 어르신의 손에 물을 붓는 사람들
⑤ 물 쏘기 대회에 참가하는 사람들

2 (1) 문장 ④에서 송끄란이 열리는 4월에 태국 달력에 근거해 새해가 시작된다고 했다.
(2) 문장 ⑨에서 전 세계의 사람들이 송끄란을 구경하고 참여하기 위해 태국으로 향한다고 했다.
[문제] 글의 내용과 일치하면 T, 그렇지 않으면 F를 쓰시오.
(1) 태국 달력에 따르면, 새해는 4월에 시작한다.
(2) 다양한 다른 나라의 많은 사람들이 송끄란을 위해 태국에 온다.

3 문장 ⑧에 언급되어 있다.
[문제] 글의 밑줄 친 the action이 가리키는 내용은 무엇인가? 우리말로 쓰시오.

4 문장 ⑩-⑫에 송끄란 중에 물을 끼얹는 이유가 언급되어 있다.
[문제] 빈칸에 알맞은 단어를 글에서 찾아 쓰시오.

> 송끄란 동안, 사람들은 새해에 나쁜 것들을 없애고 좋은 것들을 얻기 위해 물을 끼얹는다.

본 문
직 독
직 해

① You are walking down a street / in Bangkok. / ② Suddenly, / people throw buckets
당신은 거리를 걷고 있다   방콕에서   갑자기   사람들이 양동이째 물을

of water / on you / and shoot water / into the crowd! / ③ It is Songkran, / Thailand's
퍼붓는다   당신에게   그리고 물을 쏜다   군중에게   그것은 송끄란이다   태국의

traditional New Year's celebration. /
전통적인 새해 축하 행사인

④ This exciting festival / takes place in April, / when the new year starts / based on
이 신나는 축제는   4월에 개최된다   그때 새해가 시작된다   태국

the Thai calendar. / ⑤ The festival is about cleaning / and making a new start. / ⑥ People
달력에 근거하여   그 축제는 깨끗이 하는 것에 관한 것이다   그리고 새로운 시작을 하는 것에   사람들은

clean their homes / and wash statues of the Buddha. / ⑦ They also pour water / on the
그들의 집을 청소한다   그리고 불상을 닦는다   그들은 또한 물을 붓는다   어르신들의

hands of the elderly / as a sign of respect. / ⑧ Over time, / this has evolved / into a giant
손에   존경의 표시로서   시간이 지나면서 이것은 발전했다   거대한

water fight / where people splash strangers with water. / ⑨ People from all around the
물싸움으로   사람들이 낯선 사람들에게 물을 끼얹는   전 세계의 사람들은 태국으로 향한다

world / head to Thailand / to watch and participate in the action. /
              그 행동을 구경하고 참여하기 위해

⑩ Throwing and splashing water / during Songkran / is a kind of blessing. / ⑪ It is
물을 퍼붓거나 끼얹는 것은   송끄란 동안   일종의 축복이다   그것은

supposed / to chase away bad things. / ⑫ It also allows good things to come / during the
여겨진다   나쁜 것들을 쫓아내는 것으로   그것은 또한 좋은 것들이 오게 한다   새해 동안

new year! /

본 문   당신은 방콕에서 거리를 걷고 있다. 갑자기, 사람들이 양동이째 물을 당신에게 퍼붓고 군중에게 물을 쏜다! 그것은
해 석   태국의 전통적인 새해 축하 행사인 송끄란이다.

이 신나는 축제는 4월에 개최되는데, 그때 태국 달력에 근거하여 새해가 시작된다. 그 축제는 깨끗이 하고 새로운
시작을 하는 것에 관한 것이다. 사람들은 그들의 집을 청소하고 불상을 닦는다. 그들은 또한 존경의 표시로서 어르신들
의 손에 물을 붓는다. 시간이 지나면서, 이것은 사람들이 낯선 사람들에게 물을 끼얹는 거대한 물싸움으로 발전했다. 전
세계의 사람들이 그 행동을 구경하고 참여하기 위해 태국으로 향한다.

송끄란 동안 물을 퍼붓거나 끼얹는 것은 일종의 축복이다. 그것은 나쁜 것들을 쫓아내는 것으로 여겨진다. 그것은 또
한 새해 동안 좋은 것들이 오게 한다!

구 문   ④ This exciting festival takes place in April, **when** the new year starts based on the Thai
해 설   calendar.
            ➡ 「, when」은 계속적 용법의 관계부사로, '그때'의 의미이다.
        ⑦ They also pour water on the hands of **the elderly** *as* a sign of respect.
            ➡ 「the + 형용사」는 '~한 사람들'의 의미이다.
            ➡ as는 '~로서'의 의미인 전치사이다.
        ⑧ Over time, this **has evolved** into *a giant water fight [where* people splash strangers with
            water].
            ➡ has evolved는 '발전했다'의 의미로 〈결과〉를 나타내는 현재완료(have[has] + p.p.)이다.
            ➡ [ ]는 선행사 a giant water fight를 수식하는 관계부사절이다.

Review Test

정 답 **1** crowd **2** respect **3** superstition **4** traditional **5** celebration **6** hang
7 unlock **8** take place **9** look forward to **10** participate in

문 제
해 설 **[1-3]**

보기 | 사람들, 군중 영혼, 정신 존경 미신

1 '사람들의 커다란 집단'의 의미를 가진 단어는 crowd(사람들, 군중)이다.

2 '누군가에 대한 좋은 의견'의 의미를 가진 단어는 respect(존경)이다.

3 '행운과 같이 증명되지 않은 무언가에 대한 믿음'의 의미를 가진 단어는 superstition(미신)이다.

4 luck(운, 행운)과 lucky(운이 좋은)는 명사와 형용사의 관계이므로, tradition(전통)의 형용사형인 traditional(전통의)이 알맞다.

5 symbol(상징)과 symbolize(상징하다)는 명사와 동사의 관계이므로, celebrate(기념하다)의 명사형인 celebration(기념[축하] 행사)이 알맞다.

[6-7]

보기 | 걸다 (물을) 끼얹다 (잠긴 것을) 열다

6 나는 이 사진들을 벽에 걸 것이다.

7 시스템 (잠금)을 열려면 비밀번호를 입력하세요.

8 개최되다: take place

9 ~를 고대하다: look forward to

10 ~에 참여하다: participate in

퍼 즐 **Across** **2** previous **5** holiday **7** evolve **8** statue
Down **1** nightmare **2** pour **3** joyful **4** ancient **6** head **8** skull

Across
2 전에 일어났거나 존재했던 – 이전의, 바로 앞의
5 종교나 국가적 축제로 사람들이 출근이나 등교하지 않는 때 – 휴일, 명절
7 서서히 발전하다 – 발전하다, 발달하다
8 보통 사람처럼 보이는 돌이나 금속으로 만들어진 물체 – 조각상

Down
1 매우 속상하게 하거나 무서운 꿈 – 악몽
2 액체가 빨리 흐르게 만들다 – (물을) 붓다
3 매우 행복한 – 기쁜
4 매우 오래되거나 오랫동안 존재해 온 – 고대의
6 어떤 장소를 향해 가다 – 향하다
8 머리를 형성하는 뼈 – 두개골, 해골

1 정 답   1 ④   2 ③   3 ⓐ salty sand ⓑ the destruction of the Aral Sea   4 direction / shrunk / Salty sand / ruined

문 제
해 설

1 소련 정부가 아랄 해로 흐르는 두 강의 방향을 바꿔 아랄 해와 그 주변 지역이 파괴되었다는 내용의 글이므로, 주제로 ④ '아랄 해에 일어난 비극적인 사건'이 가장 알맞다.

① 자연에 해를 끼치는 농부들   ② 소금으로 인해 망가진 지역 사회

③ 아랄 해의 현재 상태   ⑤ 재해를 막으려는 소련 정부의 노력

2 빈칸 뒤에 강물의 흐름을 바꾼 후 일어난 끔찍한 결과에 관해 이야기하고 있으므로, ③ '충격적인'이 가장 알맞다.

① 간접적인   ② 긍정적인   ④ 인상적인   ⑤ 의미 없는

3 ⓐ는 문장 ⑦의 salty sand를, ⓑ는 문장 ⑩의 the destruction of the Aral Sea를 가리킨다.

4   **아랄 해에 무슨 일이 일어났나?**

아랄 해로 흐르는 두 강의 <u>방향</u>이 바뀌었다.

↓

바다는 말랐고 원래 크기의 10%로 <u>줄어들었다</u>.

↓

<u>소금기 있는 모래</u>가 남겨졌고, 그것은 바람에 의해 육지 전역으로 옮겨졌다.

↓

농부들의 밭이 <u>망가졌고</u> 사람들이 병들게 되었다.

본 문
직 독
직 해

① In the 1960s, / the Soviet government / made a terrible decision. / ② They changed
   1960년대에   소련 정부는   끔찍한 결정을 내렸다   그들은 바꾸었다
/ the direction of two rivers / flowing into the Aral Sea, / a salt lake. / ③ They did this / in
   두 강의 방향을   아랄 해로 흐르는   소금 호수인   그들은 이렇게 했다
order to make water flow / into nearby cotton fields. /
물이 흘러가도록 하기 위해   근처의 목화밭으로
          ④ The results were shocking! / ⑤ The Aral Sea began to dry up. / ⑥ The sea has
             그 결과는 충격적이었다   아랄 해는 마르기 시작했다   그 바다는
shrunk to 10% / of its original size / in the past 60 years, / and the region has been
10%로 줄어들었다   그것의 원래 크기의   과거 60년 동안   그리고 그 지역은 파괴되었다
destroyed. / ⑦ As the sea dried up, / it left behind salty sand. / ⑧ It was picked up / by the
             그 바다가 마르면서   그것은 소금기 있는 모래를 남겼다   그것은 집어 올려졌다   바람에
wind / and carried across the land. / ⑨ This ruined farmers' fields / and made people sick. /
의해   그리고 육지 전역으로 옮겨졌다   이는 농부들의 밭을 망쳤다   그리고 사람들이 병들게 만들었다
          ⑩ Today, / the destruction of the Aral Sea / is considered / one of the most tragic
             오늘날   아랄 해의 파괴는   여겨진다   가장 비극적인 환경 재해들 중
environmental disasters / in human history. / ⑪ It reminds us / that we should never
하나로   인류 역사에서   그것은 우리에게 상기시킨다   우리가 절대 자연을
destroy nature / for human gain. /
파괴하면 안 된다는 것을   인간의 이득을 위해

본 문
해 석

1960년대에, 소련 정부는 끔찍한 결정을 내렸다. 그들은 소금 호수인 아랄 해로 흐르는 두 강의 방향을 바꾸었다. 그들은 물이 근처의 목화밭으로 흘러가도록 하기 위해 이렇게 했다.

그 결과는 충격적이었다! 아랄 해는 마르기 시작했다. 그 바다는 과거 60년 동안 원래 크기의 10%로 줄어들었고, 그 지역은 파괴되었다. 그 바다가 마르면서, 그것은 소금기 있는 모래를 남겼다. 그것은 바람에 의해 집어 올려져 육지 전역으로 옮겨졌다. 이는 농부들의 밭을 망쳤고 사람들이 병들게 만들었다.

오늘날, 아랄 해의 파괴는 인류 역사에서 가장 비극적인 환경 재해들 중 하나로 여겨진다. 그것은 우리에게 우리가 인간의 이득을 위해 자연을 파괴하면 절대 안 된다는 것을 상기시킨다.

구 문
해 설

② They changed the direction of **two rivers** [flowing into the Aral Sea, a salt lake].
→ [ ]는 two rivers를 수식하는 현재분사구이다.

③ They **did this** in order to *make water flow* into nearby cotton fields.
→ did this는 앞 문장에서 언급된 changed the direction of two rivers를 의미한다.
→ 「make + 목적어 + 동사원형」은 '~가 …하게 하다[만들다]'의 의미이다.

⑩ Today, the destruction of the Aral Sea is considered **one of the most tragic environmental disasters** in human history.
→ 「one of the + 형용사의 최상급 + 복수 명사」는 '가장 ~한 …들 중 하나'의 의미이다.

⑪ It **reminds us [that** we should never destroy nature for human gain].
→ 「remind A B」는 'A에게 B를 상기시키다'의 의미로, 여기서 A는 us이고 B는 [ ]이다. that은 명사절을 이끄는 접속사이다.

본책 • pp. 106~107

2

정 답 1 ③ 　 2 ② 　 3 ① 　 4 벌집 나방 애벌레의 타액처럼 작용하는 스프레이를 만드는 것

문 제
해 설

1 벌집 나방 애벌레가 플라스틱을 빠른 속도로 먹기 때문에 플라스틱 쓰레기 처리에 도움이 될 것이라는 내용의 글이므로, 제목으로 ③ '플라스틱 쓰레기의 자연적 해결책'이 가장 적절하다.
① 플라스틱 쓰레기를 줄이는 방법　　② 벌집 나방 애벌레 타액의 위험성
④ 플라스틱을 분해하는 과정　　⑤ 플라스틱에서 방출되는 화학 물질의 영향

2 밑줄 친 these problems는 문장 ①-②에 언급된 문제를 가리킨다.

3 ① 벌집 나방 애벌레를 발견한 사람은 언급되지 않았다.
②는 문장 ⑤에서 벌집 나방 애벌레가 보통 밀랍을 먹는다고 했고, ③은 문장 ⑨에서 12시간에 92밀리그램을 먹는다고 했고, ④는 문장 ⑨-⑫를 통해 플라스틱 쓰레기 처리에 이용할 수 있음을 알 수 있고, ⑤는 문장 ⑩에서 플라스틱이 빠르게 분해되게 한다고 했다.
① 누가 벌집 나방 애벌레를 발견했는가?
② 벌집 나방 애벌레는 주로 무엇을 먹는가?
③ 벌집 나방 애벌레가 플라스틱을 얼마나 빨리 먹을 수 있는가?
④ 우리는 무엇에 벌집 나방 애벌레를 이용할 수 있는가?
⑤ 벌집 나방 애벌레의 타액이 플라스틱에 어떻게 작용하는가?

4 밑줄 친 it은 앞 문장의 to create sprays that work like waxworm saliva를 가리킨다.

① Millions of tons of plastic / is produced and thrown away / each year. /
수백만 톤의 플라스틱이　　　　생산되고 버려진다　　　　　매년

② Moreover, / this plastic waste stays in landfills, / for too long / before breaking down. /
게다가　　이 플라스틱 쓰레기는 쓰레기 매립지에 남는다　너무 오래　　분해되기 전에

③ A solution to these problems, / however, / may have been discovered / by accident. /
이런 문제들에 대한 한 해결책이　　하지만　　발견되었을지도 모른다　　우연히

④ One day, / a beekeeper / who is also a scientist / removed some waxworms from
어느 날　　한 양봉가가　　과학자이기도 한　　몇 마리의 벌집 나방 애벌레를 그녀의 벌집에서

her beehives. / ⑤ Waxworms usually eat the wax in beehives. / ⑥ After putting them / in a
제거했다　　벌집 나방 애벌레는 보통 벌집의 밀랍을 먹는다　　그것들을 넣은 뒤에

plastic bag, / she found / that they had eaten holes / in the bag! /
비닐봉지에　　그녀는 발견했다　그것들이 갉아 먹어 구멍을 낸 것을　봉지에

⑦ To find out more, / scientists conducted an experiment. / ⑧ They put 100
더 알아내기 위해서　　과학자들은 실험을 했다　　　　그들은 벌집 나방 애벌레

waxworms / in a plastic bag. / ⑨ The waxworms ate 92 milligrams of plastic / in 12 hours, /
100마리를 넣었다　비닐봉지 하나에　그 벌집 나방 애벌레들은 92밀리그램의 플라스틱을 먹었다　12시간 동안

which is more than 1,000 times faster / than any other creature. / ⑩ The waxworms' secret
이는 1,000배 이상 더 빠르다　　　　다른 어떤 생물보다　　벌집 나방 애벌레의 비결은

is their saliva / —it causes plastic to quickly break down. / ⑪ Scientists hope to create
타액이다　　그것은 플라스틱이 빠르게 분해되게 한다　　　과학자들은 스프레이를 만들길

sprays / that work like waxworm saliva. / ⑫ If they are successful, / it will help us / get rid
희망한다　벌집 나방 애벌레의 타액처럼 작용하는　　만약 그들이 성공한다면　　그것은 우리를 도울 것이다

of our plastic waste! /
플라스틱 쓰레기를 처리하도록

매년 수백만 톤의 플라스틱이 생산되고 버려진다. 게다가, 이 플라스틱 쓰레기는 분해되기 전에 너무 오래 쓰레기 매립지에 남는다. 하지만, 이런 문제들에 대한 한 해결책이 우연히 발견되었을지도 모른다.

어느 날, 과학자이기도 한 한 양봉가가 그녀의 벌집에서 몇 마리의 벌집 나방 애벌레를 제거했다. 벌집 나방 애벌레는 보통 벌집의 밀랍을 먹는다. 그것들을 비닐봉지에 넣은 뒤에, 그녀는 그것들이 봉지를 갉아먹어 구멍을 낸 것을 발견했다!

더 알아내기 위해서, 과학자들은 실험을 했다. 그들은 비닐봉지 하나에 벌집 나방 애벌레 100마리를 넣었다. 그 벌집 나방 애벌레들은 12시간 동안 92밀리그램의 플라스틱을 먹었고, 이는 다른 어떤 생물보다 1,000배 이상 더 빠르다. 벌집 나방 애벌레의 비결은 타액인데 그것은 플라스틱이 빠르게 분해되게 한다. 과학자들은 벌집 나방 애벌레의 타액처럼 작용하는 스프레이를 만들길 희망한다. 만약 그들이 성공한다면, 그것은 우리가 플라스틱 쓰레기를 처리하는 것을 도울 것이다!

<table><tr><td>구 문
해 설</td><td>

③ A solution to these problems, however, **may have *been* discovered** by accident.
→ 「may have + p.p.」는 '~했을지도 모른다'의 의미로 과거에 대한 불확실한 추측을 나타낸다.
→ been discovered는 '~되었다', '~당했다'의 의미인 수동태(be + p.p.)로, 여기서는 「may have + p.p.」와 함께 쓰여 '발견되었을지도 모른다'의 의미이다.

④ One day, **a beekeeper [who** is also a scientist] *removed* some waxworms *from* her beehives.
→ [ ]는 선행사 a beekeeper를 수식하는 주격 관계대명사절이다.
→ 「remove A from B」는 'B에서 A를 제거하다'의 의미이다.

⑥ **After putting** them in a plastic bag, she *found [that* they had eaten holes in the bag]!
→ After putting은 접속사를 생략하지 않은 〈때〉를 나타내는 분사구문으로, After she put으로 바꿔 쓸 수 있다.
→ [ ]는 동사 found의 목적어로 쓰인 명사절이다.
→ had eaten은 대과거(had + p.p.)로, 먹어서 구멍을 낸 것(had eaten)이 발견한 것(found)보다 먼저 일어났음을 나타낸다.

⑨ The waxworms ate 92 milligrams of plastic in 12 hours, **which** is more than *1,000 times faster than* any other creature.
→ 「, which」는 계속적 용법의 관계대명사로, 이 문장에서 which는 앞 절 전체를 선행사로 한다.
→ 「배수사 + 비교급 + than」은 '~보다 몇 배 더 …한'이라는 의미의 비교 표현이다.

⑩ The waxworms' secret is their saliva—it **causes plastic to** quickly **break down**.
→ 「cause + 목적어 + to-v」는 '~가 …하게 하다'의 의미로, cause는 목적격 보어로 to부정사를 취한다.

</td></tr></table>

본책 • pp. 108~109

3

정 답   1 ④   2 ②   3 ③   4 (1) human waste (2) environment (3) fertilizer (4) water

문 제
해 설

1 개발 도상국의 공중위생 문제의 해결책이 될 수 있는 일회용 변기 Peepoo의 여러 장점에 대한 글이므로, 제목으로는 ④ '개발 도상국을 위한 획기적인 변기'가 가장 알맞다.
① 일회용 물품들을 현명하게 사용하는 방법   ② 우리가 Peepoo를 팔아야 하는 이유
③ 개발 도상국들의 물 문제   ⑤ 인간의 배설물: 세계의 가장 큰 문제

2 ② 문장 ⑤에서 Peepoo는 두 장의 비닐봉지처럼 보인다고 했을 뿐이다.
①은 문장 ④에, ③은 문장 ⑥에, ④는 문장 ⑦-⑧에, ⑤는 문장 ⑩에 언급되어 있다.

3 빈칸 앞뒤에서 모두 Peepoo의 장점에 관해 언급하고 있으므로, 빈칸에는 첨가를 나타내는 ③ In addition(게다가)이 가장 알맞다.
① 그러나   ② 따라서   ④ 예를 들어   ⑤ 다시 말해서

4   Peepoo: 개발 도상국의 공중위생 문제 해결하기

목적	(1) 인간의 배설물을 제대로 처리하기 위해
장점	– (2) 환경에 해롭지 않다 – 요소를 사용해 인간의 배설물을 위생 처리하고 그것을 (3) 비료로 바꾼다 – (4) 물을 필요로 하지 않는다

본 문
직 독
직 해

① Sanitation is a big problem / in developing countries. / ② Human waste has to be
공중위생은 큰 문제이다   개발 도상국들에서   인간의 배설물은 제대로

dealt with properly / because it is toxic. / ③ If it is not, / it can pollute drinking water, /
처리되어야 한다   그것은 독이 있기 때문에   만약 그렇지 않으면   그것은 식수를 오염시킬 수 있다

and this causes serious diseases. / ④ A Swedish company has found a solution / —the
그리고 이는 심각한 질병들을 유발한다   한 스웨덴 회사가 해결책을 찾았다

Peepoo. /
Peepoo라는

⑤ The Peepoo looks like / nothing more than two plastic bags, / but it is a disposable
Peepoo는 ~처럼 보인다   두 장의 비닐봉지에 불과한 것   그러나 그것은 일회용

toilet. / ⑥ It is made of special plastic / that is not bad for the environment at all. /
변기이다   그것은 특별한 플라스틱으로 만들어진다   환경에 전혀 해롭지 않은

⑦ In addition, / the bag acts / as a sanitation plant / thanks to the urea inside it. / ⑧ When
게다가   그 봉투는 역할을 한다   정화 시설로서   그것 안에 들어 있는 요소 덕분에   요소가

the urea mixes with the human waste, / it breaks down into materials / that kill dangerous
인간의 배설물과 섞이면   그것은 물질로 분해된다   위험한 박테리아를 죽이는

bacteria. / ⑨ Then, / since sanitized human waste / is rich in nutrients, / it can be used / as
         그러면   위생 처리된 인간의 배설물은 ~하기 때문에   영양분이 풍부하기   그것은 사용될 수 있다

safe and cheap fertilizer. / ⑩ Plus, / this disposable toilet does not require water. / ⑪ This is
안전하고 값싼 비료로   더욱이   이 일회용 변기는 물을 필요로 하지 않는다   이것은

a big advantage / in countries / where there is not much water. /
큰 장점이다   나라들에서   물이 많지 않은

본 문
해 석

공중위생은 개발 도상국들에서 큰 문제이다. 인간의 배설물은 독이 있기 때문에 제대로 처리되어야 한다. 만약 그렇지 않으면, 그것은 식수를 오염시킬 수 있고, 이는 심각한 질병들을 유발한다. 한 스웨덴 회사가 Peepoo라는 해결책을 찾았다.

Peepoo는 두 장의 비닐봉지에 불과해 보이지만, 그것은 일회용 변기이다. 그것은 환경에 전혀 해롭지 않은 특별한 플라스틱으로 만들어진다. 게다가, 그 봉투는 그것 안에 들어 있는 요소 덕분에 정화 시설로서의 역할을 한다. 요소가 인간의 배설물과 섞이면, 그것은 위험한 박테리아를 죽이는 물질로 분해된다. 그러면, 위생 처리된 인간의 배설물은 영양분이 풍부하기 때문에, 그것은 안전하고 값싼 비료로 사용될 수 있다. 더욱이, 이 일회용 변기는 물을 필요로 하지 않는다. 이것은 물이 많지 않은 나라들에서 큰 장점이다.

구 문
해 설

⑥ It is made of **special plastic [that** is *not* bad for the environment *at all*].

➜ [ ]는 선행사 special plastic을 수식하는 주격 관계대명사절이다.

➜ 「not ~ at all」은 '전혀 ~ 아니다'의 의미이다.

⑨ Then, **since** sanitized human waste is rich in nutrients, it can be used *as* safe and cheap fertilizer.

➜ since는 '~하기 때문에'의 의미인 접속사이다.

➜ as는 '~로서'의 의미인 전치사이다.

⑪ This is a big advantage in **countries [where** there is not much water].

➜ [ ]는 선행사 countries를 수식하는 관계부사절이다.

4

본책 ● pp. 110~111

정 답 **1** ③ **2** ③ **3** ① **4** disappearing / resource

문 제
해 설

1 ③ 저장고에 보관된 씨앗의 수는 언급되지 않았다.

①과 ②는 문장 ⑦에서 노르웨이의 광산이 저장고가 되었다고 했고, ④는 문장 ⑨-⑩에서 저장고의 안쪽 깊숙이 습기와 공기가 없는 특별한 봉투에 보관된다고 했고, ⑤는 문장 ⑫에서 '최후의 날 저장고'라고 했다.

[문제] 글에 근거하여 답할 수 <u>없는</u> 것은?

① 그 저장고는 (과거에) 무엇이었나?　　　　　　② 그 저장고는 어디에 위치해 있는가?

③ 그 저장고의 안쪽에는 얼마나 많은 씨앗들이 보관되어 있는가?　④ 그 저장고에서 씨앗들은 어떻게 보관되는가?

⑤ 그 저장고의 별명은 무엇인가?

2 ⓒ는 valuable things를 가리키는 반면에, 나머지는 모두 seeds를 가리킨다.

[문제] 가리키는 것이 <u>다른</u> 하나를 고르시오.

3 문장 ⑧-⑩에서 저장고 및 씨앗 보관 방법의 안전성에 관해 설명하고 있으므로, 빈칸에 ① '모든 씨앗은 안전할 것이다'가 가장 알맞다.

[문제] 빈칸에 들어갈 말로 가장 알맞은 것은?

② 그 씨앗은 태양을 피할 수 있다　　　③ 그 씨앗들은 높은 가격에 팔릴 수 있다

④ 다양한 종류의 씨앗들이 수집될 것이다　　⑤ 전 세계에서 온 씨앗들이 연구될 것이다

4 문장 ①-③에 언급되어 있다.

[문제] 다음 빈칸에 알맞은 단어를 글에서 찾아 쓰시오.

> 씨앗들은 귀중하고, <u>사라지는</u> 것으로부터 막아져야 한다. 이는 씨앗들이 미래의 문제에 대한 해결책이 될지도 모르는 새로운 작물들을 만드는 데 필요한 <u>자원</u>이기 때문이다.

① Seeds are one / of our earth's most valuable resources. / ② Using them, / scientists
씨앗들은 하나이다　　우리 지구의 가장 귀중한 자원들 중의　　　　　　　그것들을 이용하여　과학자들은

can create new crops / that may solve problems of the future, / like unknown plant diseases
새로운 작물들을 만들어 낼 수 있다　　미래의 문제들을 해결할지도 모르는　　　발생한 적이 없는 식물 병이나

or a lack of food. / ③ Sadly, / this resource is disappearing. / ④ How can we protect them? /
식량 부족 같은　　　애석하게도　이 자원이 사라지고 있다　　　우리는 그것들을 어떻게 보호할 수 있을까

⑤ When we have valuable things, / we put them into a safety deposit box / at a bank. /
우리가 귀중한 물건을 가지고 있을 때　　우리는 그것들을 안전 금고 안에 넣어 둔다　　은행에 있는

⑥ Scientists do the same thing / with seeds / —they put them / in the Svalbard Global Seed
과학자들은 같은 일을 한다　　씨앗들을 가지고　　그들은 그것들을 스발바르 국제 종자 저장고에 넣어 둔다

Vault. /

⑦ The vault used to be an old mine / in an icy mountain / in Norway. / ⑧ The
그 저장고는 오래된 광산이었다　　　　얼음으로 뒤덮인 산에 있는　노르웨이에 있는　　그

mine was renovated / to become the vault, / which can bear / extreme climate changes
광산은 개조되었다　　　저장고가 되기 위해　　그리고 그것은 견딜 수 있다　극심한 기후 변화와

and nuclear explosions. / ⑨ Deep inside the vault, / seeds from around the world / are
핵폭발을　　　　　그 저장고의 안쪽 깊숙이　　전 세계에서 온 씨앗들이　　　보관되어 있다

kept. / ⑩ They are put into special bags / that are free of moisture and air. / ⑪ Therefore, /
그것들은 특별한 봉투 안에 넣어진다　　습기와 공기가 없는　　　　　　그러므로

all of the seeds will be safe / no matter what happens. / ⑫ For this reason, / the vault was
모든 씨앗은 안전할 것이다　　무슨 일이 일어나더라도　　　이러한 이유로　그 저장고는

nicknamed / the "doomsday vault." /
별명이 붙여졌다　'최후의 날 저장고'라는

씨앗들은 우리 지구의 가장 귀중한 자원들 중 하나이다. 그것들을 이용하여, 과학자들은 발생한 적이 없는 식물 병이나 식량 부족과 같은 미래의 문제들을 해결할지도 모르는 새로운 작물들을 만들어 낼 수 있다. 애석하게도, 이 자원이 사라지고 있다. 우리는 그것들을 어떻게 보호할 수 있을까?

우리가 귀중한 물건을 가지고 있을 때, 우리는 그것들을 은행에 있는 안전 금고 안에 넣어 둔다. 과학자들은 씨앗들을 가지고 같은 일을 하는데, 그들은 그것들을 스발바르 국제 종자 저장고에 넣어 둔다.

그 저장고는 노르웨이에 있는 얼음으로 뒤덮인 산에 있는 오래된 광산이었다. 그 광산은 저장고가 되기 위해 개조되었고, 그것은 극심한 기후 변화와 핵폭발을 견딜 수 있다. 그 저장고의 안쪽 깊숙이, 전 세계에서 온 씨앗들이 보관되어 있다. 그것들은 습기와 공기가 없는 특별한 봉투 안에 넣어진다. 그러므로, 무슨 일이 일어나더라도 <u>모든 씨앗은 안전할 것이다</u>. 이러한 이유로, 그 저장고는 '최후의 날 저장고'라는 별명이 붙여졌다.

구 문
해 설

⑦ The vault **used to be** an old mine in an icy mountain in Norway.

➔ 「used to + 동사원형」은 '(과거에) ~였다/~하곤 했다'의 의미로, 과거의 상태나 습관을 나타내는데, 현재는 더 이상 그렇지 않다는 의미를 내포한다.

⑧ The mine was renovated to become **the vault, which** can bear extreme climate changes and nuclear explosions.

➔ 「, which」는 선행사 the vault를 부연 설명하는 계속적 용법의 주격 관계대명사로, '그리고 그것은'의 의미이다.

⑩ Therefore, all of the seeds will be safe **no matter what** happens.

➔ 「no matter what」은 '무엇이 ~하더라도'의 의미이다.

⑫ **This is because** seeds are *a resource* [needed to make new crops {that may be the answer to future problems}].

➔ 「this is because」는 '이는 ~이기 때문이다'의 의미로, 뒤에 원인에 해당하는 내용이 온다.

➔ [ ]는 a resource를 수식하는 과거분사구이다.

➔ { }는 선행사 new crops를 수식하는 주격 관계대명사절이다.

Review Test

정 답 **1** shrink **2** disappear **3** prevent **4** tragic **5** valuable **6** nutrient **7** resource **8** explosion **9** is free of **10** by accident

문 제
해 설

[1-3]

보기 | 줄어들다   막다, 예방하다   파괴하다   사라지다

1 '더 작아지다'의 의미를 가진 단어는 shrink(줄어들다)이다.

2 '떠나가거나 제거되다'의 의미를 가진 단어는 disappear(사라지다)이다.

3 '어떤 일이 결코 일어나지 않게 만들다'의 의미를 가진 단어는 prevent(막다, 예방하다)이다.

4 그 영화는 비극적인 교통사고에 관한 것이다.

5 이 웹사이트는 건강에 관한 유용하고 귀중한 정보가 있다.

[6-8]

보기 | 쓰레기, 폐기물   자원   영양소, 영양분   폭발

6 Amy는 항상 영양분이 풍부한 음식을 고른다.

7 다른 행성에서 자원을 찾아야 할 때이다.

8 그 건물은 폭발로 파괴되었다.

9 ~가 없다: be free of

10 우연히: by accident

퍼 즐

p	l	e	a	d	a	n	g	l	q	u	e	o
a	s	c	o	n	d	u	c	t	i	g	e	o
s	r	e	n	o	v	a	t	e	t	u	e	r
s	d	i	s	e	a	s	e	d	a	c	e	i
a	t	t	h	e	n	e	s	l	e	p	o	m
p	o	l	l	u	t	e	o	r	n	c	z	e
x	e	a	n	e	a	o	p	e	u	l	m	t
r	e	c	m	i	g	n	x	g	s	i	n	l
j	e	k	m	o	e	e	r	i	c	m	n	e
f	a	x	i	m	e	t	e	o	c	a	x	t
o	v	e	v	e	r	y	l	n	y	t	p	k
c	l	a	m	c	t	i	y	e	a	e	o	w

❶ 유독성의, 독이 있는 - 유독성의, 독이 있는
❷ 물이나 공기, 땅을 더럽게 만들다 - 오염시키다
❸ 어떤 활동이나 과업을 하다 - (특정한 활동을) 하다
❹ 무언가를 고쳐서 개선하다 - 개조하다
❺ 무언가를 매우 심하게 손상시키다 - 망치다
❻ 땅의 큰 영역 - 지역
❼ 무언가가 충분하지 않게 있음 - 부족
❽ 광범위한 지역의 일반적인 날씨 패턴 - 기후
❾ 무언가가 다른 것보다 더 나은 면 - 이점, 장점
❿ 사람들이나 동물들, 식물들에 영향을 미치는 병 - 질병

본책 ● pp. 116~117

1

정 답   1 ③   2 ⑤   3 ④   4 남극 대륙이 알려지기 전에 그려졌는데도 지도에 남극 대륙이 있는 것, 지도에서 얼음이 없는 남극 대륙을 보여주는 것

문 제
해 설

1   Piri Reis 지도의 풀리지 않는 두 가지 미스터리에 관한 글이므로, 제목으로 ③ '한 고지도의 해결되지 않은 미스터리들'이 가장 알맞다.

   ① 누가 남극을 발견했나   ② 용감한 지도 제작자: Piri Reis

   ④ 다른 형태의 Piri Reis 지도   ⑤ 남극 대륙의 지도를 만들려는 끊임없는 노력

2   ⑤ 문장 ⑦에서 Piri Reis 지도는 1513년에 그려졌다고 했다.

   ①은 문장 ②-③에, ②와 ③은 문장 ④에, ④는 문장 ④, ⑥에 언급되어 있다.

3   ❻는 콜럼버스가 그린 지도를 가리키는 반면, 나머지는 Piri Reis 지도를 가리킨다.

4   문장 ⑥-⑧에 언급되어 있다.

본 문
직 독
직 해

   ① In 1929, / historians found a mysterious old map. / ② It was named / the Piri Reis
     1929년에   역사학자들은 불가사의한 옛 지도를 발견했다   그것은 이름 지어졌다   Piri Reis

map. / ③ It was drawn / on a gazelle skin / by the Turkish admiral Ahmed Muhiddin Piri.
지도라고   그것은 그려졌다   가젤 가죽 위에   터키 제독인 Ahmed Muhiddin Piri에 의해

/ ④ Only part of the map survives, / but it shows much / of the southern half of the earth, /
   오직 지도의 일부만 남아 있다   그러나 그것은 많은 부분을 보여 준다   지구의 남쪽 절반의

including Antarctica. /
남극 대륙을 포함해서

   ⑤ The map is amazing / for two reasons. / ⑥ First, / it shows Antarctica's northern
     그 지도는 놀랍다   두 가지 이유에서   첫째로   그것은 남극 대륙의 북쪽 해안선을

coastline. / ⑦ Antarctica was unknown / until 1819, / but the map was drawn in 1513! /
보여 준다   남극 대륙은 알려지지 않았다   1819년까지   하지만 그 지도는 1513년에 그려졌다

⑧ Second, / the map shows Antarctica / without ice. / ⑨ How could these things be
둘째로   그 지도는 남극 대륙을 보여 준다   얼음이 없는   어떻게 이러한 것들이 가능할 수

possible? /
있었을까

   ⑩ Some historians say / that Piri referred to 20 different maps, / including one /
     몇몇 역사학자들은 말한다   Piri가 20개의 다른 지도를 참고했다고   하나를 포함하여

drawn by Christopher Columbus. / ⑪ The map that Columbus drew / could have had
크리스토퍼 콜럼버스에 의해 그려진   콜럼버스가 그린 그 지도가   정보를 가졌을 수 있다

information / about Antarctica. ⑫ Other people, however, say / that Piri simply imagined
정보를   남극 대륙에 대한   하지만 다른 사람들은 말한다   Piri가 그저 상상했다고

/ the coast of Antarctica. / ⑬ Either way, / unless historians find proof, / the map will
   남극 대륙의 해안을   어느 쪽이든   만약 역사학자들이 증거를 찾아내지 않는다면   그 지도는

remain a mystery. /
여전히 미스터리일 것이다

<table>
<tr><td>본 문
해 석</td><td>1929년에, 역사학자들은 불가사의한 옛 지도를 발견했다. 그것은 Piri Reis 지도라고 이름 지어졌다. 그것은 터키 제독인 Ahmed Muhiddin Piri에 의해 가젤 가죽 위에 그려졌다. 오직 지도의 일부만이 남아 있지만, 그것은 남극 대륙을 포함해서 지구 남쪽 절반의 많은 부분을 보여 준다.</td></tr>
</table>

본 문
해 석

1929년에, 역사학자들은 불가사의한 옛 지도를 발견했다. 그것은 Piri Reis 지도라고 이름 지어졌다. 그것은 터키 제독인 Ahmed Muhiddin Piri에 의해 가젤 가죽 위에 그려졌다. 오직 지도의 일부만이 남아 있지만, 그것은 남극 대륙을 포함해서 지구 남쪽 절반의 많은 부분을 보여 준다.

그 지도는 두 가지 이유에서 놀랍다. 첫째로, 그것은 남극 대륙의 북쪽 해안선을 보여 준다. 남극 대륙은 1819년까지 알려지지 않았지만, 그 지도는 1513년에 그려졌다! 둘째로, 그 지도는 얼음이 없는 남극 대륙을 보여 준다. 어떻게 이러한 것들이 가능할 수 있었을까?

몇몇 역사학자들은 Piri가 크리스토퍼 콜럼버스에 의해 그려진 것을 포함하여 20개의 다른 지도를 참고했다고 말한다. 콜럼버스가 그린 그 지도가 남극 대륙에 대한 정보를 가졌을 수 있다. 하지만 다른 사람들은 Piri가 남극 대륙의 해안을 그저 상상했다고 말한다. 어느 쪽이든, 만약 역사학자들이 증거를 찾아내지 않는다면, 그 지도는 여전히 미스터리일 것이다.

구 문
해 설

⑩ Some historians **say [that** Piri referred to 20 different maps, including *one* {drawn by Christopher Columbus}].

➡ [ ]는 say의 목적어로 쓰인 명사절이다.

➡ one은 앞에서 언급된 map을 대신하는 대명사로, a map을 가리킨다.

➡ { }는 one을 수식하는 과거분사구이다.

⑪ **The map [that** Columbus drew] *could have had* information about Antarctica.

➡ [ ]는 선행사 The map을 수식하는 목적격 관계대명사절이다.

➡ 「could have + p.p.」는 '~했을 수도 있다'의 의미로, 과거의 일에 대한 추측 및 가능성을 나타낸다.

⑬ Either way, **unless** historians **find** proof, the map will remain a mystery.

➡ unless는 '만약 ~하지 않는다면'의 의미로, 〈조건〉을 나타내는 부사절에서는 현재 시제를 써서 미래를 나타낸다.

본책 ● pp. 118~119

2

정 답

1 ⑤   2 ③   3 (시멘트나 다른 재료들 없이 돌로 지어져서) 분해했다가 다시 합할 수 있는 것
4 high tax / government / apart / together

문 제
해 설

1 주어진 문장은 정부에서 일하는 사람들이 마을로 오기 전 서민들이 했던 일에 대한 내용으로, 정부에서 일하는 사람들이 떠나고 나면 하는 일에 대한 문장 ⑨ 앞인 ⑤의 위치가 가장 알맞다.

2 문장 ⑥-⑧에 언급되어 있다.

3 문장 ①과 ③에 언급되어 있다.

4

> 17세기에, Alberobello의 서민들은 그들의 집에 대한 높은 세금을 감당할 형편이 되지 않았다. 그래서, 그들은 시멘트나 다른 재료들 없이 돌로 *trulli*를 지었다. 그들은 그들의 집을 분해하고 나중에 그것들을 다시 합함으로써 정부를 속였다.

본 문
직 독
직 해

① Imagine houses / that you can take apart / and then put back together. / ② You can
집들을 상상해 봐라   당신이 분해할 수 있는   그리고 나서 다시 합할 수 있는   당신은

see houses like this, / called *trulli*, / in Alberobello, Italy. / ③ They were built / with rocks /
이와 같은 집들을 볼 수 있다 *trulli*라고 불리는 이탈리아의 Alberobello에서   그것들은 지어졌다   돌들로

but without cement or other materials / for holding the rocks together. / ④ Builders simply
하지만 시멘트나 다른 재료들 없이   그 돌들을 접합하기 위한   집을 짓는 사람들은

placed the rocks / on top of each other! /
단지 돌들을 두었다   서로의 위에

⑤ There is an interesting story / behind this unique style. / ⑥ In the 17th century, /
흥미로운 이야기가 있다   이 독특한 방식 뒤에   17세기에

people had to pay a high tax / on their houses. / ⑦ Common people could not afford it. /
사람들은 높은 세금을 내야 했다   그들의 집에 대한   서민들은 그것을 감당할 형편이 되지 않았다

⑧ In order to trick the government, / they built these special houses. / When they heard /
정부를 속이기 위해   그들은 이 특별한 집들을 지었다   그들이 들으면

the government workers were coming to the town, / they quickly took their houses apart. /
정부에서 일하는 사람들이 마을로 오고 있다는 것을   그들은 재빨리 그들의 집을 분해했다

⑨ Then, / after the workers left, / they put the houses back together. /
그리고 나서   그 일하는 사람들이 떠난 후에   그들은 집을 다시 합했다

⑩ Today, / *trulli* are so well preserved / that they are still used as homes. /
오늘날   *trulli*는 매우 잘 보존되어 있어서   그것들은 아직도 집으로 사용된다

⑪ Thousands of tourists go to Alberobello / to see them. / ⑫ They have even been named /
수천 명의 관광객이 Alberobello에 간다   그것들을 보러   그것들은 심지어 지정되어 있다

a World Heritage Site. /
세계 문화유산으로

본 문
해 석

당신이 분해하고 나서 다시 합할 수 있는 집들을 상상해 봐라. 당신은 *trulli*라고 불리는 이와 같은 집들을 이탈리아
의 Alberobello에서 볼 수 있다. 그것들은 돌들로 지어졌지만, 그 돌들을 접합하기 위한 시멘트나 다른 재료들 없이 지
어졌다. 집을 짓는 사람들은 단지 돌들을 서로의 위에 두었다!

이 독특한 방식 뒤에는 흥미로운 이야기가 있다. 17세기에, 사람들은 그들의 집에 대한 높은 세금을 내야 했다. 서
민들은 그것을 감당할 형편이 되지 않았다. 정부를 속이기 위해, 그들은 이 특별한 집들을 지었다. 정부에서 일하는 사
람들이 마을로 오고 있다는 것을 그들이 들으면, 그들은 재빨리 그들의 집을 분해했다. 그리고 나서, 그 일하는 사람들이
떠난 후에, 그들은 집을 다시 합했다.

오늘날, *trulli*는 매우 잘 보존되어 있어서 그것들은 아직도 집으로 사용된다. 수천 명의 관광객이 그것들을 보러
Alberobello에 간다. 그것들은 심지어 세계 문화유산으로 지정되어 있다.

구 문
해 설

① Imagine **houses** [**that** you can take apart and then put back together].
→ [ ]는 선행사 houses를 수식하는 목적격 관계대명사절이다.

③ They were built with rocks **but** (they were built) without cement or other materials *for
holding* the rocks together.
→ but 뒤에 반복을 피하기 위해 they were built가 생략되었다.
→ for는 '~를 위한'의 의미로 〈목적·기능〉을 나타내는 전치사이며, 목적어로 동명사 holding이 쓰였다.

⑩ Today, *trulli* are **so well preserved that** they are still used as homes.
→ 「so + 형용사 + that」은 '매우 ~해서 …하다'의 의미이다.
⑫ They **have** even **been named** a World Heritage Site.
→ 「have[has] been + p.p.」는 현재완료 수동태로 여기서는 '지정되었다', '지정되어 있다'의 의미이다.
→ 「name A B」는 'A를 B로 지정하다'의 의미이다. 여기서는 「A be named B」의 수동태로 쓰였으며, A는 They이고 B는 a World Heritage Site이다.

3

본책 • pp. 120~121

정 답   1 ④   2 ④   3 ⑤   4 도시를 안쪽에서 봉쇄하는 것 / 무거운 바위로 만들어짐, 바퀴처럼 굴려질 수 있음

문 제 해 설

1 빈칸 뒤에 보통의 지상 도시와 다름 없는 Derinkuyu의 다양한 생활 시설이 언급되므로, 빈칸에는 ④ '편안한'이 가장 알맞다.
① 안전한   ② 인기 있는   ③ 고대의   ⑤ 아름다운

2 ④ 방문자 수는 언급되지 않았다.
①과 ②는 문장 ①에서 터키의 Cappadocia에서 1963년에 발견되었다고 했고, ③은 문장 ④-⑤에서 총 18개 층의 85m 깊이에, 약 3만 명을 수용할 만큼 크다고 했고, ⑤는 문장 ⑪에서 상점과 학교, 교회, 가축을 위한 공간이 있다고 했다.
① 그것은 언제 발견되었는가?   ② 그것은 어디에 있는가?   ③ 그것은 얼마나 큰가?
④ 얼마나 많은 사람이 그것을 방문했는가?   ⑤ 그것은 어떤 종류의 방이 있는가?

3 ⓔ는 Derinkuyu의 가축을 위한 공간을 가리키는 반면, 나머지는 모두 지하 도시인 Derinkuyu를 가리킨다.

4 문장 ⑧에 언급되어 있다.

본 문 직 독 직 해

① In 1963, / a man found a secret room / beneath his house / in Cappadocia, Turkey.
1963년에   한 남자가 비밀의 방을 발견했다   그의 집 아래에 있는   터키의 Cappadocia에서

/ ② Surprisingly, / the room led / to another and another. / ③ This was the discovery / of
놀랍게도   그 방은 이어졌다   잇따라 다른 방으로   이는 발견이었다

Derinkuyu, an ancient underground city. /
고대 지하 도시인 Derinkuyu의

④ The city has now been discovered / to have eighteen floors / and reach a depth of
그 도시는 현재까지 발견되었다   18개의 층이 있는 것으로   그리고 85m의 깊이에 이르는

85 meters. / ⑤ It is big enough / to hold about 30,000 people. / ⑥ Why was this huge city
것으로   그것은 충분히 크다   약 30,000명의 사람들을 수용할 만큼   왜 이 거대한 도시가 지어졌을까

built? / ⑦ Some researchers think / it was a place / to hide from enemies / because it has
어떤 연구자들은 생각한다   그것이 장소였다고   적으로부터 숨는   그것이 특별한

special doors. / ⑧ The doors, made of heavy stones, / can be rolled like wheels / to seal the
문들이 있기 때문에   그 문들은 무거운 바위로 만들어졌는데   바퀴처럼 굴려질 수 있다   도시를 봉쇄하기

city / from the inside. /
위해   안쪽에서

⑨ Unlike what you might expect, / the old underground city / was probably quite
당신이 예상할지도 모르는 것과는 다르게   그 오래된 지하 도시는   아마도 꽤 편안했을 것이다

comfortable. / ⑩ There was fresh, flowing water, / and 1,500 tunnels brought fresh air / to
흐르는 신선한 물이 있었다   그리고 1,500개의 터널이 맑은 공기를 들여왔다

even the deepest floor. / ⑪ It also included / shops, schools, churches, and space for farm
심지어 가장 깊은 층까지도   그것은 또한 포함했다   상점과 학교, 교회, 그리고 가축을 위한 공간을

animals. / ⑫ The city is so big / that archaeologists are still finding new parts! /
그 도시는 매우 커서   고고학자들은 아직도 새로운 부분들을 찾아내고 있다

본 문
해 석

1963년에, 터키의 Cappadocia에서 한 남자가 그의 집 아래에 있는 비밀의 방을 발견했다. 놀랍게도, 그 방은 잇따라 다른 방으로 이어졌다. 이는 고대 지하 도시인 Derinkuyu의 발견이었다.

그 도시는 18개의 층이 있고 85m의 깊이에 이르는 것으로 현재까지 발견되었다. 그것은 약 30,000명의 사람들을 수용할 만큼 충분히 크다. 왜 이 거대한 도시가 지어졌을까? 어떤 연구자들은 그것이 특별한 문들이 있기 때문에 적으로부터 숨는 장소였다고 생각한다. 그 문들은 무거운 바위로 만들어졌는데, 도시를 안쪽에서 봉쇄하기 위해 바퀴처럼 굴려질 수 있었다.

당신이 예상할지도 모르는 것과는 다르게, 그 오래된 지하 도시는 아마도 꽤 편안했을 것이다. 흐르는 신선한 물이 있었고, 1,500개의 터널이 심지어 가장 깊은 층까지도 맑은 공기를 들여왔다. 그것은 또한 상점과 학교, 교회, 그리고 가축을 위한 공간을 포함했다. 그 도시는 매우 커서 고고학자들은 아직도 새로운 부분들을 찾아내고 있다!

구 문
해 설

④ The city **has** now **been discovered** *to have* eighteen floors *and* (to) *reach* a depth of 85 meters.
  ➡ 「have[has] been + p.p.」는 현재완료 수동태로 여기서는 '발견되었다'의 의미이다.
  ➡ to have와 reach는 and로 연결된 병렬 구조로, reach 앞에 to가 생략되었다.

⑤ It is **big enough to hold** about 30,000 people.
  ➡ 「형용사 + enough + to-v」는 '~할 만큼 충분히 …한'의 의미이다.

⑦ Some researchers **think** [(that) it was a place *to hide* from enemies] because it has special doors.
  ➡ [ ]는 동사 think의 목적어로 쓰인 명사절로 접속사 that이 생략되었다.
  ➡ to hide는 a place를 수식하는 형용사적 용법의 to부정사이다.

⑧ **The doors**, [(which are) made of heavy stones], can be rolled like wheels *to seal* the city from the inside.
  ➡ [ ]는 앞에 「주격 관계대명사 + be동사」인 which are가 생략되었는데, 선행사 The doors를 부연 설명하는 계속적 용법의 관계대명사절로 문장 중간에 삽입되었다.
  ➡ to seal은 '봉쇄하기 위해'의 의미로, 〈목적〉을 나타내는 부사적 용법의 to부정사이다.

본책 • pp. 122~123

4

정답 1 ② 2 ③ 3 ③ 4 (Finn이 Finn의 아들이라고 착각해, Finn이 엄청 거대하다고 생각하도록) Benadonner를 속이려고

문제 해설

1 북아일랜드 해안가의 절경인 Giant's Causeway에 얽힌 전설에 관한 내용이므로, 주제로는 ② 'Giant's Causeway의 전설'이 알맞다.

[문제] 글의 주제로 가장 알맞은 것은?

① 아일랜드 거인의 예술 작품

③ 스코틀랜드에서 관광객들에게 인기 있는 장소

④ 오늘날 Giant's Causeway가 이용되는 방식

⑤ 두 거인 사이의 싸움의 역사

2 빈칸 뒤에 Benadonner가 Finn에 대해 착각하게 만든 Finn의 아내의 아이디어가 이어지므로, 빈칸에는 ③ '영리하게'가 가장 알맞다.

[문제] 빈칸에 들어갈 말로 가장 알맞은 것은?

① 애석하게도   ② 무사히   ④ 어리석게도   ⑤ 다행히

3 ③ Finn이 그의 아내를 도운 것이 아니라 Finn의 아내가 그를 도왔다.

①은 문장 ③-⑤에서 Benadonner와 싸우러 가기 위해 둑길을 만들었음을 알 수 있고, ②는 문장 ⑥에서 그가 너무 커서 이길 수 없다고 생각했다고 했고, ④는 문장 ⑧-⑨에서 아기 침대에 누워 있었다고 했고, ⑤는 문장 ⑨-⑪을 통해 Finn을 그의 아들이라고 착각했기 때문임을 알 수 있다.

[문제] 글에 근거하여 답할 수 <u>없는</u> 것은?

① 왜 Finn은 둑길을 지었나?

② Finn은 Benadonner에 대해 어떻게 생각했나?

③ Finn은 그의 아내를 어떻게 도왔나?

④ Benadonner가 아일랜드에 왔을 때 Finn은 어디에 있었나?

⑤ 무엇이 Benadonner가 Finn이 틀림없이 거대할 것이라고 생각하게 만들었나?

4 문장 ⑨-⑫에서 Benadonner가 도망간 이유는 아기처럼 옷을 입고 아기 침대에 누워 있는 Finn을 Finn의 아들로 착각했기 때문이므로, Benadonner를 속이려는 의도였음을 알 수 있다.

[문제] 왜 Finn의 부인은 Finn을 아기처럼 보이게 만들었나? 우리말로 쓰시오.

본 문
직 독
직 해

① On the northeast coast / of Northern Ireland, / about 40,000 hexagonal columns
북동쪽 해안에   북아일랜드의   약 40,000개의 육각형의 현무암 기둥들이

of basalt / make an amazing landscape of cliffs. / ② This area is called / the Giant's
             놀라운 절벽 풍경을 만든다   이 지역은 불린다   Giant's Causeway

Causeway, / a name / that is based on an Irish legend. /
(거인의 둑길)라고   이름인   아일랜드 전설에 근거한

③ According to the legend, / Finn MacCool, an Irish giant, / decided to go / to
     그 전설에 따르면   아일랜드 거인인 Finn MacCool은   가기로 결심했다

fight his Scottish rival, Benadonner. / ④ There is a sea / between Scotland and Ireland. /
그의 스코틀랜드 경쟁자인 Benadonner와 싸우기 위해   바다가 있다   스코틀랜드와 아일랜드 사이에

⑤ So Finn built a causeway / and started to cross it. / ⑥ On the way to Scotland, / he saw
  그래서 Finn은 둑길을 지었다   그리고 그것을 건너기 시작했다   스코틀랜드로 가는 길에   그는

Benadonner / and realized / that his rival was too large to defeat! / ⑦ Finn came back / and
Benadonner를 보았다   그리고 깨달았다   그의 경쟁자가 너무 커서 이길 수 없다는 것을   Finn은 돌아왔다   그리고

told his wife. / ⑧ Cleverly, / she dressed him like a baby / and laid him in a huge cradle. /
그의 아내에게 이야기했다   영리하게   그녀는 그를 아기처럼 옷을 입혔다   그리고 그를 거대한 아기 침대에 눕혔다

⑨ When Benadonner came to Ireland / and found the baby, / he thought / the baby was
     Benadonner가 아일랜드에 왔을 때   그리고 그 아기를 발견했을 때   그는 생각했다   그 아기가

Finn's son. / ⑩ "What a gigantic baby!" / he cried. / ⑪ "His father must be enormous!" /
Finn의 아들이라고   이 얼마나 거대한 아기인가   그가 외쳤다   그의 아버지는 거대할 것이 틀림없어

⑫ Benadonner ran home quickly, / destroying the causeway / behind him. / ⑬ The Giant's
     Benadonner는 빠르게 집으로 달려갔다   그 둑길을 파괴하면서   그의 뒤로   Giant's

Causeway is what remains. /
Causeway는 남아 있는 것이다

본 문
해 석

북아일랜드의 북동쪽 해안에, 약 40,000개의 육각형의 현무암 기둥들이 놀라운 절벽 풍경을 만든다. 이 지역은 아일랜드 전설에 근거한 이름인, Giant's Causeway(거인의 둑길)라고 불린다.

그 전설에 따르면, 아일랜드 거인인 Finn MacCool은 그의 스코틀랜드 경쟁자인 Benadonner와 싸우러 가기로 결심했다. 스코틀랜드와 아일랜드 사이에는 바다가 있다. 그래서 Finn은 둑길을 짓고 그것을 건너기 시작했다. 스코틀랜드로 가는 길에, 그는 Benadonner를 보았고 그의 경쟁자가 너무 커서 이길 수 없다는 것을 깨달았다! Finn은 돌아왔고 그의 아내에게 이야기했다. 영리하게, 그녀는 그를 아기처럼 옷을 입혀서 거대한 아기 침대에 눕혔다. Benadonner가 아일랜드에 와서 그 아기를 발견했을 때, 그는 그 아기가 Finn의 아들이라고 생각했다. "이 얼마나 거대한 아기인가!"라고 그가 외쳤다. "그의 아버지는 거대할 것이 틀림없어!" Benadonner는 그의 뒤로 그 둑길을 파괴하면서 빠르게 집으로 달려갔다. Giant's Causeway는 남아 있는 것이다.

⑨ According to the legend, **Finn MacCool, an Irish giant**, decided to go *to fight* **his Scottish rival, Benadonner**.

➡ Finn MacCool과 an Irish giant, his Scottish rival과 Benadonner는 각각 동격 관계이다.

➡ to fight는 '싸우기 위해'의 의미로 〈목적〉을 나타내는 부사적 용법의 to부정사이다.

⑩ **"What a gigantic baby!"** he cried.

➡ 「What (a[an]) + 형용사 + 명사(+ 주어 + 동사)!」는 '얼마나 ~한 …인가!'의 의미인 감탄문이다.

⑪ "His father **must** be enormous!"

➡ must는 '~임에 틀림없다'의 의미인 강한 추측을 나타내는 조동사이다.

⑫ Benadonner ran home quickly, **destroying** the causeway behind him.

➡ destroying은 '파괴하면서'의 의미로 〈동시동작〉을 나타내는 분사구문이다.

⑬ The Giant's Causeway is [**what** remains].

➡ what은 선행사를 포함하는 관계대명사로, '~하는 것'의 의미이다. [ ]는 문장의 보어로 쓰였다.

Review Test
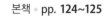

정 답 1 ⓒ 2 ⓑ 3 ⓐ 4 ③ 5 ② 6 hold 7 seal 8 remain 9 refer to
10 take apart

문 제
해 설

1 defeat(패배시키다) – ⓒ 경기나 운동에서 누군가를 무찔러 승리하다

2 afford(~를 살[감당할] 여유가 있다) – ⓑ 무언가를 사거나 할 만큼 충분한 돈이 있다

3 reach(~에 이르다) – ⓐ 특정한 정도에 이르다

4 gigantic(거대한)과 비슷한 의미의 단어는 ③ enormous(거대한)이다.

> 연구자들은 거대한 발자국을 발견했다.

① 아주 작은   ② 깊은   ④ 불가사의한   ⑤ 보존된

5 trick(속이다)과 비슷한 의미의 단어는 ② cheat(속이다)이다.

> 그 정직하지 못한 남자가 너를 속이게 놔두지 마라.

① 놓다, 눕히다   ③ 붙잡다   ④ 숨다   ⑤ 굴리다

[6-8]

| 보기 | 수용하다   봉쇄하다   포함하다   남다 |

6 이 방은 20명 정도의 사람들을 <u>수용할</u> 수 있다.

7 경찰관은 그에게 출입구를 <u>봉쇄하라고</u> 명령했다.

8 그 영화의 몇몇 장면들이 내 기억 속에 선명하게 <u>남아 있다.</u>

9 참고하다: refer to

10 분해하다: take apart

퍼 즐 1 tax 2 cliff 3 space 4 depth 5 quite 6 southern 7 proof 8 enemy 9 legend
10 discovery
You did great!

MEMO

NE 능률

JUNIOR

READING TUTOR

주니어 리딩튜터

3

LEVEL

어휘 암기장

1 Origins

1 바닐라 비하인드 스토리

once	學 한 번; 한때
rare	형 희귀한
spice	명 양념; 향신료
insect	명 곤충
solution	명 해법, 해결책
fail	동 실패하다
invent	동 발명하다
method	명 방법
slave	명 노예
own	동 소유하다
notice	동 (보거나 듣고) 알다, 알아채다
explain	동 설명하다
use	동 사용하다 명 사용; 용도
thumb	명 엄지손가락
stick	명 막대기
amazed	형 놀란
share	동 함께 쓰다, 공유하다
eventually	學 결국
thanks to	~ 덕분에
common	형 흔한
origin	명 기원, 근원, 원산지

2 이건 몰랐지?

toothpick	명 이쑤시개
feature	명 특징
function	명 기능

break off	분리되다[시키다]
reuse	통 재사용하다
stand	명 받침대
keep A away from B	A가 B와 떨어져 있게 하다
tabletop	명 탁자 윗면
place	통 놓다, 두다
index finger	집게손가락
object	명 물건, 물체

3 있을 때 잘 해

unusual	형 특이한
opportunity	명 기회
myth	명 신화
completely	부 완전히
bald	형 대머리의
approach	통 다가가다[오다]
grab	통 붙잡다
pass	통 지나가다
hold on to	~를 꼭 잡다
wing	명 날개
right away	즉시
hesitate	통 망설이다, 주저하다
personality	명 성격
appearance	명 외모
facial expression	표정
occur	통 일어나다, 발생하다
preparation	명 준비
disappear	통 사라지다

4 구기 종목 삼 형제

British	혱 영국의
goal	몡 목표
particular	혱 특정한
community	몡 지역 사회
develop	통 발달시키다; 발전하다
form	몡 종류; 방식
divide into	~로 나누다
major	혱 주요한
category	몡 범주
allow	통 허락하다
introduce	통 소개하다; 도입하다
as time goes by	시간이 지남에 따라
originate from	~에서 비롯되다
participate in	~에 참가하다
limited	혱 제한된

SECTION 2 **Fun Facts**

1 눈으로 말해요

direction	몡 방향
defender	몡 수비수
fool	통 속이다
rarely	뷔 드물게, 좀처럼 ~하지 않는
successful	혱 성공적인
movement	몡 움직임
point	통 향하다

guess	[동] 추측하다
human	[형] 사람의 [명] 사람
evolve	[동] 진화하다
communicate	[동] 의사소통하다
cooperate	[동] 협력하다

2 아기들에게 더 많은 것은?

bone	[명] 뼈
teenage	[형] 십 대의
teenager	[명] 십 대
be born	태어나다
newborn	[형] 갓 태어난
join together	합치다, 결합되다
press	[동] 누르다, 밀어 넣다
squeeze	[동] 짜다; (좁은 곳에) 밀어 넣다
childbirth	[명] 출산
over time	시간이 흐르면서
grow together	자라서 하나로 되다
continue	[동] 계속하다
decrease	[동] 줄다, 감소하다
role	[명] 역할
characteristic	[명] 특징
thick	[형] 두꺼운

3 내 미모의 비결은 새우

feather	[명] 털, 깃털
flamingo	[명] 홍학, 플라밍고
recognizable	[형] 쉽게 알아볼 수 있는
adult	[형] 다 자란, 성인의

depending on	~에 따라
creature	몡 생물
seaweed	몡 해초
contain	통 함유[포함]하다
store	통 저장하다
bill	몡 청구서; (새의) 부리
relief	몡 안심
current	혱 현재의
deeply	뷔 깊게; (색이) 짙게
color	통 ~에 염색하다

4 눈물도 아는 행복의 달콤함

be made up of	~로 구성되다
mostly	뷔 주로, 대개
taste	통 맛보다; 맛이 나다; 맛을 느끼다 몡 맛
salty	혱 (맛이) 짠
chemical name	화학명
mainly	뷔 주로
main	혱 주요한
wide	뷔 넓게, 활짝
blink	통 눈을 깜박이다
dry up	바싹 마르다
sadness	몡 슬픔
slightly	뷔 약간, 조금
sour	혱 (맛이) 신
unfortunately	뷔 유감스럽게도, 안타깝게도
expect	통 기대하다
sensitive	혱 세심한; 민감한
tell	통 말하다; 알다, 판단하다

ingredient	몡 재료; 구성 요소
normally	뿌 보통, 정상적으로
sweetness	몡 단맛

Society

SECTION 3

1 놀이기구를 매일 탈 수 있다고?

ride	동 타다 몡 (차 등을) 타고 달리기[가기]; 놀이기구
professional	혱 전문적인
amusement park	놀이공원
properly	뿌 제대로
job	몡 직업, 일; 책임
make sure	확실히 하다
include	동 포함하다
every single	단 하나의 ~도 빠짐없이, 모조리
child-friendly	혱 아이들에 친화적인[적합한]
terrifying	혱 무서운
reality	몡 현실
fantasy	몡 공상
nightmare	몡 악몽
obstacle	동 장애(물)

2 라이벌, 네가 있어 내가 있다

rival	몡 경쟁자, 경쟁 상대
refer to A as B	A를 B라고 부르다
advertising	몡 광고(하기)
competition	몡 경쟁

compete	통 경쟁하다
represent	통 대표하다; 나타내다
identity	명 정체성
with A in mind	A를 염두에 두고
normal	형 평범한
combine	통 결합하다
be composed of	~로 구성되다
mixture	명 혼합
mix	통 혼합하다
conversation	명 대화
inspire	통 격려하다; 영감을 주다
interact	통 소통하다; 상호 작용을 하다
unique	형 유일무이한; 고유한
take a look at	~를 (한번) 보다

3   '1+1'보다 아름다운 '2-1'

order	통 명령하다; 주문하다
century	명 100년, 세기
concept	명 개념
pay for	~의 값을 지불하다
extra	형 추가의
afford	통 ~를 살[감당할] 여유가 있다
give away	기부하다, 내주다
take care of	~를 보살피다
neighbor	명 이웃
form	통 형성하다
tradition	명 전통
spread	통 퍼지다
practice	통 행하다, 실천하다 명 실행; 관습

including	전 ~를 포함하여
various	형 다양한
donate	동 기부하다
be based on	~에 근거하다
trust	명 신뢰
care about	~에 마음을 쓰다

4 당신은 혼자가 아니에요

common	형 흔한; 공통의
government	명 정부
work	동 일하다; 애쓰다[노력하다]
citizen	명 시민
official	형 공식적인
ministry	명 (정부의) 부처
prime minister	수상
minister	명 장관
approach	명 접근법
rather than	~보다는[대신에]
promote	동 촉진[고취]하다
note	동 주목하다
affect	동 ~에 영향을 미치다
reach out	접근하다
according to	~에 따르면
elderly	형 나이가 지긋한
high-tech	형 최첨단의
lead to	~로 이어지다; ~에 이르다
face-to-face	형 대면하는
contact	명 연락, 접촉
threaten	동 위협하다

get involved in	~에 관여하다
politics	몡 정치
definition	몡 정의
in contrast	그에 반해
deal with	대처하다, 처리하다

SECTION 4 Art & Fashion

1 널 꼭 지켜줄게

destroy	동 파괴하다
director	몡 임원; 책임자
historian	몡 역사가
historic	혱 역사적으로 중요한
architect	몡 건축가
form	동 형성하[되]다; 결성하다
artistic	혱 예술적인
value	몡 가치
basic	혱 기본적인
military	혱 군사의
training	몡 훈련
perform	동 수행하다
duty	몡 의무; 임무
belief	몡 신념
strong	혱 강한; 확고한
evidence	몡 증거
exist	동 존재하다
preserve	동 지키다, 보호하다
work	몡 일; 작품

cultural	[형] 문화적인

2 능력 부족이 아니란다

tell	[동] 말하다; 구별하다
rhythm	[명] 리듬(감)
inability	[명] 할 수 없음, 무능
have trouble with	~에 어려움을 겪다
accuracy	[명] 정확(도)
researcher	[명] 연구원
examine	[동] 조사하다; 검사하다
physical	[형] 신체의, 물리적인
be capable of	~를 할 수 있다
originally	[부] 원래, 본래
suspect	[동] 의심하다
correctly	[부] 정확하게
incorrectly	[부] 부정확하게
correct	[동] 바로잡다
correction	[명] 바로잡기, 정정[수정]
reproduce	[동] 복사하다; 재현[재생]하다
recognize	[동] 인식하다
automatically	[부] 자동적으로
taste	[명] 맛; 기호, 취향
memorize	[동] 외우다

3 바다 위 패셔니스타

fisherman	[명] 어부
wool	[명] 털, 양털
tight	[형] 단단히 고정된; (옷이 몸에) 딱 붙는
fit	[명] (옷 등의) 맞음새

knit	동 (실로 옷 등을) 뜨다, 짜다
hand-knitted	형 사람 손으로 뜬
trendy	형 최신 유행의
comfortable	형 편안한
splash	동 후두둑 떨어지다, (액체가) 튀다
waterproof	형 방수의
merely	부 단지
wash	동 씻다; 밀려오다
shore	명 해변
identify	동 (신원 등을) 확인하다

4 관객의 속삭임이 음악?!

performance	명 공연, 연주
perform	동 공연[연주]하다
afterward	부 후에, 나중에
bow	동 (허리를 굽혀) 절하다
audience	명 청중, 관객
piece	명 조각; 작품
compose	동 구성하다; 작곡하다
go wrong	(일이) 잘못되다
impress	동 감명을 주다
whisper	명 속삭임
beat	동 이기다; (심장이) 뛰다
be famous for	~로 유명하다
challenge	동 도전하다, 이의를 제기하다
last	동 계속되다
entire	형 전체의
instrument	명 기구; 악기

Science & Technology

1 보조 배터리가 없어도 될까

wearable	형 착용하기에 적합한
device	명 장치, 기기
convenient	형 편리한
convenience	명 편리
hold	동 잡다; 수용하다
electricity	명 전기
constantly	부 끊임없이, 거듭
recharge	동 충전하다
take away	제거하다, 치우다
solution	명 해법, 해결책
harvest	동 수확하다
warmth	명 온기
possibility	명 가능성
breath	명 숨, 호흡
form	명 종류; 형태
gather	동 모으다, 수집하다
consumer	명 소비자
likely	형 ~할 것 같은
motion	명 운동, 움직임
source	명 원천

2 감자의 활약

beauty product	미용 제품
improve	동 개선하다, 향상시키다

signal	몡 신호
airline	몡 항공사
passenger	몡 승객
connect	통 연결되다[하다]
engineer	몡 기술자
run	통 달리다; (검사 등을) 하다
absorb	통 흡수하다
reflect	통 반사하다
seat	통 앉히다; ~개의 좌석이 있다 몡 좌석
amount	몡 양
similar to	~와 비슷한
fill A with B	A를 B로 채우다
patient	혱 참을성 있는
discover	통 발견하다
provide	통 제공하다, 주다
harm	통 해를 끼치다
flying	몡 비행기 여행 (= flight)

experiment	몡 실험
kneel down	무릎을 꿇다
place	통 놓다, 두다
empty	혱 비어 있는
lean	통 기울다; (몸을) 숙이다
forward	붜 앞으로
knock over	쓰러뜨리다
balance	몡 균형
fall over	(~에 걸려) 엎어지다, 넘어지다
tip	몡 (뾰족한) 끝

in general	일반적으로, 대개
on one's knees	무릎을 꿇고
scientific	형 과학의

refrigerator	명 냉장고
typical	형 전형적인; 일반적인
speaker	명 화자, 말하는 사람
actually	부 실제로, 정말로; 사실
common	형 흔한; 일반적인, 보통의
household	명 가정
command	명 명령
respond	동 대답하다
link A to B	A를 B에 연결하다
thing	명 것; 사물
data	명 정보, 자료
artificial intelligence	인공지능
make a decision	결정[판단]하다
logic	명 논리
gradually	부 서서히
origin	명 기원, 근원, 원산지

SECTION
6

Nature

| sight | 명 시력, 시야; 광경 |
| lunar | 형 달의 |

be known as	~로 알려지다
principle	몡 원칙; (물리·자연의) 법칙
instead of	~ 대신에
colored	혱 색깔이 있는, 유색의
moisture	몡 수분, 습기
waterfall	몡 폭포
necessary	혱 필요한
behind	젠 뒤에
viewer	몡 시청자; 보는 사람
requirement	몡 필요(한 것); 필요조건, 요건
require	동 요구하다, 필요로 하다
appear	동 나타나다
unfortunately	뷔 유감스럽게도, 안타깝게도
specific	혱 구체적인
condition	몡 상태; 조건

2 루시퍼를 만나러 가볼까요?

imagine	동 상상하다
hell	몡 지옥
tourist attraction	관광 명소
dig for	~를 찾아 땅을 파다
natural gas	천연가스
site	몡 위치, 장소
collapse	동 붕괴되다, 무너지다
huge	혱 거대한
poisonous	혱 유독성의, 독이 있는
escape	동 달아나다; 새어 나가다
burn off	(가스)를 태워서 없애다; 다 타(버리)다
damage	몡 손상, 피해

endless	형 무한한, 끝없는
decade	명 10년
predict	동 예측하다

volcano	명 화산
delay	명 지연, 지체
indoors	부 실내에서
spacesuit	명 우주복
behavior	명 행동
learn	동 배우다; 알(아내)다
Mars	명 화성
closely	부 면밀히
observe	동 관찰하다
sensor	명 센서, 감지기
detect	동 감지하다
mood	명 기분
record	동 기록하다
pretend	동 ~인 척하다[것처럼 굴다]
personality	명 성격
survive	동 생존하다; 견뎌 내다
astronaut	명 우주 비행사
mental	형 정신적인
long-term	형 장기적인
financial	형 금전적인
environmental	형 환경의

세계 지도를 바꾸는 바닷속 화산

earthquake	명 지진
existing	형 기존의
landscape	명 풍경
volcanic	형 화산의, 화산 작용에 의한
lava	명 용암
surface	명 표면
activity	명 활동
be named after	~의 이름을 따서 (이름) 지어지다
Nordic	형 북유럽 (국가)의
birth	명 출생; 출현, 발생
settle	동 해결하다; 정착하다
name	동 이름을 지어주다; 지정하다
location	명 위치
formation	명 형성
process	명 과정

SECTION
7 **Animals**

1 내 둥지를 받아줘!

attract	동 마음을 끌다, 유혹하다
mate	명 (새·동물의) 짝 동 짝짓기를 하다
feather	명 털, 깃털
decorate	동 장식하다, 꾸미다
decoration	명 장식
structure	명 구조(물)
arrange	동 (일을) 처리하다; 배열하다

path	웹 길
lead (up) to	~로 이어지다
chew	통 (음식을) 씹다
charcoal	명 숯
mixture	명 혼합물
object	명 물건, 물체
wander around	이리저리 돌아다니다
steal	통 훔치다

excellent	형 뛰어난
sense of smell	후각
bomb	명 폭탄
hide	통 숨기다 (hide-hid-hidden)
train	통 훈련하다
successfully	부 성공적으로
practical	형 현실적인; 실용적인, 유용한
inexpensive	형 비싸지 않은
reward	명 보상
sting	통 쏘다, 찌르다
miss	통 그리워하다; 놓치다
scent	명 냄새
natural	형 자연의; 타고난

hire	통 고용하다
body	명 몸, 신체; 사체
complain	통 불평하다
waste	명 낭비; 배설물, 쓰레기

except for	~를 제외하고
chemical	🅟 화학 물질
remove A from B	B에서 A를 제거하다
muscle	🅟 근육
damage	🅥 손상시키다
untouched	🅐 훼손되지 않은

4 변신 완료! 정말 감쪽같죠?

hide	🅥 숨기다; 숨다
predator	🅟 포식자
dramatically	🅐🅓 극적으로
mimic	🅟 흉내쟁이 🅥 흉내를 내다
shell	🅟 껍데기
unique	🅐 독특한
situation	🅟 상황
sudden	🅐 갑작스러운
attack	🅟 공격 🅥 공격하다
stay	🅥 머무르다; 계속 ~하게 있다
nickname	🅟 별명
treasure	🅟 보물
magician	🅟 마술사
master	🅟 주인; 달인, 대가
transformation	🅟 변화, 변신

8 Culture

1 일 년에 한 번, 영혼과 만나자

joyful	⑧ 기쁜
holiday	⑨ 휴일, 명절
remember	⑧ 기억하다; 추모하다
relative	⑨ 친척
celebrate	⑧ 기념하다
set up	~를 놓다, 마련하다
spirit	⑨ 영혼, 정신
loved one	(종종 pl.) 사랑하는 사람, (특히) 가족, 친척
skull	⑨ 두개골, 해골
commonly	⑨ 흔히
loaf	⑨ 빵 한 덩이 (pl. loaves)

2 올해 내 행운은 무엇?

mystery	⑨ 수수께끼, 미스터리
come from	~로부터 생겨나다
superstition	⑨ 미신
leave over	~를 남겨두다
leftover	⑧ 나머지의, 남은
previous	⑧ 이전의, 바로 앞의
normally	⑨ 보통, 정상적으로
customer	⑨ 손님
lucky	⑧ 운이 좋은
luck	⑨ 운
jewelry	⑨ 보석류

random	형 무작위의

unlock	동 (잠긴 것을) 열다
ancient	형 고대의
prayer	명 기도
look forward to	~를 고대하다
tie	동 묶다
charm	명 매력; 부적
symbolize	동 상징하다
well-being	명 행복, 웰빙
hang	동 걸다
metal	명 금속
nightmare	명 악몽

4 물 맞으면 복이 와요

shoot	동 쏘다
crowd	명 사람들, 군중
traditional	형 전통의
celebration	명 기념[축하] 행사
take place	개최되다
calendar	명 달력
statue	명 조각상
(the) Buddha	부처님
pour	동 (물을) 붓다
elderly	형 나이가 지긋한
respect	명 존경
evolve	동 발전하다, 발달하다
splash	동 (물을) 끼얹다

head	용 향하다
participate in	~에 참여하다
be supposed to-v	~해야 한다; ~인 것으로 여겨지다
chase away	~를 쫓아내다
a variety of	다양한
get rid of	없애다, 제거하다

9 Environment

1 결국, 되돌아온다

government	명 정부
make a decision	결정[판단]하다
direction	명 방향
flow	통 흐르다
nearby	형 가까이에 있는
cotton	명 목화
shrink	통 줄어들다 (shrink-shrank-shrunk)
original	형 원[본]래의
region	명 지역
destroy	통 파괴하다
destruction	명 파괴
leave behind	남기다
pick up	~를 집어 올리다[주워 모으다]
ruin	통 망치다
consider	통 숙고하다; 여기다
tragic	형 비극적인
disaster	명 참사, 재해
remind	통 상기시키다

gain	명 이득
prevent	동 막다, 예방하다
indirect	형 간접적인
positive	형 긍정적인
impressive	형 인상적인
meaningless	형 의미 없는

2 지구를 살릴 조그만 영웅

waste	명 낭비; 쓰레기, 폐기물
break down	분해되다[하다]
solution	명 해결책
discover	동 발견하다
by accident	우연히
beekeeper	명 양봉가
beehive	명 벌집
wax	명 밀랍, 왁스
plastic bag	비닐 봉지
conduct	동 (특정한 활동을) 하다
experiment	명 실험
work	동 일하다; (특정한) 작용을 하다[영향을 미치다]
release	동 방출하다

3 세상에서 가장 작은 화장실

developing country	개발 도상국
deal with	처리하다, 대처하다
properly	부 제대로, 적절히
toxic	형 유독성의, 독이 있는
pollute	동 오염시키다
disease	명 질병

disposable	혱 일회용의, 사용 후 버리는
act	동 행동하다; 역할[기능]을 하다
plant	명 식물; 시설
material	명 재료; 물질
be rich in	~가 풍부하다
nutrient	명 영양소, 영양분
advantage	명 이점, 장점
wisely	부 현명하게
innovative	혱 획기적인
purpose	명 목적
harmful	혱 해로운

4 인류의 미래가 바로 이곳에

seed	명 씨앗, 종자
valuable	혱 귀중한
resource	명 자원
crop	명 작물
unknown	혱 알려지지 않은; 발생한 적이 없는
lack	명 부족
disappear	동 사라지다
mine	명 광산
icy	혱 얼음같이 찬; 얼음에 뒤덮인
renovate	동 개조하다
bear	동 참다, 견디다
extreme	혱 극도의, 극심한
climate	명 기후
nuclear	혱 핵의
explosion	명 폭발
be free of	~가 없다

nickname	동 별명을 붙이다 명 별명
be located	위치하다

SECTION 10 Places

1 과거에서 온 지도일까?

mysterious	형 불가사의한
Turkish	형 터키(인)의
southern	형 남쪽의
Antarctica	명 남극 대륙
northern	형 북쪽의
coastline	명 해안선
refer to	~를 나타내다; 참고하다
proof	명 증거
remain	동 계속[여전히] ~이다
unsolved	형 해결되지 않은

2 우리 집이 사라졌어

take apart	분해하다
put together	합하다, 조립하다
hold together	결합하다, 접합하다
tax	명 세금
common people	일반인, 서민
afford	동 ~를 살[감당할] 여유가 있다
trick	동 속이다
preserved	형 보존된
cheat	동 속이다

beneath	전 아래에
lead to	~로 이어지다
discovery	명 발견
underground	형 지하의
reach	동 ~에 이르다
depth	명 깊이
hold	동 잡다; 수용하다
enemy	명 적
roll	동 굴리다
wheel	명 바퀴
seal	동 봉하다; 봉쇄하다
quite	부 꽤, 상당히
tunnel	명 터널, 굴
include	동 포함하다
space	명 우주; 공간
farm animal	가축
archaeologist	명 고고학자

column	명 기둥
cliff	명 절벽
be based on	~에 근거하다
legend	명 전설
defeat	동 패배시키다
dress	동 옷을 입히다
lay	동 놓다, 눕히다 (lay-laid-laid)
cradle	명 요람, 아기 침대
gigantic	형 거대한

enormous	형 거대한
remain	동 계속[여전히] ~이다; 남다
cleverly	부 영리하게
foolishly	부 어리석게도

Word Review

다음 우리말은 영어로, 영어는 우리말로 쓰시오.

1. common _____

2. rare _____

3. feature _____

4. unusual _____

5. function _____

6. toothpick _____

7. pass _____

8. major _____

9. grab _____

10. allow _____

11. particular _____

12. opportunity _____

13. keep A away from B _____

14. 양념; 향신료 _____

15. 발명하다 _____

16. (보거나 듣고) 알다, 알아채다 _____

17. 함께 쓰다, 공유하다 _____

18. 놓다, 두다 _____

19. 다가가다[오다] _____

20. 망설이다, 주저하다 _____

21. 소개하다; 도입하다 _____

22. 발달시키다; 발전하다 _____

23. 소유하다 _____

24. ~로 나누다 _____

25. ~에서 비롯되다 _____

다음 우리말은 영어로, 영어는 우리말로 쓰시오.

1. fool   _____
2. sour   _____
3. human   _____
4. relief   _____
5. teenage   _____
6. seaweed   _____
7. blink   _____
8. decrease   _____
9. unfortunately   _____
10. continue   _____
11. recognizable   _____
12. squeeze   _____
13. depending on   _____
14. 방향   _____
15. 성공적인   _____
16. 털, 깃털   _____
17. 생물   _____
18. 진화하다   _____
19. 함유[포함]하다   _____
20. 저장하다   _____
21. 기대하다   _____
22. 청구서; (새의) 부리   _____
23. 누르다, 밀어 넣다   _____
24. 움직임   _____
25. ~로 구성되다   _____

Word Review

다음 우리말은 영어로, 영어는 우리말로 쓰시오.

1. extra   _____

2. afford   _____

3. affect   _____

4. normal   _____

5. contact   _____

6. government   _____

7. spread   _____

8. include   _____

9. advertising   _____

10. threaten   _____

11. be composed of   _____

12. refer to A as B   _____

13. make sure   _____

14. 전문적인   _____

15. 결합하다   _____

16. 경쟁자, 경쟁 상대   _____

17. 혼합하다   _____

18. 정체성   _____

19. 경쟁하다   _____

20. 형성하다   _____

21. 전통   _____

22. 격려하다; 영감을 주다   _____

23. 소통하다; 상호 작용을 하다   _____

24. 행하다, 실천하다   _____

25. 기부하다; 내주다   _____

다음 우리말은 영어로, 영어는 우리말로 쓰시오.

1. compose _____

2. audience _____

3. trendy _____

4. impress _____

5. splash _____

6. historian _____

7. knit _____

8. reproduce _____

9. architect _____

10. inability _____

11. artistic _____

12. comfortable _____

13. have trouble with _____

14. 파괴하다 _____

15. 가치 _____

16. 신념 _____

17. 공연, 연주 _____

18. 증거 _____

19. 의무; 임무 _____

20. 신체의, 물리적인 _____

21. 존재하다 _____

22. 인식하다 _____

23. 바로잡다 _____

24. (신원 등을) 확인하다 _____

25. ~로 유명하다 _____

Word Review

다음 우리말은 영어로, 영어는 우리말로 쓰시오.

1. balance _____
2. lean _____
3. experiment _____
4. discover _____
5. data _____
6. signal _____
7. wearable _____
8. connect _____
9. recharge _____
10. patient _____
11. convenient _____
12. similar to _____
13. artificial intelligence _____
14. 장치, 기기 _____
15. 수확하다 _____
16. 잡다; 수용하다 _____
17. 해법, 해결책 _____
18. 소비자 _____
19. 명령 _____
20. 흡수하다 _____
21. 모으다, 수집하다 _____
22. 개선하다, 향상시키다 _____
23. 반사하다 _____
24. 결정[판단]하다 _____
25. 제거하다, 치우다 _____

다음 우리말은 영어로, 영어는 우리말로 쓰시오.

1. huge   _____

2. settle   _____

3. earthquake   _____

4. surface   _____

5. volcano   _____

6. record   _____

7. detect   _____

8. collapse   _____

9. specific   _____

10. moisture   _____

11. spacesuit   _____

12. landscape   _____

13. be named after _____

14. 행동   _____

15. 유독성의, 독이 있는 _____

16. 지연, 지체   _____

17. 필요한   _____

18. 관찰하다   _____

19. 달아나다; 새어 나가다 _____

20. 시력, 시야; 광경   _____

21. 요구하다, 필요로 하다 _____

22. 원칙; (물리·자연의) 법칙 _____

23. ~인 척하다[것처럼 굴다] _____

24. 생존하다; 견뎌 내다 _____

25. ~로 알려지다   _____

Word Review

다음 우리말은 영어로, 영어는 우리말로 쓰시오.

1. bomb   _____

2. hire   _____

3. attack   _____

4. chemical   _____

5. stay   _____

6. attract   _____

7. object   _____

8. damage   _____

9. structure   _____

10. mixture   _____

11. excellent   _____

12. untouched   _____

13. unique   _____

14. 보상   _____

15. 훈련하다   _____

16. 불평하다   _____

17. B에서 A를 제거하다   _____

18. 장식하다, 꾸미다   _____

19. 포식지   _____

20. (일을) 처리하다; 배열하다   _____

21. 숨기다; 숨다   _____

22. (새·동물의) 짝; 짝짓기를 하다   _____

23. 상황   _____

24. 흉내쟁이; 흉내를 내다   _____

25. ~를 제외하고   _____

다음 우리말은 영어로, 영어는 우리말로 쓰시오.

1. tie _____

2. unlock _____

3. hang _____

4. splash _____

5. joyful _____

6. previous _____

7. crowd _____

8. customer _____

9. pour _____

10. celebration _____

11. be supposed to-v _____

12. participate in _____

13. come from _____

14. 미신 _____

15. 친척 _____

16. 고대의 _____

17. 휴일, 명절 _____

18. 쏘다 _____

19. 기념하다 _____

20. 영혼, 정신 _____

21. 기억하다; 추모하다 _____

22. 상징하다 _____

23. 존경 _____

24. 개최되다 _____

25. ~를 고대하다 _____

Word Review

다음 우리말은 영어로, 영어는 우리말로 쓰시오.

1. extreme   _____
2. disappear   _____
3. ruin   _____
4. shrink   _____
5. disease   _____
6. renovate   _____
7. toxic   _____
8. explosion   _____
9. nutrient   _____
10. destruction   _____
11. by accident   _____
12. break down   _____
13. make a decision   _____
14. 씨앗, 종자   _____
15. 이점, 장점   _____
16. 기후   _____
17. 오염시키다   _____
18. 참사, 재해   _____
19. 상기시키다   _____
20. 숙고하다; 여기다   _____
21. (특정한 활동을) 하다   _____
22. 재료; 물질   _____
23. 자원   _____
24. 처리하다, 대처하다   _____
25. 일회용의, 사용 후 버리는   _____

다음 우리말은 영어로, 영어는 우리말로 쓰시오.

1. proof _____
2. southern _____
3. seal _____
4. column _____
5. cliff _____
6. beneath _____
7. gigantic _____
8. mysterious _____
9. enormous _____
10. preserved _____
11. lead to _____
12. put together _____
13. take apart _____
14. 세금 _____
15. 발견 _____
16. 적 _____
17. 깊이 _____
18. 포함하다 _____
19. 패배시키다 _____
20. 우주; 공간 _____
21. 놓다, 눕히다 _____
22. 속이다 _____
23. 계속[여전히] ~이다; 남다 _____
24. ~에 근거하다 _____
25. ~를 나타내다; 참고하다 _____

Word Review 정답

1. 흔한   2. 희귀한   3. 특징   4. 특이한   5. 기능   6. 이쑤시개   7. 지나가다
8. 주요한   9. 붙잡다   10. 허락하다   11. 특정한   12. 기회   13. A가 B와 떨어져 있게
하다   14. spice   15. invent   16. notice   17. share   18. place   19. approach
20. hesitate   21. introduce   22. develop   23. own   24. divide into
25. originate from

1. 속이다   2. (맛이) 신   3. 사람의; 사람   4. 안심   5. 십 대의   6. 해초
7. 눈을 깜빡이다   8. 줄다, 감소하다   9. 유감스럽게도, 안타깝게도   10. 계속하다
11. 쉽게 알아볼 수 있는   12. 짜다; (좁은 곳에) 밀어 넣다   13. ~에 따라   14. direction
15. successful   16. feather   17. creature   18. evolve   19. contain   20. store
21. expect   22. bill   23. press   24. movement   25. be made up of

1. 추가의   2. ~를 살[감당할] 여유가 있다   3. ~에 영향을 미치다   4. 평범한   5. 연락,
접촉   6. 정부   7. 퍼지다   8. 포함하다   9. 광고(하기)   10. 위협하다   11. ~로 구성
되다   12. A를 B라고 부르다   13. 확실히 하다   14. professional   15. combine
16. rival   17. mix   18. identity   19. compete   20. form   21. tradition
22. inspire   23. interact   24. practice   25. give away

1. 구성하다; 작곡하다   2. 청중, 관객   3. 최신 유행의   4. 감명을 주다   5. 후두둑 떨어지다,
(액체가) 튀다   6. 역사가   7. (실로 옷 등을) 뜨다, 짜다   8. 복사하다; 재현[재생]하다
9. 건축가   10. 할 수 없음, 무능   11. 예술적인   12. 편안한   13. ~에 어려움을 겪다
14. destroy   15. value   16. belief   17. performance   18. evidence   19. duty
20. physical   21. exist   22. recognize   23. correct   24. identify
25. be famous for

1. 균형   2. 기울다; (몸을) 숙이다   3. 실험   4. 발견하다   5. 정보, 자료   6. 신호
7. 착용하기에 적합한   8. 연결되다[하다]   9. 충전하다   10. 참을성 있는   11. 편리한
12. ~와 비슷한   13. 인공지능   14. device   15. harvest   16. hold   17. solution
18. consumer   19. command   20. absorb   21. gather   22. improve
23. reflect   24. make a decision   25. take away

SECTION 6

1. 거대한　2. 해결하다; 정착하다　3. 지진　4. 표면　5. 화산　6. 기록하다
7. 감지하다　8. 붕괴되다, 무너지다　9. 구체적인　10. 수분, 습기　11. 우주복　12. 풍경
13. ~의 이름을 따서 (이름) 지어지다　14. behavior　15. poisonous　16. delay
17. necessary　18. observe　19. escape　20. sight　21. require
22. principle　23. pretend　24. survive　25. be known as

SECTION 7

1. 폭탄　2. 고용하다　3. 공격; 공격하다　4. 화학 물질　5. 머무르다; 계속 ~하게 있다
6. 마음을 끌다, 유혹하다　7. 물건, 물체　8. 손상시키다　9. 구조(물)　10. 혼합물
11. 뛰어난　12. 훼손되지 않은　13. 독특한　14. reward　15. train　16. complain
17. remove A from B　18. decorate　19. predator　20. arrange　21. hide
22. mate　23. situation　24. mimic　25. except for

SECTION 8

1. 묶다　2. (잠긴 것을) 열다　3. 걸다　4. (물을) 끼얹다　5. 기쁜　6. 이전의, 바로 앞의
7. 사람들, 군중　8. 손님　9. (물을) 붓다　10. 기념[축하] 행사　11. ~해야 한다; ~인 것으로 여겨지다　12. ~에 참여하다　13. ~로부터 생겨나다　14. superstition　15. relative
16. ancient　17. holiday　18. shoot　19. celebrate　20. spirit　21. remember
22. symbolize　23. respect　24. take place　25. look forward to

SECTION 9

1. 극도의, 극심한　2. 사라지다　3. 망치다　4. 줄어들다　5. 질병　6. 개조하다
7. 유독성의, 독이 있는　8. 폭발　9. 영양소, 영양분　10. 파괴　11. 우연히
12. 분해되다[하다]　13. 결정[판단]하다　14. seed　15. advantage　16. climate
17. pollute　18. disaster　19. remind　20. consider　21. conduct
22. material　23. resource　24. deal with　25. disposable

SECTION 10

1. 증거　2. 남쪽의　3. 봉하다; 봉쇄하다　4. 기둥　5. 절벽　6. 아래에
7. 거대한　8. 불가사의한　9. 거대한　10. 보존된　11. ~로 이어지다
12. 합하다, 조립하다　13. 분해하다　14. tax　15. discovery　16. enemy
17. depth　18. include　19. defeat　20. space　21. lay　22. trick
23. remain　24. be based on　25. refer to

MEMO